国家出版基金项目
NATIONAL PUBLICATION FOUNDATION

建构中国政治学与公共管理
自 主 知 识 体 系 丛 书

建构中国特色公共管理学

实践基础与学术前沿

陈振明 著

中国人民大学出版社
· 北京 ·

代序：公共管理学研究的时代使命

当今世界正经历百年未有之大变局，全球治理体系深刻重塑，国际格局加速演变。中国特色社会主义进入新时代。党的十九届四中全会提出坚持和完善中国特色社会主义制度、推进国家治理体系和治理能力现代化的总体要求、总体目标和重点任务。国际国内形势的新变化，要求我们大力推进理论创新，构建具有中国特色的公共管理学学科体系、学术体系、话语体系。

党的十八大以来，以习近平同志为核心的党中央在坚持和完善中国特色社会主义制度、推进国家治理体系和治理能力现代化等方面进行了一系列重大实践创新，提出了一系列治国理政新理念新思想新战略，积累了大量公共管理实践新经验。中国公共管理学的创新发展，必须坚持以习近平新时代中国特色社会主义思想为指导，把人民立场作为根本立场，始终坚持以人民为中心的发展思想。紧扣我国社会主要矛盾变化，研究和解决国家重大公共管理与公共政策领域的复杂问题，服务国家治理体系和治理能力现代化重大需求，推动中国公共管理学的理论建构和公共管理实践创新。深入研究我国治国理政历史传统与经验，尤其是深刻总结新中国成立七十多年来党中央治国理政的成功经验，系统梳理党的十八大以来推进国家治理体系和治理能力现代化的实践经验，从中提炼具有实践特色、民族特色、时代特色的公共管理理论。

当前，新一轮科技革命和产业变革正在拓展与深化，人类社会正大踏步走向网络化、数字化、智能化时代，变革全球治理体系和创新全球公共治理实践已经成为世界各国的共识。同时，很多国家的民众对公共事务的参与热情大幅提升，对公共服务的种类和质量也提出了更多、更高的要求。如何更好应对全球治理体系与治理实践变革，有效回应公众对公共服务的新要求，改进和提升公共服务质量，已经成为当代全球公共治理亟须解决的现实问题。中国公共管理学应在聚焦国内公共治理实践创新的同时，紧跟全球公共治理新趋势，直面全球公共治理新场景、新实践、新问题，努力提供中国智慧、作出中国解答，进而推动研究范式与理论创新。

强化跨学科、交叉学科和综合性研究，推动多学科融合发展，已经成为当代哲学社会科学创新发展的重要动力源。一方面，自然科学与社会科学的界限、定性研究与定量研究的分野日益模糊，知识融合、研究方法互鉴已经成为各学科实现自身发展的新趋势；另一方面，哲学社会科学诸多领域的知识日益交融，基于特定学科领域对社会问题进行研究的研究范式越发显现难以描述问题全貌的狭隘性，跨学科的合作性研究日益增多。公共管理学作为一个典型的跨学科、综合性、应用性学术领域，尤其需要强化跨学科、交叉学科和综合性研究，吸收借鉴其他学科的知识内容和研究方法。因此，中国公共管理学创新发展，必须关注其他学科的发展趋势和发展前沿，主动融合其他学科知识，引入它们的研究方法和分析技术，从有关学科的创新发展中汲取营养。比如，积极引入科学研究方法与范式，把脑科学、认知科学、神经心理学、量子理论、预测学、信息通信技术、智能化技术、虚拟技术等领域的新知识、新技术、新方法融入公共管理学创新发展之中。

目　录

第一篇　学科演化——反思、转型与重构

第二篇　实践基础与治理变革

第三篇　学科前沿与知识体系

第一篇 学科演化——反思、转型与重构

导言：中国公共管理学的新知识图景

当今中国和全球公共治理的理论和实践正在发生深刻改变。世界百年未有之大变局及全球治理格局加速演进，“后疫情时代”及高风险社会（“乌卡时代”）来临；新科技革命和新工业革命进一步拓展与深化，科学研究范式也发生了转变，如第四范式、人工智能驱动的科学研究（AI for science）、融合科学（convergence science）、开放科学（open science）以及公共治理新范式出现，中国式现代化及国家治理现代化全面推进，中国特色公共管理的自主知识体系以及公共管理的话语、理论和学科建设全面展开，等等。

中国和全球公共治理理论与实践的演进以及科学研究范式的转变推动了公共管理学的反思、转型与重构，并改变着公共管理学的理论基础与知识图景。中国公共管理学必须回应时代精神呼唤与国家及地方的重大战略需求，推进学科专业的转型升级和自主知识体系构建以及人才自主培养，为中国式现代化尤其是国家治理现代化提供强有力的人才支撑。

一是把握时代特征。关注网络化、数据化、智能化和量子化时代科学技术的前沿进展以及当下科学研究范式的转变，强化学科交叉与知识融合；拓展学科的研究视野，增加风险治理及韧性治理等主题内容；引入新的研究途径、研究方法和分析技术，强化自身的科学理论与方法论基础。

二是坚持以问题为导向。要“以中国为观照、以时代为观照，立足中国实际，解决中国问题”，扎根中国大地，强化问题导向，以研究和解决国家和地方的重大公共政策与治理的复杂问题为依归，服务于中国式现代化以及国家治理与地方治理现代化的重大需求。

三是拓展地方性知识。注重我国治国理政的历史传统与经验的研究，对中国公共治理历史传统及思想遗产加以审视，促进其创造性转化和创新性发展；总结提炼党中央在治国理政实践中所形成的具有时代特色、实践特色和民族特色的治理思想。

四是树立全球视野。要面向世界，开放包容，兼容并蓄，海纳百川；坚持文明互鉴，跟踪国外学科发展动态与学术前沿，大胆学习、借鉴和吸收其理论和方法的成果，促进中国场景、中国话语与中国特色的公共管理学科构建及知识增长。

中国公共管理学四十年[①]

当下中国特色哲学社会科学的建构以及高校“双一流”（一流大学与一流学科）建设方兴未艾，势头强劲。公共管理学是一个伴随改革开放伟大步伐恢复与成长起来的特殊学科。在这个重要的时间节点上，公共管理学者们更有必要回顾本学科发展轨迹，评价成败得失并总结经验教训。这“既是公共管理学科建设发展的需要，也是构建中国特色哲学社会科学学科体系、学术体系、话语体系的内在要求”[②]。

一、发展历程

作为典型的跨学科、交叉学科、综合性与应用性的研究领域，公共管

① 本文2018年初次发表于《国家行政学院学报》第4期，题为《中国公共管理学40年：创建一个中国特色世界一流的公共管理学科》。有改动。

② 陈振明．中国特色公共管理学的建构与发展（构建中国特色哲学社会科学）．人民日报，2018－06－11（16）．

理及公共政策是一个重大的理论与实践领域，由公共行政学或行政管理（学）演变而来。公共管理学科以公共事务及其管理为对象，研究公共组织特别是国家或政府组织的体制、结构、功能和过程及其环节。它注重如何应用人类所创造的各种科学知识及方法来解决公共管理与公共政策问题，目的是促进公共组织更有效地提供公共物品或公共服务。“因此，公共管理（学）可以界定为一个研究公共组织尤其是国家或政府如何与其他社会组织合作而有效地提供公共物品与公共服务的学科。”①

公共管理涉及众多学科分支或主题领域。从二级学科或专业设置的角度看，1996 年公布的我国管理学门类公共管理一级学科下设行政管理、社会保障、教育经济与管理、社会医学与卫生事业管理、土地资源管理五个二级学科或专业（2012 年修订增加了一个二级学科——公共政策）。②从学科分支划分的角度看，多年来笔者主张将公共管理划分为公共组织理论、政府改革与治理、公共政策分析、财政预算与管理、公共人力资源管理、公共部门战略管理、公共部门绩效管理、公共部门管理伦理、非营利组织（第三部门）管理、领导科学、危机管理（应急管理）、社会管理（社会政策）、公共服务管理、公共管理与法律、比较和国际公共行政、数据管理与研究方法、政府间关系、政府工具、司法行政、政治管理等 20 个相对独立且成熟的学科分支或主题领域。

中国具有悠久的治国理政的研究传统，至少可以追溯到夏商周时期，那是国家或政府的形成之时。古代中国为全人类创造了极为丰富的国家治理或政府管理的思想遗产。而作为近现代科学意义上的公共行政学在中国的出现也几乎与西方同步，在 19 世纪末 20 世纪初西方（尤其是美国）行政学诞生之初，该学科就传入我国。一些学者翻译出版了《行海要术》

---

① 陈振明．国家治理转型的逻辑．厦门：厦门大学出版社，2016：2.

② 2020 年，国务院学位委员会和教育部在公共管理一级学科中新增了应急管理二级学科，并确定 20 所一流高校作为首批试点单位。

《行政学总论》《行政法撮要》等西方的行政学及行政法著作。[①] 美国著名的政治学与行政学家、政治-行政二分法的倡导者弗兰克·古德诺（Frank Goodnow）曾一度（1913 年 5 月—1915 年 8 月）来华担任袁世凯的宪法顾问。到了 20 世纪 30 年代中期，行政学才作为一个学科在中国落地，张金鉴的《行政学的理论与实践》、江康黎的《行政学原理》这两本教科书的出版可以视为象征性的标志[②]；一些高校（例如北京大学、南京大学和厦门大学等）也先后在政治（学）科系中开设了行政学课程。值得一提的是，中国共产党人在延安时期曾建立行政学院，开设过行政学课程[③]。20 世纪 50 年代初到 70 年代末，该学科作为完整学科专业在中国大陆曾一度中断。邓小平同志在 1979 年 3 月 30 日党的理论工作务虚会上的讲话中指出："政治学、法学、社会学以及世界政治的研究，我们过去多年忽视了，现在也需要赶快补课。""下定决心，急起直追，一定要深入专业，深入实际，调查研究，知彼知己，力戒空谈。"[④]

响应邓小平同志的号召，适应改革开放和现代化建设的需要，20 世纪 80 年代初，我国开始了恢复与重建中断几十年的政治学及行政学或行政管理学（后来的公共管理）的教学与研究工作。张友渔、周世逑、夏书章、邱晓等老一辈政治学与行政学家为政治学与行政学的恢复奔走呼号。例如，周世逑早在 1981 年就发表了《一门被忽视了的学科——行政管理学》一文，呼吁在我国恢复重建行政管理学[⑤]；并在 1982 年第 3 期的《社

---

① 黄达强，刘怡昌．行政学．北京：中国人民大学出版社，1988：17.

② 同时期美国行政学的发展：伦纳德·怀特（Leonard White）的《行政学研究导论》和威廉·威洛比（William Willoughby）的《公共行政学原理》于 1926 年出版，是美国公共行政学传统及其理论体系形成的象征性标志；卢瑟·古利克（Luther Gulic）和林德尔·厄威克（Lyndal Urwic）1937 年编辑出版的《行政科学论文集》收入了这一时期的行政学的代表性论文，可以说集美国公共行政学传统之大成。

③ 郭济．中国行政管理学的建设及其发展．中国行政管理，2000（1）：3－7.

④ 夏书章．把行政学的研究提上日程是时候了．人民日报，1982－01－29（5）.

⑤ 刘熙瑞，高凯军．殷殷之意 岂敢忘怀：周世逑先生逝世周年纪念．中国行政管理，1998（6）：16－16.

会科学》上发表《试论行政管理的系统分析》一文，倡导用系统分析方法研究中国的行政管理。夏书章 1982 年初在《人民日报》发表文章，建议把行政学的研究提上日程，文章的结尾说："要搞好现代化建设事业，就必须建立和健全现代化管理（包括行政管理）和实行社会主义法治（包括行政立法）。这样，我们就需要社会主义的行政学和行政法学。所以，把行政学的研究提上日程是时候了。"该文被学界当作中国行政学恢复的象征性标志之一，并认为是"一篇具有里程碑意义的文章，它对中国公共行政学的恢复和重建起到了极其重要的推动作用，开启了我国公共行政学发展的新篇章"①。另外，著名经济学家马洪在 1985 年第 1 期的《政治学研究》上发表了《行政管理科学是大有发展前途的》一文，认为它是"社会科学中很重要的一门学问"，强调要"重视""扶植"这个学科的发展。

20 世纪 80 年代初中期，学界与政界为行政学的"补课"而开展了一系列活动，典型的事件包括：1982 年 2—6 月，中国政治学会委托复旦大学开办行政管理学讲习班，可以说培训了该学科的第一批师资，参加培训班的不少学员成为我国行政学教学与研究的骨干；1983 年 8 月，中国政治学会在济南举行政治与行政体制研讨会，对政治学与行政学研究的基本问题进行讨论；1984 年 8 月，国务院办公厅、劳动人事部在吉林省吉林市召开全国行政科学研讨会，对行政科学研究与发展的相关问题进行讨论，提出要建立有中国特点的行政管理学，并提出建立中国行政管理学会和筹建国家行政学院的建议；1984 年 10 月，人民出版社出版了我国改革开放后首部行政学著作《行政管理》（周世逑著）；1985 年 3 月，山西人民出版社出版了教科书《行政管理学》（夏书章主编、刘怡昌副主编）；1985 年 7 月，《中国行政管理》（月刊）正式发行。1986 年，行政学作为

---

① 朱正威，吴佳．公共行政的时代之问与知识生产：纪念《把行政学研究提上日程是时候了》发表 40 周年．中国行政管理，2022（8）：144－147.

政治学一级学科中的一个二级学科正式进入我国研究生培养的专业目录之中；1987 年，党的十三大做出了建立国家公务员制度的战略决策；全国行政管理教育研究会和中国行政管理学会分别于 1987 年、1988 年成立。

早在 20 世纪 80 年代初中期，中国人民大学、北京大学、复旦大学等高校陆续开设了行政学的相关课程或专题讲座。之后，以全国重点综合性大学为主的一批高校纷纷成立行政学或行政管理的教学与研究机构，在政治学学科中设立了行政管理或行政学的本科和研究生专业或专业方向。武汉大学、兰州大学和郑州大学等校开行政管理本科专业教育风气之先。随后中国人民大学、北京大学、中山大学、南京大学、厦门大学等高校设立行政管理本科生和研究生的专业或方向。一些大学（如中山大学、南京大学、厦门大学）则在政治学系基础上设立（或改名为）“政治学与行政学系”或“政治学与行政管理学系”。在全国最早成立而且在当时最有影响的行政学研究机构要算中国人民大学行政学研究所（其实，该所是为筹建国家行政学院而成立的）。1996 年国务院学位委员会组织修订研究生专业目录，增加了管理学这一新门类，下设包括公共管理在内的五个一级学科，行政学（行政管理）从政治学中分离出来，学科的范围拓展，行政管理成为公共管理下名列首位的五个二级学科之一。这标志着公共管理学科的相对成熟及其学科地位的正式确立。

进入新世纪，随着我国市场经济体制的建立和行政体制改革的深化，公共管理一级学科设立，公共管理硕士（MPA）专业学位研究生教育启动，高校数百个公共管理类（行政管理、公共事业管理、社会保障、公共政策等）本科专业开设，这标志着公共管理学科的发展进入快车道，立足本土实践的中国特色公共管理学开始形成。作为当代中国社会科学及管理科学的重要学科之一，公共管理学科成为我国大学教育的热门专业以及党政干部及公务员培训的新支柱。有学者在新世纪之初断言：行政学（公共管理学）在新世纪将成为中国一门发展势头最为强劲的学科。[①]事实证明，此言不虚。

中国行政学的“补课”及中国公共管理学科的兴起与发展有其深刻的动因。学科的兴起与发展是内力与外力共同作用的结果。内力指的是科学知识，特别是本学科分支及相关领域的知识增长及其内在逻辑；外力指的是学科发展的外部社会环境，尤其是社会需要。就后者来说，恩格斯指出：“社会一旦有技术上的需要，则这种需要就会比十所大学更能把科学推向前进。”[②] 一方面，我国的改革开放和现代化建设，特别是党和国家的领导制度和机构改革的伟大实践，是中国公共管理学科兴起与发展的强大催化剂和动力，改革开放和现代化建设事业亟待公共管理学科的建构及其理论指导与知识应用，也为该学科的发展提供了前所未有的历史机遇和研究空间。另一方面，全球化、信息化与市场化时代的来临，当代全球公共管理及全球治理的理论与实践不断发生着变化，既改变了公共部门管理的实践模式，也改变了公共部门管理的理论形态和知识体系。改革开放使我们可以更好地了解把握世界公共管理实践与引进借鉴国外先进的公共管理理论方法。这是中国公共管理学科兴起与发展的又一动因。

伴随改革开放的历史性转折，党和国家的制度及行政管理体制尤其是机构改革成为一个迫切需要解决的时代性课题。党的十一届三中全会提出了精简经济行政机构的任务。1982 年，我国进行了改革开放后的第一次机构改革。这为行政学的恢复与重建提供了现实依据与推动力。改革是中国公共管理学科发展的动力和源泉，是该学科发展的主旋律、红线和主线。刘怡昌在《改革：中国行政科学发展的主旋律》一文中说，改革是中

---

① 张康之．从行政学的历史中解读我国行政学的研究方向．理论与改革，2002（3）：5－8.

② 恩格斯．致瓦·博尔吉乌斯（1894 年 1 月 25 日）//马克思，恩格斯．马克思恩格斯全集：第 39 卷．北京：人民出版社，1974：198.

国行政科学发展的动力、源泉和主旋律；黄达强在《论中国行政改革与行政学教学的双向影响》一文中认为，中国的行政改革与行政学研究是双向影响和相互促进的，行政改革催化具有中国特色行政学的形成和发展；在高小平看来，围绕政府职能改革与管理方式创新进行行政管理理论和实践研究，是中国行政管理学发展的一条红线和主线。[①]

二、发展评价

经过了四十多年的发展，中国公共管理学科在知识增长（主要是学术研究与理论创新）、学科建制（尤其是学科及专业设置和人才培养等）、知识应用（决策咨询和社会影响等）等方面均取得显著进展，成就斐然。

（1）学术研究成果丰硕，国际影响力不断增强。改革开放，特别是进入新世纪以来，我国公共管理与公共政策领域的文献迅速增加，国外公共管理与公共政策学的大量代表性论著被引进与翻译，国内学者也出版了大量公共管理与公共政策学专著或教材。值得一提的是，我国公共管理学术论文发表呈现持续增长趋势，国际影响力不断增强。有学者基于汤森路透（Thomson Reuters）的 WoS（Web of Science）数据库，从论文的产出规模、学术影响力、高被引论文表现等方面对中国管理科学的四个分支（管理科学与工程、工商管理、公共管理和经济管理）十年（2004—2013 年）的发展态势进行了文献计量分析，表明这十年中国公共管理的论文、引文和高被引论文的世界排名均名列世界第三位，篇均引文指标仅落后于荷兰，引用率居于世界第一位。这十年中国学者在 91 种公共管理学科国际重要刊物共发文 4 652 篇，名列第三位。发文数量迅速增长：2004 年 127

① 高小平．中国改革开放以来行政管理学研究的进程和成就．公共管理高层论坛，2010（1）：3－22.

篇，2009年突破400篇，2013年达到1 107篇，是2004年的8.72倍，年增长率24.18%。[①]

（2）学科及理论体系建构初见成效。可以说，改革开放以来中国公共管理学科的恢复、重建与发展演变走过一条从本土研究与引进吸收（本土化与国际化）双轨并行到两者逐步融合并不断凸显中国特色的轨迹。中国公共管理（行政学）的“补课”（恢复重建）是改革开放推动的，并以解决中国公共管理与公共政策的实践问题特别是行政体制以及党和国家的领导制度改革问题为导向，因而凸显中国特色、中国风格和中国气派自然成为中国公共管理学科建构的第一要义。四十多年来，学界对国外公共管理及公共政策学理论和方法成果的评介、引进和消化，中国公共管理体制、机制、过程与行为的发展，中国公共管理与公共政策实践经验的总结以及中国优秀的治国理政思想遗产的继承和发扬，当代中国及世界的公共管理与公共政策问题以及中国特色公共管理的基本概念、理论和方法等方面的研究取得明显的进展，并确立起中国公共管理的学科基本框架及理论体系。我们以世纪之交为界，将公共管理学科发展划分为各约二十年的两个阶段，这也在一定程度上反映了该学科领域的范围变化，即从行政管理或行政学（二级学科）到公共管理（一级学科）的转变。

在第一个阶段（前约二十年），黄达强、刘怡昌主编的《行政学》（中国人民大学出版社，1988年）和刘怡昌、徐理明、许文蕙主编的《行政科学发展》（中国人事出版社，1996年）是20世纪80—90年代很有影响的著作及教科书，可以作为行政学（二级学科）的学科框架的典型样本。这两本书的基本框架类似。《行政学》这本教科书涉及的行政学主题有行政功能、行政环境、行政体制、行政组织、行政领导、行政决策、行政信

① 丁洁兰，岳婷，孙海荣，等．管理科学十年：中国与世界：基于2004—2013年WoS论文的文献计量分析．科学观察，2016（5）：1-17.

息、行政执行、行政监督、行政法规、人事行政、财务行政、机关管理、行政方法、行政效率、行政改革等；而《行政科学发展》涵盖了行政学主题领域，包括行政环境、行政职能、行政体制、行政组织、行政领导、行政决策、行政执行、行政监督、人事行政、财务行政、行政协调、行政信息、机关管理、行政法制、行政效率、行政改革等。

在第二个阶段（后约二十年），《中国大百科全书》（第三版）之"公共管理"板块可以作为公共管理（一级学科）的学科框架样本。《中国大百科全书》（第三版）首次增加了"公共管理"板块。该书编委会经过广泛征求学界专家意见与多次讨论，形成了包含如下分支学科或主题领域在内的学科框架：公共组织理论、政府改革与治理、社会组织管理（非营利组织管理）、政策科学（公共政策）、比较行政与全球治理、公共人力资源管理、公共财政与预算、公共信息资源管理（电子政务与数据管理）、公共管理伦理与法律、风险与危机管理、经济政策与管理、社会政策与社会保障、公共服务管理、资源环境政策与管理等。笔者主编的研究生教材《公共管理学》（中国人民大学出版社，2005 年第一版，2017 年第二版）建构的教学理论体系（学科框架）包括公共组织、政府改革与治理、政府间关系、政府作用、政府工具、公共政策、公共部门人力资源、公共预算与财政、第三部门管理、公共部门战略管理、公共部门绩效管理、公共管理伦理等 12 个主题领域。

（3）师资队伍建设及学术交流加强。学科专业发展依靠的是人才。二十年多来，来自本学科和其他学科的人才不断加入本领域，公共管理学科的研究及师资队伍逐渐壮大。一批学者入选国家、省部级的各类人才项目包括"千人计划"、"万人计划"（特支计划）、"长江学者"奖励计划、"四个一批"（文化名家）人才计划，获得国家自然科学基金委员会"杰出青年基金"资助项目等；各类人才创新团队与教学团队（如国家自然科学基金委员会的“杰青”创新团队和教育部“长江学者”创新团队等）正在茁壮成长。与此同时，公共管理领域的学术交流日趋活跃。学界、政界举办了大量的国际和国内的公共管理与公共政策学方面的学术研讨会，特别是中国行政管理学会与美国公共行政协会自 2002 年开始联合举办的中美公共管理国际学术研讨会影响力较大。2021 年 9 月 24—26 日第十届研讨会在中国人民大学举行，来自全球不同国家和地区公共管理领域的 500 余名专家、学者及中国人民大学师生参加会议。会议的主题是“后疫情时代的公共治理”①。大批的国外著名的公共管理与公共政策学家来华访问、讲学或参加学术会议；一批在国外学习公共管理与公共政策的学生和访问学者相继回国服务，他们带回了国外公共管理与公共政策发展的大量新信息；一些高校、科研机构、行政学院、政策研究部门与国外大学的公共管理学院、公共政策学院、思想库建立了正式或非正式的学术交流关系，促进了中国的公共管理学发展日益与国外接轨，有力地推动了中国公共管理学的国际化与规范化。

（4）学科社会建制（即学科的制度化建设）逐步成熟。学科社会建制涉及教学科研机构与学术组织的建立、专业设置与人才培养、基金资助来源、出版渠道等。以专业设置与人才培养为例，二十多年来，在高校中数以百计的公共管理学院建立，公共管理类本科专业大量开设（目前全国高校设立了 1 000 余个公共管理类本科专业，其中行政管理专业 500 多个，公共事业管理专业 400 多个），博士学位与硕士学位授权点大量增设，研究生招生规模扩大，各级党校和行政学院日益把公共管理作为干部培训的主要课程领域等。例如，从最高学位——博士学位教育来看，全国目前共有 48 个公共管理一级学科博士点和 4 个二级学科博士点。从 1999 年首批

① 第十届中美公共管理国际学术研讨会在中国人民大学举行.（2021-09-26）[2024-12-01].中国人民大学公共管理学院网站.

行政管理的博士点设置开始到 2006 年止，国务院学位委员会共批准了 13 个公共管理一级学科博士点（人力资源社会保障部在这些授权点基础上设立了公共管理博士后流动站）。后来通过省级学位委员会及有一级学科博士学位授权点的高校自审及学位点调整，设置了一批公共管理二级学科博士点以及学科博士点和交叉学科博士点。2018 年 3 月 26 日，《国务院学位委员会关于下达 2017 年审核增列的博士、硕士学位授权点名单的通知》（学位〔2018〕19 号）发布，新增了 12 个公共管理一级学科博士学位授权点。中国公共管理硕士（MPA）专业学位的设置对中国公共管理学科的发展起到了巨大的促进作用。该专业学位教育迄今已经走过二十多年的发展历程。国务院学位办 1998 年启动 MPA 专业学位论证，1999—2000 年完成设置方案及培养方案论证，2001 年正式开设了 MPA 专业学位。到 2017 年底，全国 MPA 培养院校共计 226 所，228 家培养单位（2018 年新增 MPA 专业硕士点的高校为 24 所）。根据全国公共管理专业学位研究生教育指导委员会的数据资料，截至 2017 年 8 月，全国共计录取 172 172 名 MPA 学生（其中，2016—2017 学年录取 12 741 人）；已有 114 190 人获得 MPA 学位。2012—2013 学年度之后，每年授予 MPA 学位人数都超过 10 000。

（5）公共管理知识应用日趋广泛。时任中国行政管理学会执行副会长高小平研究员在回答《中国社会科学报》记者关于党的十六大召开到党的十八大召开的十年间我国行政管理学研究如何在政府行政管理中发挥作用的提问时说："政府在制定改革方案、实施改革进程中主动听取行政管理学界的意见和建议，行政管理学专家学者积极建言献策，现在已经成为决策科学化、民主化的重要内容。行政管理学界对经济改革、政治改革、行政改革中的热点、重点和难点问题，特别是涉及全局性、战略性、前瞻性的重大课题进行研究，贴近实际，整合资源，不断深化对当代中国经济社会发展和政府管理规律的认识，力求作出科学的理论回答，提炼出具有针对性、实用性的观点，为党和政府的决策服务。”[①]改革开放四十多年来，特别是党的十八大以来，我国公共管理研究机构、学者活跃在党和政府决策的各个领域，尤其是在公共事务管理以及经济社会发展的方方面面，发挥着智库或思想库的作用。越来越多的公共管理与公共政策学者个人及团队以各种各样的方式（包括以政府部门的顾问或咨询专家的形式）参与政府的决策与管理实践，公共管理与政策分析的研究成果被大量应用到改革开放和经济社会建设的政策以及重大工程项目的研究与论证之中。近年来，一大批公共管理和公共政策学者活跃在国家治理现代化、行政体制改革与政府职能转变、服务型政府和法治政府建设、干部人事制度改革与公务员制度建设、公共服务、社会管理、应急管理、政府绩效评价和廉政建设以及经济、社会和文化等政策与管理领域的咨询活动中，在推进国家治理现代化以及公共决策的科学化民主化方面起着越来越重要的作用。

然而，目前我国公共管理存在四个较为突出的问题：一是学科研究范式不成熟。学科的研究对象不够明确，定位较模糊，研究范围宽泛；未能梳理出核心的研究领域和提炼出重要主题，缺乏有效的研究路径、基本分析框架和牢固理论基础。二是缺乏严谨的研究方法。学科的研究方法没有得到应有的重视；实际研究中缺乏多样化的研究方法，并存在重质的研究而轻量的研究、重概念推演而轻经验分析、重宏观而轻微观的研究倾向。三是理论建构及学术创新不足。有学者指出：“许多研究根本没有一个明确的研究问题，没有文献评估，没有深入地研究因果关系，没有构建出具有说服力的理论，更没有进行理论检验，或者理论观点没有经验事实支

---

① 李潇潇．十年来中国行政管理学的发展成就和特点：访中国行政管理学会执行副会长高小平．中国社会科学报，2012－08－31（A8）．

持。”[①]四是学科的本土化有待加强。有学者认为，中国行政学过去几十年的发展，充满了移植和加工的特点和性格[②]；中国行政学已逐渐与国际接轨，但也显现了用西方思维、西方模具加工中国素材的痕迹，失去的可能是对中国重大问题的诊察和关怀[③]。甚至还有学者断言：“中国公共行政学的研究并未形成本土化的特色。”[④] 其实，这是一个老问题，一直得不到很好的解决。[⑤]

国家自然科学基金委员会管理科学部的“公共管理学科发展战略”课题组基于调研及专家问卷的分析，把中国公共管理学科存在的主要问题归纳为以下六个：一是学科边界不够明晰、学科体系不够完整、学科共识有待提升、研究方法有待规范、研究范式有待统一。二是学科定位不够明确，在对基础理论研究与应用政策研究之间关系、国际化与本土化之间关系的认识上存在摇摆与混淆。三是学科基础不够牢固，与成熟学科相比，在基础研究、数据积累工具和方法等方面存在较大差距。四是公共管理理论研究与政策实践之间存在脱节。一方面，理论建构与学术创新较为薄弱，主要依赖西方公共管理理论、方法和模型，缺乏基于中国国情、能够解释与指导中国公共管理与政策实践的理论体系。另一方面，理论研究相对滞后于时代发展步伐，在响应国家重大战略需求方面存在不足。五是学科发展布局缺乏整体性、战略性、前瞻性。[⑥] 六是我国公共管理学科的研究主要集中于应用领域，基础性研究不足。尤其发表在顶级国际期刊的基

---

① 马骏．中国公共行政学研究的反思：面对问题的勇气．中山大学学报（社会科学版），2006（3）：73-76.

② 周志忍．迈向国际化和本土化的有机统一：中国行政学发展30年的回顾与前瞻．公共行政评论，2012，5（1）：10-15.

③ 张成福．变革时代的中国公共行政学：发展与前景．中国行政管理，2008（9）：8-13.

④ 张桂琳．当代中国公共行政学研究的本土化问题．新视野，2013（3）：51-54.

⑤ 陈振明．公共管理的学科定位与知识增长．行政论坛，2010，17（4）：17-20.

⑥ 薛澜，梁正，杨列勋．公共管理学科发展战略：暨公共管理"十三五"优先资助领域研究．北京：科学出版社，2017.

础性研究更少。[①]

三、发展方向

新时代中国公共管理学科的发展迎来了又一次前所未有的历史性机遇。党的十九大吹响了决胜全面建成小康社会、夺取新时代中国特色社会主义伟大胜利的号角，制定了适应时代要求、顺应人民意愿的行动纲领和大政方针。党的十九大报告明确提出坚持和发展中国特色社会主义的总任务是实现社会主义现代化和中华民族伟大复兴，新时代我国社会主要矛盾是人民日益增长的美好生活需要和不平衡不充分的发展之间的矛盾，中国特色社会主义事业总体布局是“五位一体”、战略布局是“四个全面”，全面深化改革总目标是完善和发展中国特色社会主义制度、推进国家治理体系和治理能力现代化，全面推进依法治国总目标是建设中国特色社会主义法治体系、建设社会主义法治国家。

党的十八届三中、四中全会分别通过了《中共中央关于全面深化改革若干重大问题的决定》《中共中央关于全面推进依法治国若干重大问题的决定》，党的十九届三中全会通过了《中共中央关于深化党和国家机构改革的决定》和《深化党和国家机构改革方案》，对我国在新的历史起点上全面深化改革、依法治国及深化党和国家机构改革做出了战略部署。党的十九届三中全会提出，深化党和国家机构改革是推进国家治理体系和治理能力现代化的一场深刻变革。党和国家机构职能体系是中国特色社会主义制度的重要组成部分，是我们党治国理政的重要保障。

---

① 薛澜，梁正，杨列勋．公共管理学科发展战略：暨公共管理"十三五"优先资助领域研究．北京：科学出版社，2017.

新时代全面深化改革和社会主义现代化建设产生了大量亟待公共管理等学科解决的重大理论与实践问题。例如，国家治理体系和治理能力现代化，党和国家机构改革，法治国家、法治政府、法治社会一体建设，“五位一体”总体布局与“四个全面”战略布局，民生发展与公共服务改善，科技创新与创新型国家建设，人才强国战略的制定与实施等，这些问题的解决亟需公共管理学的理论、方法和技术的指导及应用，而植根于西方土壤的公共管理学理论无法真正解释和解决我国公共管理的实践问题。因此，中国公共管理学科必须回应新时代国家重大需求，顺应当代哲学社会科学及管理科学的发展趋势，加强话语、理论和学科建构，提升学科的影响力，为国家和地方创新发展提供强有力的智力支持。

2016 年 5 月 17 日，习近平总书记在哲学社会科学工作座谈会上的重要讲话指出了加快构建中国特色哲学社会科学的重要性、目标、方向、原则、要求和措施，为加快构建包括公共管理学科在内的中国特色哲学社会科学指明了方向。

“中国特色、世界一流”是当下中国高校“双一流”（一流大学与一流学科）建设的目标定位，也是中国公共管理学科未来发展的目标与方向。针对前述的公共管理学科发展中存在的突出问题以及新时代的新背景和新需求，我国公共管理学科的未来发展要努力体现“中国特色、世界一流”以及“本土化与国际化”的有机统一。如何做到？什么路径？有何措施？这是十分复杂并需要长期探讨才能加以解决的问题。限于篇幅，这里只简要谈三点粗浅的认识。

一是在哲学与方法论层面思考、把握和处理好学科发展中的学术与政治、科学和意识形态、主观与客观、事实与价值、传统与现代、本土化与国际化以及地方性与全球化等方面的关系。[①]特别是处理好本土化与国际化关系问题对于中国公共管理学或行政学的发展极为重要。有学者写道："中国行政学的国际化与本土化及其所涉及的相关问题，绝不是一个普通的学术问题，它是中国行政学发展中需要解决的一个重大理论和实践问题，事关学科建设、理论研究和行政实践改革的健康发展，以及中国公共行政的未来。"[②] 中国特色或本土化是我国公共管理学建构与发展的题中之义。行政学恢复与重建的推动者们提出的学科建设目标是"建设具有中国特色的社会主义行政管理学""建设中国特点的行政管理学""建设社会主义行政管理学"等。例如，周世逑始终强调建立中国特色的行政学，目标是构建中国特色的行政学的理论体系，该体系有两个基本条件：一是以马克思列宁主义尤其是中国特色社会主义理论为指导：二是不回避现实，要解决中国的实际问题。[③] 中国公共管理学必须突出中国特色或本土化，这是学界的共识。正如张成福所说："本土化是中国行政学未来发展的方向和最大的挑战。"[④]

二是坚持"立足本土，挖掘传统，展望世界"的原则，从基本概念、基本命题入手，进一步推动中国特色公共管理理论与实践对接，探索"公共管理实践—公共管理话语—公共管理理论—公共管理学科"的学术发展路径，全面构建具有中国特色、中国风格、中国气派的中国特色公共管理学。一方面，要扎根中国大地，强化问题导向，以研究和解决国家和地方的重大公共管理与公共政策的复杂问题为依归，以推动中国公共管理的理

---

① 笔者在《中国政策科学的话语指向》一文对这几个关系做过简要的论述，参见：陈振明．中国政策科学的话语指向．国家行政学院学报，2014（5）：7.

② 刘智勇．走出中国行政学研究国际化的误区．四川大学学报：哲学社会科学版，2015（3）：6.

③ 刘熙瑞，高凯军．殷殷之意 岂敢忘怀：周世逑先生逝世周年纪念．中国行政管理，1998（6）：16.

④ 张成福．发展、问题与重建：论面向21世纪的中国行政科学．政治学研究，1996（1）：6.

论建构和实践创新为目标，致力于服务国家和地方治理现代化的重大需求，采取中国立场，解决中国问题，发出中国声音。另一方面，要体现继承性、民族性，重视古今中外公共管理实践及其经验，尤其是我国治国理政的历史传统与经验的研究，特别是总结提炼党中央在治国理政实践中所形成的具有时代特色、实践特色和民族特色的公共管理思想。以习近平同志为核心的党中央进行了一系列的重大政策与治理实践创新，创造了大量新的经验，形成了鲜明的治国理政的执政品格与政策风格，必须对这种创新实践经验及其执政品格与政策风格加以系统研究和总结提炼，并作为中国特色公共管理的指导思想和理论基础。

三是拓宽学科视野，夯实学科基础，促进学科的研究转型与理论创新。公共管理与公共政策是一个典型的跨学科、交叉学科、综合性与应用性的领域，大量学科为公共管理与公共政策的研究提供了科学理论的基础。该学科也是一个面临研究转型与需要学科创新的典型领域。公共管理与公共政策的核心主题是人类的集体行动、冲突与合作、选择或决策、管理或执行等。事实上，有多少学科在关注这些主题？在不同学科中已经积累了多少这方面的知识和经验？我国公共管理学科要建成世界一流学科，需要关注科学发展前沿（尤其是数据科学、脑科学、认知科学、神经心理学以及科学方法论的新进展等），强化自身的科学基础；需要跟踪国际公共管理研究的理论和方法前沿，注重运用行为研究、实验研究、预测研究、模拟仿真、数据挖掘等方法和技术，探讨中国公共管理实践、公共管理系统及其体制机制和运行方式，建构“中国特色、世界一流”的公共管理的学科及理论体系。要有面向世界、开放包容、兼容并蓄、海纳百川、开风气之先、创世界一流的气概与胸怀；提倡理论创新和知识创新，鼓励学术争鸣，活跃学术空气。

总之，改革开放四十多年来，中国公共管理学科发展已取得了长足的进步，但存在的问题与面临的挑战也不少。新时代为中国公共管理学科的发展提供了新的历史性机遇，改革开放和现代化建设的新形势，特别是国家治理现代化亟待公共管理的学科及理论创新研究。必须顺应当代社会科学及管理科学的发展趋势和我国经济社会发展的现实需要，推动“中国特色、世界一流”公共管理学科的建构与发展。

中国公共管理学的理论创新

中国与全球公共治理的理论与实践正在加速演进。必须拓展公共管理学的学科视野，推进中国公共管理学的理论创新，强化公共管理学的科学基础，彰显公共管理学的中国特色。

一、跟踪全球公共治理的新趋势

习近平总书记指出，“以信息技术为代表的新一轮科技和产业革命正在萌发，为经济社会发展注入了强劲动力”[①]。当前，人类社会正在走向网络化、数据化和智能化的新时代，新一轮全球科技革命、产业革命、治理变革正在拓展与深化。中国公共管理学的创新发展必须放眼世界，直面全球公共治理的新场景、新实践和新问题。

近二十年来，全球公共部门管理的实践发生了新变化并呈现出新趋

① 习近平．致第四届世界互联网大会的贺信．人民日报，2017－12－04（1）．

势。公共部门尤其是政府治理变革继续深化的动因，不仅在于全球化、信息化和数字化，技术进步，经济社会发展，财政危机或金融危机，官僚体制的失效，国家（政府）与社会关系的变化，公共部门、私人部门和非营利组织共同提供公共服务的复杂性等客观因素，也在于公众对政府提出了更高的要求——更好更快的公共服务和更多的公共事务参与——等主观动因。

回应公众更高的公共服务需求，改进和提升公共服务质量，这是当代全球公共治理实践发展的一个基本趋势，也是各国政府追求的一个共同目标。在实践中，20 世纪 70 年代末 80 年代初兴起的“新公共管理”运动注重的财政效率和政府内部运作以及强调的代理、竞争和选择等原则，正在被“新公共治理”所关注的国家与社会关系调整以及强调合作、谈判、参与等原则所取代。公共部门管理的研究途径、学科范式与理论形态也在发生转变，出现由“传统公共行政”到“新公共管理”再到“新公共治理”的范式转变。

二、聚焦国家治理现代化的新实践

新时代改革开放和现代化建设尤其是国家治理（治国理政）现代化推进的现实实践，提出了中国公共管理学科的创新、转型与重构以及知识体系更新的历史性任务。习近平新时代中国特色社会主义思想中包含了极其丰富的治国理政或国家治理的思想，这是中国特色公共管理学及其创新发展的指导思想和理论基础。

党的十八大以来，以习近平同志为核心的党中央全面推进党和国家机构改革、国家治理现代化以及政府治理变革，进行了一系列的重大政策与治理实践创新，创造了大量的新经验，形成鲜明的治国理政的执政品格与政策风格——始终把人民利益摆在至高无上的地位，实现好、维护好、发展好最广大人民的根本利益是党的一切工作的出发点和落脚点，多谋民生之利、多解民生之忧，发展的根本目的是增进民生福祉，不断增强人民的获得感、幸福感、安全感，把人民的获得感作为“试金石”。必须高度重视古今中外公共管理实践及其经验尤其是我国治国理政的历史传统与经验的研究，研究、总结和提炼党中央在治国理政实践中所形成的具有时代特色、实践特色和民族特色的公共管理思想。

中国特色社会主义进入了新时代。党的十九大报告将新时代我国社会的主要矛盾表述为“人民日益增长的美好生活需要和不平衡不充分的发展之间的矛盾”，并提出了新时代中国特色社会主义建设的目标、任务、战略和策略。中国公共管理学必须以研究和解决国家和地方的重大公共管理与公共政策的复杂问题为依归，以推动中国公共管理学的理论建构和实践创新为目标，致力于服务国家和地方治理现代化的重大需求，采取中国立场，解决中国问题，发出中国声音。

三、强化公共管理学的科学理论与方法基础

公共管理学是一个典型的跨学科、交叉学科与综合性及应用性的领域，大量学科为公共管理研究提供了理论与方法基础。该学科的创新发展必须关注科学发展前沿，尤其是科学方法论、数据科学、脑科学、生命科学、认知科学、神经心理学、量子理论、信息通信技术、智能化技术及虚拟技术等领域的最新进展，从当代科技发展及其知识与方法中汲取营养，强化自身的科学理论与方法论基础，并引入新的研究途径、研究方法和分析技术。

（1）科学研究新范式的出现为公共管理研究提供了新的方法论及研究

途径。吉姆·格雷（Jim Gray）在题为"eScience：科学方法的一次革命"的演讲中提出了科学研究的"第四范式"概念，即数据科学或数据驱动的知识增长。当代社会科学也正经历着一场数字化革命，其标志是计算社会科学的兴起。2009年2月，15名来自社会科学、计算机科学和物理学的知名科学家联名在《科学》（*Science*）杂志上发表了《计算社会科学》一文，宣告这个新领域的诞生。它是一门基于大数据的人类行为计算的科学，推动力主要是从信用卡、手机、万维网等搜索与收集的关于人们及其行为的大数据，而现实挖掘/虚拟现实等技术为其提供了坚实的方法基础。

（2）当代科学前沿，尤其是脑科学、认知科学、神经心理学、量子理论、预测学、信息通信技术、智能化技术、虚拟技术等领域的进展对公共管理学产生重大影响。例如，部分生物科学（如基因组学、蛋白质组学、代谢物组学）的内容正有效地转变为社会科学的内容；进化生物学和认知科学的研究表明，人天生是自利的观点并不成立，平等观念有其基因基础，进化性生存更依赖于集体性交往，而非自我疏导。

（3）数据化和智能化以及虚拟现实技术增强了人类行为的可预测性。今天，人类行动的数据可以被系统地、规模化地掌握，人们的行为踪迹都可以在某个数据库中找到线索，这使得研究个人、团体及全人类的行为规律成为可能。虚拟现实/现实增强等技术的日益广泛应用，标志着虚拟现实时代的来临。2018年的《科学》和《自然》（*Nature*）杂志都有文章论及这个话题，《管理科学》（*Management Science*）编辑部宣称虚拟现实等技术的应用是管理科学的新主题。机器学习技术在社会科学中的应用也日趋广泛，它与传统分析工具结合，可以检验传统方法无法检验的假设，拓宽社会科学研究的边界。

因此，公共管理研究中必须高度重视行为、模拟、预测、实验以及智能化技术和虚拟技术（数据挖掘、现实挖掘、虚拟现实/现实增强、机器学习等）的应用，增强公共管理研究的科学性。

四、推动公共管理相关知识的融合

科学或知识的统一是人类追求的一个理想，跨学科、交叉学科和综合性研究的涌现以及知识融合成为当代科技进步的一个基本趋势，必须倡导与推动公共管理学与其他相关学科知识的融合。

当下自然科学与社会科学的界限以及定性研究与定量研究的分野日益模糊。作为心理学与公共管理学交叉的新兴学科，行为行政学采用个体行为和态度的微观视角，其理论和方法基础是心理学和实验方法，以心理学及个体行为研究的新成果为依据。

人文社会科学的知识也日益交融。近现代社会科学走过从整体到分化或专门化的历程——从政治经济学、精神科学（道德哲学）和国家学（官房学）到统计学、经济学、政治学、社会学、人类学、（新）史学等。当代社会科学发展则由专门化向整体化演变——知识产生方式由学科导向转入问题导向，进入所谓的“后学科时代”。如加里·金（Grag King）所说，随着社会科学跨学科性增强、更具合作性，社会科学的实际定义拓宽了，我们不能再基于过去特定学科领域（社会学、经济学、政治学、人类学、心理学等）对社会问题进行研究了。①

公共管理的核心主题是人类的集体行动、冲突与合作、选择或决策、管理或执行之类的问题。这是多少学科在关注的问题？在不同学科中人类已经积累了多少知识和经验？仅就当代西方学术传统而言，从兰德公司20世纪50年代提出的“囚徒困境”（prisoner's dilemma）、格兰特·哈丁

① KING G. Restructuring the social sciences：reflections from Harvard's institute for quantitative social science. Political science and politic，2013，47（1）.

(Garrett Hardin) 1968 年提出的“公地悲剧”（the tragedy of the commons）到卡罗尔·罗丝（Carol Rose）1984 年提出的“公地喜剧”（the comedy of the commons）和埃莉诺·奥斯特罗姆（Elinor Ostrom）1990 年提出的“公地治理”（the governing of the commons），再到当下的“共享经济”或“共享社会”［杰里米·里夫金（Jeremy Rifkin）称之为“零边际成本的社会”］[①] 和肯尼思·阿罗（Kenneth Arrow）的社会选择理论、赫伯特·西蒙（Herbert Simon）的决策理论、詹姆斯·布坎南（James Buchanan）的公共选择理论、曼瑟尔·奥尔森（Mancur Olson）的集体行动的逻辑等讨论的都是上述核心主题。其中有多少项成果获得过诺贝尔经济学奖？它们算不算公共管理学科的理论资源或知识内容？

改革开放四十余年来，作为当代中国社会科学发展最快的学科领域之一，公共管理学在我国已经成长为一门独立的且影响力日益增强的学科。在今天的中国，公共管理学可被称为治国理政或国家治理之学。2019 年 7 月 5 日，习近平总书记在深化党和国家机构改革总结会议上强调，巩固党和国家机构改革成果，推进国家治理体系和治理能力现代化。[②] 中国公共管理学有其自身的主题领域、问题意识和本土知识。必须树立全球视野，扎根中国大地，强化问题导向，促进具有中国场景、中国话语与中国特色的公共管理学科的构建与发展以及知识增长。

---

① 美国西北大学法学教授卡罗尔·罗丝在 1986 年发表的“The Comegy of the Commons：Commerce，Custom，and Inherently Public Property”中，抨击格兰特·哈丁的公地悲剧理论，指出在私有财产和政府控制的“公共财产”之外，还存在一种“天然的公共财产”，这种财产被集体享有，并由社会来管理。四年之后，埃莉诺·奥斯特罗姆出版 *The Governing of the Commons*（中译本《公共事物的治理之道》）一书，提出了“公地治理”（或多中心治理）理论。参见：里夫金．零边际成本的社会：一个物联网、合作共赢的新经济时代．北京：中信出版社，2014：159－161.

② 习近平．在深化党和国家机构改革总结会议上的讲话//中共中央党史和文献研究院．十九大以来重要文献选编（中）．北京：中央文献出版社，2021：130.

学科交叉与知识融合视野中的公共治理研究

当前，世界大变局加速演进，中国进入新时代新征程及新发展阶段，全球治理及国家治理的实践正在发生深刻变化。与此同时，新科技革命及新工业革命正向纵深发展，数字化、智能化、量子化以及“融合科学”时代来临，新的科学研究范式正在兴起，学科交叉与知识融合已成为科学发展与技术进步的一个主导趋势和创新源泉。这必将对包括公共治理在内的社会科学及管理科学各领域的发展产生重大而深远的影响。在新时代新场景之下，公共治理研究如何应对新挑战与新机遇，深化学科交叉与知识融合，加快研究范式转移，拓展研究视野与主题，推动中国特色公共管理学的创新发展，是目前学界必须认真思考的大问题。

一、科学研究范式的转变

学科是人类探索世界及知识演化到特定阶段的产物，是人类知识的积累、传播、传承和应用的方便而有效的手段，既有客观性也有主观性。学科划分是相对的，各学科的边界和范围是随着时代的发展不断变化的。重要科学发现及科学革命则是学科产生、发展与变迁的根本动力［托马斯·库恩（Thomas Kuhn）所主张的科学发展模式或科学革命的结构是“前科学—常规科学—科学革命—新常规科学—新科学革命”］。在文艺复兴以前，自然科学和社会科学的知识是整体化的，人类知识是总体性的、未分化的；学科分化之后，知识融合与科学统一则成为人类追求的理想。马克思、伊曼纽尔·华勒斯坦（Immanuel Wallerstein）、新制度经济学、逻辑实证主义（维也纳学派）、桑塔费学派、复杂性科学和量子理论等都提倡或隐含着科学统一的理想。马克思主张只有一门科学，那就是“历史科学”或“人的科学”①；华勒斯坦的“开放社会科学”是统一社会科学的另一种说法②；新制度经济学试图通过制度途径打通社会研究各领域的隔阂；维也纳学派主张在物理学的基础上建立统一的科学（指的是自然科学）；桑塔费学派呼吁“走向统一的社会科学”③；复杂性科学和量子理论则试图从网络结构或量子层次来实现知识的融合或科学的统一。

随着全球新一轮科学技术革命的展开，科学研究范式正在发生深刻的改变。“第四范式”、“融合科学”（合成生物学、生物社会学、网络科学、脑神经经济学、行为经济学、行为遗传学、计算社会科学等）以及“开放科学”的新范式正在兴起。国内学者还采用“交叉范式”“不同学科知识融会贯通”等说法。

“第四范式”也称数据密集型科学发现或数据驱动的知识增长。吉姆·

① “我们仅仅知道一门唯一的科学，即历史科学。”［马克思，恩格斯．德意志意识形态（节选本）．北京：人民出版社，2018：10.］“历史本身是自然史的一个现实部分，即自然界生成为人这一过程的一个现实部分。自然科学往后将包括关于人的科学，正像关于人的科学包括自然科学一样：这将是一门科学。”（马克思．1844年经济学哲学手稿．北京：人民出版社，2014：86-87.）

② 华勒斯坦，等．开放社会科学．北京：三联书店，1997.

③ 金迪斯，鲍尔斯．走向统一的社会科学：来自桑塔费学派的看法．上海：上海人民出版社，2005.

格雷认为，在科学研究及其范式的演进历程中，依次出现的四种范式是实验科学、理论科学、模拟科学和数据科学。最初是实验科学——几千年前科学以实验为主描述自然现象；接着在过去的几百年有了理论研究分支（理论科学），利用模型和归纳科学，有了开普勒定律、牛顿运动定律、麦克斯韦方程式等；然后，在过去的几十年，科学出现了计算分支（模拟科学），对复杂现象进行仿真；到了今天数据爆炸，出现 eScience（数据科学），将理论、实验和计算仿真统一起来。在这种新范式指导下的科学研究不再需要模型和假设，而是利用超级计算能力直接分析海量数据发现相关关系，获得新知识。[①]

数智化催生了“深度学习＋大数据＋大模型”，尤其是“AI for Science”或科学研究“第五范式”，即“人工智能驱动的科学研究”或“科学智能”。“AI for Science”是以“机器学习为代表的人工智能技术”与“科学研究”深度融合的产物，代表了机器学习和自然科学领域最激动人心的前沿方向之一。数百年来，以数据驱动的开普勒范式和以第一性原理驱动的牛顿范式是科学研究的两大基本范式。当下正在蓬勃兴起的“AI for Science”有可能促使两种既有范式的深度融合，激发一场新的科学革命。2023 年 3 月，科技部会同国家自然科学基金委员会启动“人工智能驱动的科学研究”（AI for Science）专项部署工作，紧密结合数学、物理、化学、天文等基础学科关键问题，围绕药物研发、基因研究、生物育种、新材料研发等重点领域科研需求展开，布局“人工智能驱动的科学研究”前沿科技研发体系。科技部有关负责人表示，“AI for Science”已成为全球人工智能新前沿。[②]

---

① HEY T，TANSLE S，TOLLE K. 第四范式：数据密集型科学发现. 北京：科学出版社，2012：ix - xxiv.

② 宋晨. 科技部启动“人工智能驱动的科学研究”专项部署工作. (2023 - 03 - 27) [2024 - 12 - 01]. 新华网.

融合科学（convergence science，也译为“会聚科学”或“融合研究”）则是一种基于多学科融合来解决重大科研问题的新范式，被认为是人类解决重大经济社会问题的新机遇。[①] 这种新范式缘起于20世纪中叶以来兴起的各类学科交叉研究和使命导向的研究，先在生命科学研究领域兴起，逐步扩展到能源、环境、信息、安全等诸多领域，它最初是由麻省理工学院（MIT）提出的。作为一种基于数据驱动的新范式，融合科学或融合研究是交叉学科研究的延续与深化，其基本特征是问题导向、数据驱动、链式融合、语言融通。

开放科学（open science）既是一种正在全球扩散的科学实践运动，也被当作一种与融合科学密切相关的科学新范式。可以说，推动科学数据开放共享与融合科学新范式对基础数据的新要求互为表里、交相辉映。2021年11月9—24日召开的联合国教科文组织（UNESCO）大会第41届会议审议通过了《开放科学建议书》，呼吁全球共同努力，在科研方面共享信息、提高效率，进而提出可持续、创新的解决方案，这标志着开放科学迈入全球共识的新阶段。在该建议书中，开放科学被定义为“一个集各种运动和实践于一体的包容性架构，旨在实现人人皆可公开使用、获取和重复使用多种语言的科学知识，为了科学和社会的利益增进科学合作和信息共享，并向传统科学界以外的社会行为者开放科学知识的创造、评估和传播进程”[②]。开放科学涵盖所有科学学科与学术实践的各个方面，包括基础科学和应用科学、自然科学、社会科学和人文科学，并建于以下主要支柱之上：开放科学知识、开放科学基础设施、科学传播、社会行为者的开放参与以及与其他知识体系的开放对话。中国工程院院士倪光南认为，

---

① 肖小溪，甘泉，蒋芳，等．“融合科学”新范式及其对开放数据的要求．中国科学院院刊，2020，35（1）：8.

② 李宏策．加强信息共享，促进科技合作，教科文组织发布《开放科学展望》首份报告．(2023-12-21)［2024-12-01］．中国科技网．

开放科学及开源技术是人类智慧结晶，它使人类获得更多开放共享的价值。[①]

美国国家研究理事会称融合科学的发展将为科学研究和人类未来带来全新图景。中国科技界近年来的改革探索也与国际上融合科学新范式的发展趋势高度契合。[②] 2021 年 3 月国家自然科学基金委员会主办的“科研范式变革”专题研讨会上有一个观点——传统的基于“假设”的科学研究范式正在被颠覆。在人工智能时代，我们可能不需要技术，不需要经验，甚至不需要假说，即可获得相应的结果。[③] 乔布斯曾经说过，仅有技术是远远不够的——技术唯有与文理相结合、与人文相交融，才会给我们带来令人心动的结果。

学科交叉融合是当代科学技术发展的基本趋势。国家自然科学基金委员会原主任李静海认为学科交叉融合是大势所趋，强化学科交叉和寻求新的科研范式是未来科学技术快速发展的必由之路。[④] 该委员会副主任陆建华说，交叉成为学科知识新的增长点和科学前沿。浙江大学原校长吴朝晖强调要以学科交叉融合服务国家战略需求。被誉为“当今世界伟大的管理思想家”、“量子管理学”奠基人的英国管理学家丹娜·左哈尔（Danah Zohar）在《量子领导者：商业思维和实践的革命》一书中宣称管理范式正从“牛顿力学”转向“量子力学”。“范式转变”“交叉融合”“需求牵引”“问题导向”等成为我国“十四五”科技发展战略的关键词；在管理

① 高雅丽．专家共议开放科学与开源创新发展．(2021 - 11 - 09) [2024 - 12 - 01]．中国科学网.

② 肖小溪，甘泉，蒋芳，等．“融合科学”新范式及其对开放数据的要求．中国科学院院刊，2020，35 (1)：8.

③ 骁铭．科研范式正在变革，中国能否抓住这波创新浪潮，“不再做第二”?．(2021 - 05 - 31) [2024 - 12 - 01]．哔哩哔哩网站.

④ 操秀英．自然科学基金委成立交叉学部：打造我国科学基金深化改革“试验田”．科技日报，2020 - 11 - 30 (1)．

学领域，“百年变局与管理科学”“第四次管理革命”“数据驱动的管理与决策”“中国管理范式”等也成为近年来的热门话题。国家自然科学基金委员会管理科学部及其四大领域的“十四五”发展战略也以强化学科交叉和寻求新的研究范式为引领。

在学科和专业建设方面，2020年11月29日，国家自然科学基金委员会宣布成立交叉科学部，这成为其第九个学部。2021年，国家自然科学基金委员会推动科学基金资助布局改革，将九个学部整合为“基础科学、技术科学、生命与医学、交叉融合”四个板块。2020年，国务院学位委员会和教育部开始了新一轮的学科结构及专业目录的调整，增设“交叉学科”为第14个学科门类，并着手调整各门类中的一级学科的设置。“发展新工科、新医科、新农科和新文科”是近年来（从2018年开始）大学专业建设的热点和亮点。

二、社会科学的新革命？

当下人文社会科学的学科交叉和知识交融的趋势不断加强。学科分割及知识碎片化削弱了人文社会科学解决社会问题或政策问题的能力，人类社会正为此付出代价。“是时候改革社会科学了。”这是来自学界的一种日益强烈的声音。作为近年来社科转型与跨学科讨论中不可忽视的人物，尼古拉斯·克里斯塔基斯（Nicholas Christakis）宣称“社会科学正在发生一场新革命”。他认为真正的社会科学，无论从广度还是复杂程度上，都应该反映现有问题的全貌，并体现出21世纪应有的创新力。[①] 加里·金则说社会科学或正在经历巨大的转型：从研究问题转向解决问题；从用少

① CHRISTAKIS N. Let's shake up the social sciences. The New York times，2013－07－21 (Sunday Review).

量的数据集辅助研究，转向对数量不断扩大的各种高信息含量数据进行研究；从学者各自为政，转向更大规模的、合作的、跨学科的、具有实验风格的研究团队；以及从单纯以学术追求为内在导向，转向影响公共政策、商业和工业、其他学术领域和一些涉及个体与社会的重大问题。①

人文社会科学的起源和目标在于对社会、文化及精神或心灵问题的解决。近现代社会科学起源于社会问题的解决，它既是社会科学模仿自然科学尤其是物理学研究方式的结果，更是人类社会发展尤其是由农业社会向工业社会转变的产物。②社会科学的基本功能是描述、解释、预测、评价和控制。在某种意义上可以说，社会科学等同于解决社会问题。也可以说，社会科学致力于理解个人、集体行为，旨在提升人的生活质量和人类福祉。这也正是社会科学的现实性和生命力之所在。

社会研究有三个时间维度或面向——过去、现在和未来。历史学主要研究的是过去，经济学、政治学、社会学、管理学等社会科学学科可以说主要研究的是现在，未来学及预测学面向的当然是未来。在 20 世纪 80 年代，未来学及预测学在我国曾一度兴盛。这一时期流行的阿尔文·托夫勒（Alvin Toffler）的《第三次浪潮》和《未来的冲击》、约翰·奈斯比特（John Naisbitt）的《大趋势》和丹尼尔·贝尔（Daniel Bell）的《后工业社会的来临》等畅销书在我国的影响力巨大。今天未来研究得以复兴［杰里米·里夫金、凯文·凯利（Kevin Kelly）、雷·库兹韦尔（Ray Kurzweil）、尤瓦尔·赫拉利（Yuval Harari）、艾伯特-拉斯洛·巴拉巴西（Albert-László Barabási）等人是未来研究领域的知名学者］，思想库或智库的未来研究自不待言，大型数据公司一般都设有未来学家职位，以跟踪

① 加里·金，黄建军，杨文辉．重构社会科学：基于哈佛定量社会科学研究院的反思．经济社会体制比较，2016（5）：125－135.

② 陈振明．社会科学的生命力在于解决社会问题．探索与争鸣，2000（5）：7－8.

技术发展趋势及预测新技术（雷·库兹韦尔可谓是其中的典型代表，他的身份是谷歌公司的未来学家）。未来研究对于科学技术与经济社会发展的重要性是不言而喻的。

近现代人文社会科学学科走过了从整体到分化或专门化的历程，即从作为社会知识总汇的政治经济学、精神科学（道德哲学）和国家学（官房学）到统计学、经济学、政治学、社会学、人类学、（新）史学等。分化出来的各个学科基本上采用“以学科为中心”的知识产生途径，它们彼此划界，严格限定研究范围，在自身的学术框架内活动，并产生关于界定本学科问题研究的知识。当代人文社会科学发展则由专门化向整体化演进，知识产生方式由学科导向转入问题导向，跨学科交叉学科和综合性研究以及知识融合与学科统一成为主导趋势，进入一二十年前所称的“后学科”时代和今天的“融合科学”时代。其实，社会科学中著名的芝加哥学派（芝加哥经济学派、社会学派、政治学派、传播学派等）的形成，得益于芝加哥大学打破学科边界，强调发挥学科整体作用和促进学科交叉发展的传统。①

作为“社会科学研究的第四范式”或“数据驱动的社会科学”，计算社会科学是社会科学与计算机科学、数据科学、物理学等学科领域交叉融合的产物。在计算社会科学家们看来，海量数据具有改变社会科学的潜力，人们的行为越来越多地被记录并且有可能被计算处理；社会科学必须适应新型数据的一个重要原因就在于，新的数据技术降低了衡量人类行为的传统方法的重要性。邓肯·瓦茨（Duncan Watts）说，通过将不可测量的变量变得可测量，移动、网络和互联网通信领域的技术革命可以彻底改变人们对自己以及如何与世界互动的理解。计算社会科学通过机器学习、

---

① 吴浩．学科交叉融合与“芝加哥学派”形成．光明日报，2021-02-27（11）．

自然语言处理、统计分析等手段，采取自动信息提取系统、社交网络分析、社会地理信息系统、复杂性建模和社会仿真模型等方法，分析网页、文本、视频、图片等形式（包括搜索记录、聊天记录、购物记录等在内）的海量数据。

有一种观点认为，研究范式转变以及学科交叉与知识融合正推动社会科学走进黄金时代。加州理工学院人文与社会学系三位学者 2019 年发表的《社会科学的黄金时代》（The Golden Age of Social Science）一文认为，跨学科人才合作、数据科学等新研究方法以及日益增长的科研数据集都使得今日社会科学呈现出崭新面貌。社会科学进入黄金时代的标志就在于爆炸性出现的新数据、分析方法与跨学科方法这三者的交汇。①

与此相关，有学者认为文科生的时代来了。美国学者乔治·安德斯（George Anders）在《你无所不能》（*You Can Do Anything*）一书中说，在新形势下文科生其实更容易找到好工作，就业调研数据表明，现在美国就业市场中新创造的岗位中，文科生的优势越来越大。②《人民日报》2018 年 12 月 24 日理论版的“大家手笔”发表了著名学者王宁的一篇文章，题目叫作“人文学科有‘大用’”③。也有文章称在美国，疫情之下，人文学科再遭“关停并转”，但人文学科有不可替代的价值。④

三、公共治理的学科交叉与知识融合

公共治理是一个典型的跨学科、交叉学科与综合性及应用性的领域。

① BUYALSKAYA A，GALLO M，CAMERER C F. The golden age of social science. SSRN electronic journal，2019.

② 万维钢．文科生全面反击的时代到来了．(2021-04-21)［2024-12-01］．澎湃新闻．

③ 王宁．人文学科有“大用”．人民日报，2018-12-24（7）．

④ 郭英剑．疫情之下，人文学科再遭“关停并转”．(2021-02-09)［2024-12-01］．中国科学网．

学者们从不同的视角来看待“学科交叉”与“跨学科”及其联系与区别。杰伊·迈克丹尼尔（Jay McDaniel）认为，学科交叉通常用来描述一个具体领域中，来自不同学科的人研究同一个主题，并且带来他们各自学科对这一主题的研究方法和研究视角；跨学科结合了多种认知方式，跳出学科本身的限定性因素进行思考，因而具有一种超越交叉学科的自由与新鲜感。[①] 今天，公共治理学科需要具备跨界意识与广阔的知识视野，注重知识的融合，尤其要关注科学技术发展趋势及其前沿进展，从当代科技发展以及各种学科的知识与方法中汲取营养，夯实自身的科学理论与方法论基础。

（一）公共治理研究中的知识融合

公共治理既是一个跨学科的学术领域又是一个专业学科。国内外学界关于该学科领域的性质长期存在争论，即公共管理学或公共行政学是科学、艺术还是专业（职业）？麦克尔·巴泽雷（Michael Barzelay）的著作《公共管理：以设计为导向的专业学科》（*Public Management as a Design-orvented Professional Discipline*）将作为“以设计为导向的专业学科”（design-oriented professional discipline）的公共管理学与作为一种“跨学科研究领域”（interdisciplinary field of study）或一门社会科学学科的公共行政学作出区分，并论证“以设计为导向的专业学科”何以成立。[②]公共治理研究（公共管理学和政策科学）以人类迄今创造出来的各种学科的知识、理论和方法为基础，以解决公共政策与管理的实际问题为依归。

---

① 迈克丹尼尔．超越四十二个学科：关于跨学科问题的思考．光明日报，2013-10-15（11）．

② 巴泽雷．拔弦与君听：《公共管理：以设计为导向的专业学科》自评兼与伯特·乔治教授商榷．公共管理评论，2020（3）：28.

公共治理学科的核心主题是人类的集体行动、冲突与合作、选择或决策、管理或执行之类的问题。2006 年由剑桥大学达尔文学院主办的剑桥年度主题讲座的题目是“冲突”（Conflict），其主旨为自然界是冲突的竞技场——小到基因染色体的运作，中到人类社会的进化，大到天体演化，冲突无处不在。[①] 该讲座邀请了来自全球的八位顶级专家学者开讲，共同探讨“冲突”话题。演讲者来自进化遗传学（分子生物学）、动物学、物理学、医学、人类学、历史学、公共事务等不同学科领域，还有实务界的著名谈判专家和新闻记者。

（二）公共治理研究的范式转移

公共治理的实践变化催生新的研究范式与学科转型。当代人类面临的一系列全球性的挑战，公共治理与公共政策的问题越来越复杂，越来越难以应对。本学科原有的基本假设、知识、理论和方法及技术已难以破解这些复杂多变的政策与治理问题。新冠疫情的全球大流行使世界大变局加速演变，世界经济面临大萧条威胁，全球产业链、供应链和价值链出现断裂，逆全球化的暗流汹涌，地缘政治变数增多，中美关系持续紧张，战争与恐怖主义威胁加大，全球治理体系正在深刻重塑。时任中国行政管理学会会长、清华大学公共管理学院院长的江小涓教授在第十届中美公共管理国际学术研讨会的主旨发言中指出，当今世界正处于前所未有的大变局之中，气候变化、粮食与能源安全、传染病、生物安全、数字伦理、人口老龄化等问题日益凸显。对于全球公共治理而言，这些问题意味着新的治理目标和领域、新的理论命题以及新的政策回应。[②]

---

① 琼斯，费边．冲突．北京：华夏出版社，2009：1-7.

② 江小涓．加强国际交流互鉴促进公共治理创新．中国行政管理，2021（10）：6-8.

《国际行政科学评论》（*International Review of Adminstration Sciences*）的主编安德鲁·梅西（Andrew Massy）在2017年第4期的寄语中提道："进入新世纪尤其是近十年来，公共部门改革与全球化问题的变化不断冲击着公共行政领域，公共管理者所面临的任务更复杂，更难以应付。"① 乔斯林·布尔贡（Jocelyne Bourgon）在该期头条文章《反思、重构与重塑：面向21世纪》中说："在这个日益全球化、相互依赖、高度互联的失序世界中，过去各种行之有效的理念正在崩溃，支撑关键公共政策的假设已经终结，影响未来治理模式的挑战性趋势正在形成，政治及国家在构建民主社会中的角色正在改变。因此公共治理需要一种新的'统一的理论'来应对未来的挑战。"② 公共管理的理论及实践已进入了所谓的"后新公共管理"时代，出现了诸如"（新）公共治理"、"公共价值管理"、"合作治理"、"网络治理"（"政策网络"）、"数字化时代的治理"、"整体化治理"一类的"新"范式或新的理论综合。

《斯坦福社会创新评论》（SSIR）中文网络版2021年2月刊登的一篇题为"应对复杂公共问题的新思路"的文章指出，传统的政策制定流程（先界定各个政府部门的职责，再通过行政手段或者法律法规实施）已经不适应时代的需求。今天，政策制定与执行的机制已发生显著变化，政府内外的创新者正在使用多种工具，来改变发现和解决问题的方式。为了满足产生实质影响、根除社会和经济弊病的迫切需要，他们正在使用前人无法获得的各种新工具、新方法。解决公共问题的新实践新思路包括以下四个共同要素：以人为本、试验先行、数据驱动、规模化设计（评估并规划如何扩大影响和规模）。③ 也有学者将这种新路径概括为"政策倡导—搭

① 梅西．主编社论//国际行政科学学会，中国人事科学研究院．国际行政科学评论：83卷 第4辑．北京：中国人事出版社，2019：1.

② 布尔贡．反思、重构与重塑：面向21世纪//国际行政科学学会，中国人事科学研究院．国际行政科学评论：83卷 第4辑．北京：中国人事出版社，2019：3.

③ 麦克吉尼斯，斯劳特．应对复杂公共问题的"新思路"．(2020-02-10) [2024-12-01]．微信公众号"斯坦福社会创新评论"．

建网络—开展项目—特许经营—直接控制”。耶鲁大学的杰克逊全球事务研究所，已将多样化的社会科学技术实际应用于全球事务研究与解决之中。

近二十年来，作为当代全球公共政策发展的一个新趋势以及一种新的公共决策模式，循证决策在经济合作与发展组织（OECD）国家兴起。与循证决策密切相关，美国的卫生政策研究领域兴起了一个“实施科学”（implementation science，又译为“执行科学”或“执行研究”）的新学科及新实践。世界卫生组织（WHO）将“实施科学”定义为对有关实施问题的科学探寻；《实施科学》（*Implementation Science*）杂志将其定义为推动科学发现或循证干预方法转化为实践应用和政策的科学研究活动。这是继 20 世纪七八十年代美国政策科学中的执行运动之后的又一次执行运动的兴起，其范围和影响日益广泛。

公共治理及公共政策的实践变化给公共治理及公共政策教育带来巨大挑战和改革的机遇。德国柏林赫尔梯行政学院（Hertie School of Governance）原院长赫尔穆特·安海尔（Helmut Anheier）认为，公共治理或公共政策学院正在遭遇双重挑战，即技术官僚与不断变化的政治环境脱节，宽泛的课程设置与学生和雇主的要求不符。弗朗西斯·福山（Francvs Fukuyama）宣称“公共政策教育彻底改革的时机已经成熟”。近年来，在我国公共管理及公共政策领域，关于研究范式转移与学科转型及专业设置和教学改革的讨论十分热烈。

（三）公共治理研究的多元方法：诺贝尔奖的启示

诺贝尔奖越来越青睐学科交叉研究，不断强化跨界色彩，获奖者的代表作往往具有显著的学科交叉特质。“国内外学者对于诺贝尔奖的研究有个一致的发现，诺贝尔奖级的创新，越来越频繁地出现在各门学科的接合处，那里的知识更容易扩散，研究的兴奋度最为强烈。”① 这一趋势对公共治理及公共政策研究的未来发展具有重要的方法论和政策内容启示，凸显了复杂性研究、行为-实验研究、因果推断、博弈论等一类的方法及方法论在公共治理研究中与日俱增的重要性。

2021 年的诺贝尔物理学奖授予意大利科学家乔治·帕里西（Giorgio Parisi）、美国科学家真锅淑郎（Syukuro Manabe）和德国科学家克劳斯·哈塞尔曼（Klaus Hasselmann），“以表彰他们为我们理解复杂物理系统所作出的开创性贡献”。这是复杂系统或“复杂科学”研究的再度获奖，让这一以跨学科作为本质特征的新研究领域为更多人所了解。霍金说 21 世纪将是复杂性科学的世纪，这是对复杂研究重要性的充分肯定。真锅淑郎和哈塞尔曼因在对地球气候进行物理建模、量化全球变暖预测的变异性和可靠性方面的贡献而获奖。这散发出浓浓的政策意味。真锅淑郎在 20 世纪 60 年代提出了可以根据物理定律在计算机上再现和预测整个地球的气候的数值模型，确证了大气中二氧化碳浓度对气候的影响，促使国际社会的目光转向全球变暖，据说这也成为联合国设立政府间气候变化专门委员会（IPCC）的一个契机。这不禁让人联想起当年蕾切尔·卡森（Rachel Carson）的《寂静的春天》、巴巴拉·沃德（Barbara Ward）和雷内·杜博斯（Rene Dubos）的《只有一个地球》、罗马俱乐部的《增长的局限》等研究报告所引发的人们对环境污染、“人类困境”和可持续发展问题的关注以及环境保护与可持续发展逐步被提上全球及各国政府的议事日程，也促成了联合国第一次人类环境会议的召开。

2021 年诺贝尔经济学奖颁给戴维·卡德（David Card）、乔舒亚·安

---

① 胡珉琦. 120 岁的诺奖越来越青睐“跨界”.（2021-10-08）[2024-12-01]. 光明网.

格里斯特（Joshua Angrist）和吉多·因本斯（Guido Imbens）。他们因将实验方法应用于劳动经济学的研究以及在因果关系方法论方面的贡献而获奖。卡德因对“劳动经济学的实证研究贡献”而获得其中一半奖金；安格里斯特和因本斯因“对因果关系分析的方法学贡献”而分享了另一半奖金。

2020年的诺贝尔经济学奖授予斯坦福大学的保罗·米尔格雷姆（Paul Milgrom）与罗伯特·威尔逊（Robert Wilson），以表彰他们在拍卖理论方面的重要贡献——表彰的是拍卖理论，实际上是博弈论的又一次获奖。他们与戴维·克雷普斯（David Kreps）、约翰·罗伯茨（John Roberts）合作，提出了一系列经典的博弈论模型。

2019年的诺贝尔经济学奖授予了三个发展经济学家：阿比吉特·班纳吉（Abhijit Banerjee）、埃斯特·杜弗洛（Esther Duflo）、迈克尔·克雷默（Michael Kremer），以表彰他们“在减轻全球贫困方面的实验性做法”。前两位在麻省理工学院创建了J-PAL贫困行为实验室，任务是为扶贫政策的制定寻找科学依据，其代表作《贫穷的本质》（*Poor Economics*），探讨为什么贫穷，为什么穷人摆脱不了贫穷问题。

2017年诺贝尔经济学奖授予芝加哥大学经济学家理查德·塞勒（Richard Thale），以表彰他在行为经济学研究领域作出的突出贡献。2002年，普林斯顿大学行为经济学家丹尼尔·卡尼曼（Daniel Kahneman）和乔治梅森大学的弗农·史密斯（Vernon L. Smith）获奖，理由是在心理和实验经济学研究方面所做的开创性工作，一同获得提名的塞勒与诺贝尔奖失之交臂。这表明了学科交叉的重要性以及行为-实验方法在政策与治理研究领域日趋广泛的应用。近二十年来，心理学、认知科学、神经科学、脑科学等学科的迅速发展，为理解人类行为过程奠定了生物学基础，开拓了行为研究的新视野；国内外行为公共管理与行为公共政策研究方兴未艾，成就斐然。

（四）公共治理研究的主题拓展

回应世界大变局、“后疫情时代”、“融合科学”及学科交叉与知识融合的新挑战，需要拓展公共治理的视野与主题。近年来笔者在多次演讲及多篇文章中谈到了这个话题。例如，在 2021 年 4 月 5 日厦门大学举行的“全球风险社会下的公共治理：挑战与应对”国际学术研讨会上，笔者在题为“关注高风险社会下的公共治理研究”的主旨演讲中强调在“后疫情时代”与新发展阶段，必须适应高风险社会中公共治理及公共决策中的实践变化，增强公共治理的风险观念，拓展对人与自然关系，逆境中的政策制定与执行，不确定性、风险与应急管理一类主题的研究。① 在同年 11 月 20 日厦门大学举办的“现代化国家建设新征程中的高效能治理、高质量发展和高品质生活”学术研讨会上，笔者做了题为“新征程、新议题、新图景——开拓公共治理研究的新疆域”的主旨演讲，强调对现代化新征程、共同富裕、制度执行力、高效能治理、高质量发展和高品质生活等主题的研究。② 在 2021 年 11 月 18 日中国人民大学公共管理学院和《公共管理和政策评论》联合举办的“学习党的十九届六中全会精神——党的百年奋斗：治理成就和历史经验”的高端圆桌对话会上，笔者做了题为“党的百年治理经验与公共管理的理论构建”的发言，强调建构中国特色公

① 陈振明．关注高风险社会下的公共治理研究．中国社会科学评价，2021（2）：153－156；陈振明．新场景与新思考：新发展阶段的公共治理前瞻．国家治理，2020（33）：18－23.

② 李亚彬．现代化国家建设新征程中的高效能治理、高质量发展和高品质生活”学术研讨会在厦门大学举办．(2021－11－26)［2024－12－01］．光明网．

共管理学，必须加强对学科的指导思想和理论基础、制度优势与治理效能、党的领导与管党治党、人民至上与美好生活、民主治理与公共价值、中国经验与全球治理等主题的研究。笔者在《新场景与新思考：新发展阶段的公共治理前瞻》[①] 等文章中谈到公共治理应该关注的若干新主题或新领域。

总而言之，笔者认为在“融合科学”时代及学科交叉与知识融合的背景之下，公共治理研究需要关注和拓展风险防控与应急管理，“大变局”与全球治理，人与自然关系及生态治理，制度基础与治理效能，政府、市场与社会关系，高品质生活与公共服务，共同富裕与现代化国家，治理技术与数字政府等主题。显然，这些主题既是以国家治理或治国理政作为研究对象的公共管理学的“大”问题，也是多学科共同关注的热门话题。加强这些重大实践与基础理论问题的探索研究，并注意参考、借鉴和吸收相近学科的研究成果，必将有力推动中国公共管理学的创新发展。

总之，面对迅速变化的全球与中国的公共治理实践的新场景新趋势，数字化、智能化、量子化以及“融合科学”和“开放科学”时代的来临，中国公共治理研究必须高度关注学科交叉与知识融合，拓展公共治理的学科视野与主题，强化公共治理的科学理论和方法论基础，推进作为交叉学科和新文科的公共治理学科和专业建设以及人才培养模式改革，加速公共治理的范式与学科转型，展现学科的新知识图景，凸显学科的时代内涵与中国特色。

---

① 陈振明．新场景与新思考：新发展阶段的公共治理前瞻．国家治理，2020（33）：18-23.

公共价值的“研究纲领”：途径、方法与应用

世纪之交，国外公共治理的理论与实践出现了一系列的新变化、新趋势，进入了所谓的“后新公共管理”时代，产生了公共价值、（新）公共治理、新公共服务、网络治理和合作治理一类的新理论范式与实践模式。其中，公共价值范式备受人们关注，凸显公共治理对更广泛公共价值目标的追求。然而，公共价值理论基础并不牢固，尤其缺乏足够的实证研究与假说检验，许多理论与实践难题没有解决，完整系统的公共价值理论并未形成。在国内，基于公共价值途径的研究处于起步阶段，实证研究的成果不多。因此，考察研究公共价值的理论与实践，探讨公共价值研究的途径、方法与应用，无疑具有重要的理论和实践意义。

一、公共价值的多元研究途径

在公共行政百余年的发展历程中，出现了由“传统公共行政”到“新公共管理”，再到当前的“新公共治理”的三次范式转变，体现对公共部

门管理价值目标的追求。传统公共行政强调以效率原则作为最高标准，将效率视为最重要的价值；新公共管理采用商业管理的模式和引入市场竞争机制，推崇 3E（economy，efficiency and effectiveness，经济、效率和效益）标准的管理主义或工具理性的价值观，忽视民主、公平和正义等价值。

20 世纪 90 年代，伴随经济全球化、信息化、财政风险危机等复杂因素，政府内外治理环境发生变化，并产生大量的棘手问题，为了解决这些问题，需要多元主体协作和价值的多元化以及对公平、民主价值的回归。公共价值作为一种新的研究途径悄然兴起。公共价值途径不仅回应了新公共管理"客户"导向和"管理主义"所带来的价值困境，也揭示了新古典经济学对人类行为的概念与组织协作和运作形式的目标的冲突性。因此，公共价值途径在对公共利益与公共服务精神的理解、民主的态度以及公共管理者的作用等方面与传统公共行政和新公共管理存在显著区别，甚至对立。公共价值途径强调公共部门与私营部门的区别，认为私营部门关注效率、质量、安全和可靠性，而公共部门关注问责制和集体偏好，关注效率、责任和公平。按照格里·斯托克（Gerry Stoker）的说法，公共价值突出四个关键命题，包括：（1）强调公共干预的定义是对公共价值的追求；（2）承认广泛的利益相关者的合法性；（3）开放的、关系密切的服务采购方式；（4）需要一种适应能力强、以学习为基础的方法来应对在提供公共服务方面的挑战。[①]

公共价值研究是一个多学科或交叉学科的研究领域，涉及哲学、伦理学、历史学、经济学、社会心理学、法学、政治学、公共管理等学科。在过去二十多年中，公共价值已成为公共管理研究的重要焦点。《公共资金

---

① STOKER G. Public value management：a new narrative for networked governance？. The American review of public administration，2006，36（1）：41－57.

与管理》《国际公共行政杂志》《美国公共管理评论》《公共行政评论》《公共行政》等国外公共行政领域有影响力的期刊都曾开设“公共价值”专栏，主题涉及基础设施项目中的公共价值、竞争性公共价值、公共价值和公共管理、价值共创等。由巴里·博泽曼（Barry Bozeman）、马克·拉特格斯（Mark Rutgers）和托尔本·贝克-约根森（Torben Beck-Jørgensen）于2008年发起的国际公共价值学术共同体会议，每两年举办一次，先后在哥本哈根大学、莱顿大学、伊利诺伊大学、新加坡国立大学、亚利桑那州立大学、南京大学等举行，研讨的主题较为宽泛，涵盖种族、性别、民族与公共价值，收入不平等、机会与公共价值，公共价值与公共管理学科的关系，比较视角下的公共价值，公共价值与治理实践，等等。

在已有文献中，公共价值被塑造为一个“多维结构”①，形成了多元的研究途径与视角。有学者从两种视角，即生成视角（generative perspective）和制度视角（institutional perspective）②，或者称为公共价值生产（public value production，PVP）和公共价值识别（public values identifiers，PVI）③，对公共价值进行区分。前者以马克·穆尔（Mark Moore）的研究为基础，关注公共价值的创造或生成，侧重于有关政策产出的评价性问题。后者基于巴里·博泽曼和托尔本·贝克-约根森的研究，关注公共价值的定义、分类和排序等内容，侧重于组织认同与规范性共识。

常见的公共价值研究途径基于公共价值单数和复数的含义，将公共价值研究分为单数公共价值（public value）和复数公共价值（public values）。

---

① O'FLYNN J. From new public management to public value：paradigmatic change and managerial implications. Australian journal of public administration，2007，66（3）：353-366.

② DAVIS P，WEST K. What do public values mean for public action? putting public values in their plural place. The American review of public administration，2009，39（6）：602-618.

③ WEST K，DAVIS P. What is the public value of government action? towards a（new）pragmatic approach to values questions in public endeavours. Public administration，2011，89（2）：226-241.

但也有学者质疑这种分类。如马滕·鲁特格斯（Maarten Rutgers）指出，使用单数公共价值和复数公共价值进行区分是糟糕的，为避免混淆，应该使用具体的名称。为此，他提出公共价值管理（public value management，PVM）和公共价值失灵（public value failure，PVF）两种途径。①

一些学者则将公共价值文献区分为三种研究途径。如约翰·布莱森（John Bryson）等认为，公共价值研究包括巴里·博泽曼领导的公共价值研究，其重点是政策和社会需求和结果；马克·穆尔的创造公共价值，主要关注公共管理者的目标和成就；约翰·贝灵顿（John Benington）的公共领域的公共价值，关注被增加到公共领域的价值。② 贝克-约根森和鲁特格斯基于公共价值研究的三个核心关注点，将公共价值研究途径分为行政伦理学、公共价值管理和公共价值视角。③ 其中，行政伦理学关注公共诚信、腐败等传统的行政伦理问题；公共价值管理关注公共价值创造，体现对新公共管理过多关注商业性价值的纠正；公共价值视角则是从对公共价值管理途径的批判中发展出来的，突出公共行政的内在规范性。

综上所述，公共价值文献在解释和表达目的方面存在差异，出现多元的研究途径或视角。尽管表述有所差异，但仍然存在两种突出的公共价值研究取向，即动态的公共价值创造（或单数公共价值）和嵌入政策过程的公共价值规范（或复数公共价值）。其他学者提出的三种途径说，大体也是基于这两种研究途径所做的延伸或拓展。贝克-约根森和鲁特格斯提出的行

---

① RUTGERS M R. As good as it gets? on the meaning of public value in the study of policy and management. The American review of public administration，2014，45（1）：29－45.

② BRYSON J M.，CROSBY B C，BLOOMBERG L. Public value governance：moving beyond traditional public administration and the new public management. Public administration review，2014，74（4）：445－456.

③ BECk-JØRGENSEN T，RUTGERS M. R. Public values：core or confusion? introduction to the centrality and puzzlement of public values research. The American review of public administration，2015，45（1）：3－12.

政伦理学视角，由于涉及伦理、伦理决策、伦理责任等问题，往往是作为一个单独的研究领域，因此在公共价值研究中并没有得到较多的关注。

由于中英文语境的不同，公共价值在中文的表达中具有唯一性，这意味着难以通过字面传递其内涵，因此一般在概念前增加一个前缀来区分单数公共价值和复数公共价值[①]（在中文的语境中，“复数公共价值”可以称为“价值观”）；或者以研究取向为标准进行分类，区分为结果主导的公共价值和共识主导的公共价值[②③]。笔者按途径分类，将公共价值文献区分为创造公共价值和规范公共价值两类。这是因为，公共行政领域中的公共价值这一概念是由马克·穆尔正式提出，其《创造公共价值：政府战略管理》一书受到学界高度关注。中国学者普遍从公共价值创造的角度来理解公共价值，并做了大量的研究。因此，沿用创造公共价值这一术语，重点关注公共价值创造的过程与结果，表示以结果为导向的公共价值或者单数公共价值研究，更易于被理解。相应地，规范公共价值，重点关注公共价值内容边界、公共价值标准、公共价值冲突等具有规范主义的内容，表示以共识为导向的公共价值或者复数公共价值（价值观）研究。

创造公共价值途径源于对新公共管理追求效率、忽视民主价值的批判，强调对新公共管理的超越。事实上，在穆尔看来：“公共价值的概念是作为一种对经济学、政治学和公共管理，以及心理学和商业管理主流思潮的挑衅而被创造和发展起来的。”[④] 因此，该研究途径侧重于管理问题

---

① 杨黎婧．从单数公共价值到复数公共价值：“乌卡”时代的治理视角转换．中国行政管理，2021（2）：107－115.

② 王学军，张弘．公共价值的研究路径与前沿问题．公共管理学报，2013（2）：126－136，144.

③ 王学军，王子琦．追寻“公共价值”的价值．公共管理与政策评论，2019（3）：3－16.

④ MOORE M H. Reflections on the public value project// LINDGREEN A，KOENIG-LEWIS N，KITCHENER M，et al. Public value：deepening，enriching，and broadening the theory and practice. New York：Routledge，2019：358.

及公共管理者的价值观，认为公共管理者应该寻求一种创造公共价值的方法，以帮助其更好地为公民创造价值。该途径主要包括以下三个研究议题：一是公共价值创造工具研究。穆尔在《创造公共价值：政府战略管理》一书中指出，“创造公共价值是公共部门工作的目标”[1]。为此，他提出“战略三角模型”，并通过“三角形”将之化为一种战略工具，以实现对新公共管理工具的改造。“战略三角模型”明确了公共管理者实现公共价值目标的三个问题，即目标对公众是否有意义，是否得到政治和法律的支持，行政是否具有可操作性。二是公共价值识别与测量研究。穆尔基于平衡计分卡的理念提出“公共价值计分卡”测量模型，将测量指标分为三类，即发展组织绩效、创造公共价值和增加合法性与信任，探讨三类指标之间的平衡。[2] 此外，公共价值链、公共价值账户也为公共管理者识别公共价值提供了具体的操作指南。三是实践中的公共价值创造。公共价值创造已应用于公共服务、公私合作、公共环境、数字政府等多个领域。多元主体协作的价值共创也受到了关注，涉及所有部门的参与者，创造公共价值的行动也扩大到社区、州、国家以及国际等更多场景。[3] 多元主体价值共创要求领导者充当发起人、拥护者、催化剂和执行者的角色[4]，强调利益相关者以及社会企业家在公共价值创造中的作用[5][6]。

规范公共价值研究途径强调从公共价值视角去阐释公共政策和公共

---

① 穆尔．创造公共价值：政府战略管理．北京：商务印书馆，2016：49.

② MOORE M H. Recognizing public value. Cambridge：Harvard University Press，2013.

③ BRYSON J，SANCINO A，BENINGTON J，et al. Towards a multi-actor theory of public value co-creation. Public management review，2017，19（5）：640－654.

④ CROSBY B C，PAUL T H，TORFING J. Public value creation through collaborative innovation. Public management review，2017，19（5）：655－669.

⑤ BEST B，MOFFETT S，McADAM R. Stakeholder salience in public sector value co-creation. Public management review，2019，21（11）：1707－1732.

⑥ CHANDRA Y，PARAS A. Social entrepreneurship in the context of disaster recovery：organizing for public value creation. Public management review，2021，23（12）：1856－1877.

服务，旨在解决界定及识别公共价值、理解公共价值产生及变化的方式等棘手问题。[①] 这一研究途径与经济学的价值、框架以及分析工具相竞争，强调对经济学分析方法的超越。福本豊和博泽曼指出："如果政策问题完全取决于经济效率问题，那么经济标准通常就足够了。然而，社会议程上很少有广泛和复杂的问题可以被描述为纯粹的经济效率问题。"[②] 该途径主要包括以下三个研究议题：一是对公共价值集合、分类、结构的研究。在博泽曼看来，公共价值是关于权利、义务和规则的规范性共识价值观。[③] 他和贝克-约根森探讨了公共价值的分类，关注与公共价值层级结构、相近性以及因果关系相关的问题。[④] 研究不仅关注公共管理者，还关注公民对公共价值的看法。[⑤] 二是价值冲突与价值失灵研究。《美国公共管理评论》曾就公共管理中的竞争性公共价值进行专题研讨。从价值多元化的角度来看，公共价值具有不可兼容性和不可通约性（或不可比较性）。[⑥] 价值冲突是普遍且不可避免的，并且在相互冲突的价值观之间进行选择是困难的。[⑦⑧] 由此，不少学者就公共价值冲突提出应对策

---

① BOZEMAN B，JOHNSON J. The political economy of public values：a case for the public sphere and progressive opportunity. The American review of public administration，2015，45（1）：61－85.

② FUKUITO E，BOZEMAN B. Public values theory：what is missing？. The American review of public administration，2019，49（6）：635－648.

③ BOZEMAN B. Public values and public interest：counterbalancing economic individualism. Washington：Georgetown University Press，2007.

④ BECK-JØRGENSEN T，BOZEMAN B. Public values：an inventory. Administration & society，2007，39（3）：354－381.

⑤ BOZEMAN B. Public values：citizens' perspective. Public management review，2019，21（6）：817－838.

⑥ DE GRAAF G，PAANAKKER H. Good governance：performance values and procedural values in conflict. The American review of public administration，2015，45（6）：635－652.

⑦ SPICER M W. Value conflict and legal reasoning in public administration. Administrative theory & praxis，2009，31（4）：537－555.

⑧ BECK-JØRGENSEN T，RUTERS M R. Public values：core or confusion? introduction to the centrality and puzzlement of public values research. The American review of public administration，2015，45（1）：3－12.

略。[1][2][3][4][5] 这一研究途径认为公共管理活动也可能破坏公共价值，导致公共价值失灵。博泽曼指出了确认公共价值失灵的七个指标，包括价值表达和聚合机制失灵、发生不完全垄断、产生利益囤积、缺乏公共价值的提供者、短视性政策危及公共价值、重视资产的可置换性而危及公共价值、市场交易对基本的人类生存产生威胁。[6] 三是公共价值关键问题研究。这些关键问题必须得到解决，才能进一步发展公共价值理论。如对公共价值识别、动机以及工具问题的研究。[7][8][9] 研究也关注公共价值领导问题，探讨公共领导如何更好地实现普遍存在的公共价值。[10]

综上所述，两种研究途径各自形成独立的研究取向和内容，在研究起源、研究重点和研究内容上均有区别（见表 1）。当然，学界也逐渐意识到两种研究途径并非完全不兼容，并认为两种研究途径的整合是有吸引力和广泛的。[11] 如布莱森等认为，应该努力尝试将创造公共价值的管理行为

---

① THACHER D，REIN M. Managing value conflict in public policy. Governance，2004，17（4）：457 - 486.

② STEWART J. Value conflict and policy change. Review of policy research，2006，23（1）：183 - 195.

③ STEENHUISEN B，VAN EETEN M. Invisible trade-offs of public values：inside Dutch railways. Public money & management，2008，28（3）：147 - 152.

④ OUDENDORF L，POSTMA J，PUTTERS K. On justification work：how compromising enables public managers to deal with conflicting values. Public administration review，2014，74（1）：52 - 63.

⑤ JASPERS S，STEEN T. Realizing public values：enhancement or obstruction? exploring value tensions and coping strategies in the co-production of social care. Public management review，2019，21（4）：606 - 627.

⑥ BOZEMAN B. Public-value failure：when efficient markets may not do. Public administration review，2002，62（2）：145 - 161.

⑦ FUKUITO E，BOZEMAN B. Public values theory：what is missing? . The American review of public administration，2019，49（6）：635 - 648.

⑧ BOZEMAN B. Public values：citizens' perspective. Public management review，2019，21（6）：817 - 838.

⑨ BOZEMAN B，CROW M. Public values leadership：striving to achieve democratic ideals. Baltimore：Johns Hopkins University Press，2021.

⑩ 同⑨.

⑪ WEST K，DSVIS P，What is the public value of government action? towards a（new）pragmatic approach to values questions in public endeavours. Public administration，2011，89（2）：226 - 241.

与制度、过程、政策层面以及与民主和协作治理相关的其他重要公共价值联系起来。[①] 约翰·哈特利（John Hartley）等也指出，在创造公共价值的背景下，公共管理者跨越政治与行政之间的界限为公众创造价值是必要的，甚至是可取的。[②] 一些学者则提出了整合的框架，将两种研究联系起来。[③④] 两种研究途径的整合也表明研究者开始反思各自的研究传统，寻求在一个更加宏观的视阈下驱动公共价值研究深化发展。

表 1　两种研究途径的区别

类别	创造公共价值	规范公共价值
研究起源	对新公共管理的批判	对经济学分析方法的批判
研究重点	侧重于管理问题及公共管理者的价值观	关注嵌入政策和制度中符合公共价值的价值
研究内容	价值创造工具，价值识别与测量，实践中的公共价值创造	价值集合、分类与结构，价值冲突和价值失灵，关键问题研究

二、公共价值的研究方法

公共行政研究长期在规范与实证、管理主义与民主主义之间徘徊。传统公共行政尽管主张行政研究的科学化、实证化，但更多的还是属于规范

① BRYSON J M，CROSBY B C，BLOOMBERG L. Public value governance：moving beyond traditional public administration and the new public management. Public administration review，2014，74（4）：445－456.

② HARTLEY J，ALFORD J，HUGHES O，et al. Public value and political astuteness in the work of public managers：the art of the possible. Public administration，2015，93（1）：195－211.

③ YANG K F，Creating public value and institutional innovations across boundaries：an integrative process of participation，legitimation，and implementation. Public administration review，2016，76（6）：873－885.

④ WITESMAN E M，Public value governance：a framework//SULLIVAN H，DICKINSON H，HENDERSON H. The palgrave handbook of the public servant. London：Palgrave Macmillan，2021.

研究；新公共行政以规范为取向；新公共管理偏重实证研究；公共价值途径侧重规范的研究传统，并逐步转向实证研究。公共价值研究是以公共行政固有的规范性为出发点，通过规范研究来发展知识的。德怀特·沃尔多（Dwight Waldo）较早关注公共行政中的价值问题。他在《行政国家：美国公共行政的政治理论研究》一书的前言部分指出，该书从政治理论和思想史的角度展开对公共行政运动的研究，体现了规范性研究的方法论取向。他认为，许多行政事务并不能简单地适用科学的方法，行政学研究应当是规范性的，其定向是价值而不是事实。①

公共价值学者也常运用规范研究方法对公共价值的“元问题”展开探讨。其中，一类研究关注公共价值的基本问题，如对什么是公共价值、公共价值与私人价值的区别、公共价值的识别和评估、为什么公共领域增加了价值以及谁创造公共价值、如何创造公共价值、公共价值理论及其应用的主要障碍等一系列基本问题的论述。②③④ 另一类研究则关注宏观层面的公共价值，如对政权价值（regime values）的研究。⑤⑥ 这里，政权价值指的是在国家或社会背景下人民或社会所持有的价值观，而不是公共管理者所持有的价值观。

由于缺乏实证研究的传统⑦，大多数公共价值研究仍然集中在哲学和

① 沃尔多．行政国家：美国公共行政的政治理论研究．北京：中央编译出版社，2017.

② BOZEMAN B. Public values theory：three big questions. International journal of public Policy，2009，4（5）：369－337.

③ BENINGTON J. Creating the public in order to create public value? . International journal of public administration，2009，32（3－4）：232－249.

④ FUKUMOTO E，BOZEMAN B. Public values theory：what is missing? . The American review of public administration，2019，49（6）：635－648.

⑤ OVEREEM P. The concept of regime values：are revitalization and regime change possible? . The American review of public administration，2015，45（1）：46－60.

⑥ STRAUSS A W. Untangling public values：incorporating regime values to advance research and practice. Perspectives on public management and governance，2021，4（4）：379－393.

⑦ 王学军，王子琦．追寻“公共价值”的价值．公共管理与政策评论，2019，(3)：3－16.

理论层面上①，基于实证研究的文献很少②，公共价值的实证研究仍然缺乏。这一问题在公共价值研究的早期阶段尤为突出，以下综述也证实了这一点。

作为公共价值研究的第一篇正式综述，艾恩·威廉姆斯（Iain Williams）和霍华德·希勒（Howard Shearer）采用叙述性方法对1995—2011年公共价值的理论、证据和应用的相关研究进行了批判性评论。他们的研究表明，许多关于公共价值的文献是规范性的，实证研究相对缺乏，这使得支持者和批评者均无法通过研究来证实他们的主张。由此，作者强调发展公共价值的理论和经验基础的必要性，呼吁未来有必要更加清晰地定义构成公共价值的核心概念和论点，并对其进行实证调查和检验。③

赞格·范德华（Zeger van der Wal）等关于公共价值研究成果的一篇文献回顾文章表明，1969—2012年，公共价值实证类研究的出版物数量最多，达到146份，占所考察出版物（397份）的36.8%；其次是理论发展/辩论类，出版物数量也达到91份，占比22.9%；而规范性应用（既有实证研究，也有理论研究）在通用和特定领域的研究出版物总数分别为40份和79份，占比分别为10.1%和19.9%。④

上述两篇综述中，第一篇明确指出了实证研究相对缺乏。尽管第二篇综述反映出实证研究占比最大，但因其综述的文献涉及公共管理、法律、环境科学、教育、经济学等多个学科，而难以准确反映公共价值实证研究在公共

① OLDENHOF L，WEHRENS R，BAL R. Dealing with conflicting values in policy experiments：a new pragmatist approach. Administration & society，2022，54（9）：1736－1766.

② HARTLEY J，ALFORD J，KNIES E，et al. Towards an empirical research agenda for public value theory. Public management review，2017，19（5）：670－685.

③ WILLIAMS I，SHEARER H. Public value：past，present and futures. Public administration，2011. 89（4）：1367－1384.

④ VAN dER WAL Z，NABATCH T，DE GRAAF G. From galaxies to universe：a cross-disciplinary review and analysis of public values publications from 1969 to 2012. The American review of public administration，2015，45（1）：13－28.

管理领域的运用。以下两篇综述和文献计量，则进一步反映了上述问题。

奈杰尔·福克纳（Nigel Faulkner）和史蒂芬·考夫曼（Stephen Kaufman）针对公共价值测量作了系统性的回顾。在他们考察的19篇文献中，绝大多数（16篇）的研究采用定性或概念性的研究方法，而采用定量研究方法的较少（3篇）。[①]

王佃利和王铮对1998—2018年国外公共价值理论研究文献的可视化分析也发现，在研究方法上，价值思辨类的规范性研究居多。多数的研究仍是在宏观层面就该理论的价值和优势展开讨论，实证研究匮乏。[②]

本书认为，有两个主要的因素导致公共价值实证研究滞后。

一是公共价值概念的模糊性和抽象性。根据哈特利等的观点，公共价值至少存在三种不同的概念界定，包括作为对公共领域的贡献的概念，作为组织或伙伴关系的行动创造的价值的概念，作为战略三角模型的概念。[③] 三种不同概念的同时存在阻碍了经验和实证研究的累积性发展。与此同时，许多心理学理论明确认为价值观在决定态度和行为方面至关重要，但所关注的价值观定义通常是抽象的。同样地，公共价值也被宽泛地定义为一个抽象实体。[④] 抽象定义往往难以观察和测量，与构建因果理论的具体化规则的要求相悖，因而难以进行实证检验。归根结底，抽象概念很难被证伪。[⑤]

二是学界就公共价值能否测量存在争议。对于科学研究而言，测量是

---

① FAULKNER N, KAUFMAN S. Avoiding theoretical stagnation: a systematic review and framework for measuring public value. Australian journal of public administration, 2018, 77 (1): 69 - 86.

② 王佃利，王铮．国外公共价值理论研究的知识图谱、研究热点与拓展空间：基于SSCI（1998—2018）的可视化分析．中国行政管理，2019 (6): 103 - 110.

③ HARTLEY J, ALFORD J, KNIES E, et al. Towards an empirical research agenda for public value theory. Public management Review, 2017, 19 (5): 670 - 685.

④ MEYNHARDT T, JASINENKO A. Measuring public value: scale development and construct validation. International public management journal, 2021, 24 (2): 222 - 249.

⑤ 金，基欧汉，维巴．社会科学中的研究设计．上海：格致出版社，2014.

至关重要的。沃尔多指出："研究的主要手段或不可或缺的工具是'测量'。事实上，测量是真正的科学研究的准则。如果测量是可行的，科学最终就会出现，如果不可进行测量，研究就没什么价值，就连合法性也经不起推敲。"[①] 然而，学界对于如何测量组织在多大程度上产生公共价值仍然不明确[②]，加之公共价值研究的技术限制，使得研究者无法定量研究公共价值的原因、相关性及其后果[③]。马克·普雷布尔（Mark Prebble）、马克·穆尔和蒂莫·迈恩哈特（Timo Meynhardt）等学者发表在《行政与社会》（*Administration & Society*）2021 年第 10 期上的文章就是围绕公共价值是否可知的问题所展开的对话及争论。

无论是就概念还是测量的争议都有意无意增加了公共价值实证研究和检验的困难。事实上，价值判断的可检验性不亚于事实判断，规范研究和实证研究也并非是对立或分野的。希拉里·普特南（Hilary Putnam）在其《事实与价值二分法的崩溃》一书中重点探讨了价值与事实的关系。"价值观和规范性渗透在所有经验中"，在希拉里·普特南看来，"就科学哲学而言，这种观点意味着规范性判断对科学实践本身是不可或缺的"[④]，这种规范性超越了事实和价值。公共价值的研究同样应该追求事实和价值的耦合与联结。正如贝克-约根森和鲁特格斯所指出的："公共价值的研究必须有一个广阔的视角。从这个出发点出发，可以制定一个关于公共价值的性质、发展、意义、一致性、合法性、优先性、普遍性等方面的描述性（理论和实证）研究议程。这反过来又可以成为评价性和规范性研究议程

---

① 沃尔多．行政国家：美国公共行政的政治理论研究．北京：中央编译出版社，2017：70－71.

② MENDEL S C，BRUDNEY J L. Doing good，public good，and public value：why the differences matter. Nonprofit management & leadership，2014，25（1）：23－40.

③ FAULKNER N，KAUFMAN S. Avoiding theoretical stagnation：a systematic review and framework for measuring public value. Australian journal of public administration，2018，77（1）：69－86.

④ 普特南．事实与价值二分法的崩溃．北京：东方出版社，2006：39.

的基础，将研究付诸实施。”①

事实上，当前公共价值实证研究已有较好的实践。从《公共行政中的价值观与美德：比较研究视角》一书收录的文章来看，对价值观的实践研究涉及不同地区和不同发展水平的国家，研究的主题涵盖公务人员价值观、行政伦理标准、公共部门价值观与美德，等等。② 越来越多的学者开始尝试运用实证研究方法对公共价值的具体问题进行研究，通过实证研究来定义、检验和发展公共价值理论。例如，运用案例研究方法探讨公共价值创造、公共价值失灵、公共价值测量等问题③④⑤，运用参与式观察和访谈法研究公共价值趋同问题⑥，运用调查数据分析公民的公共价值⑦，运用比较分析方法研究不同国家公务员的价值认知和优先次序⑧，运用实验研究方法探究利益相关者如何处理公共价值冲突⑨。

---

① BECK-JØRGENSEN T，RUTGERS M R. Public values：core or confusion? introduction to the centrality and puzzlement of public values research. The American review of public administration，2015，45（1）：3－12.

② 弗里斯，金判锡．公共行政中的价值观与美德：比较研究视角．北京：中国人民大学出版社，2014.

③ STEUART J. Creating public value in a westminster context：the case of the Australian department of prime minister and cabinet's indigenous regional network，2013－2018. International journal of public administration，2021，44（10）：826－834.

④ ANDERSON G，TAGGART D M. Organizations，policies，and the roots of public value failure：the case of for-profit higher education. Public administration review，2016，76（5）：779－789.

⑤ PAPI L，BIGONI M，BRACCI E，et al. Measuring public value：a conceptual and applied contribution to the debate. Public money & management，2018，38（7）：503－510.

⑥ PAANAKKER H. L. Perceptions of the frontline craft：assessing value convergence between policy makers，managers，and street-level professionals in the prison sector. Administration & society，2021，53（2）：222－247.

⑦ BOZEMAN B. Public values：citizens' perspective. Public management review，2019，21（6）：817－838.

⑧ YANG L. J. Worlds apart? Worlds aligned? The perceptions and prioritizations of civil servant values among civil servants from China and the Netherlands. International journal of public administration，2016，39（1）：74－86.

⑨ OLDENHOF L，WERHENS R，BAL R. Dealing with conflicting values in policy experiments：a new pragmatist approach. Administration & society，2022，54（9）：1736－1766.

即便如此，公共价值仍缺乏足够的实证研究与假说检验。从研究内容来看，由于公共价值研究中能够开展实证研究的问题域十分有限[①]，当前公共价值实证研究文献仍倾向于关注公共管理者和公共部门的公共价值观偏好[②]。从具体方法来看，大多数公共价值研究依赖于调查设计和案例研究。[③④] 尽管部分研究也使用了深入访谈、混合研究以及实验的方法，但正如范德华所指出的："作为一个领域，我们在多样化和验证我们的方法论、方法和数据方面还有很长的路要走。"[⑤] 此外，在创造公共价值的研究中，"战略三角模型"经常被讨论，但实践中很少有关于其描述准确性或有效性的实证研究[⑥]；在规范公共价值的研究中，同样缺乏具体价值冲突的实证证据。如格尔本·德格拉夫（Gerben de Graaf）和赫尔曼·帕纳克（Herman Paanakker）用"少得惊人"（surprisingly scarce）来描述公共治理中价值多元化的实证研究，并且认为似乎完全找不到可靠的证据来证明哪些价值确实存在着冲突。[⑦]

哈特利等强调，学界需要实证研究，探讨公共价值的前因后果，使"是什么或是谁成为了公共价值、公共价值的障碍""公共价值如何影响政

---

① 王学军，王子琦．追寻"公共价值"的价值．公共管理与政策评论，2019（3）：3－16.

② BOZEMAN B. Public values：citizens' perspective. Public management review，2019，21（6）：817－838.

③ VAN DER WAL Z. Public values research in the 21st century：where we are，where we haven't been，and where we should go. International journal of public administration，2016，39（1）：1－5.

④ HARTLEY J，ALFORD J，KNIES E，et al. Towards an empirical research agenda for public value theory. Public management review，2017，19（5）：670－685.

⑤ VAN DER WAL Z. Public values research in the 21st century：where we are，where we haven' t been，and where we should go. International journal of public administration，2016，39（1）：1－5.

⑥ BRYSON J，SANCINO A，BENINGTON J，et al. Towards a multi-actor theory of public value co-creation. Public management review，2017，19（5）：640－654.

⑦ DE GRAAF G，PAANAKKER H. Good governance：performance values and procedural values in conflict. The American review of public administration，2015，45（6）：635－652.

府绩效或对政府的信任”等一系列问题得到回答。他们还发出警告：“除非进行实证研究来测试、挑战和扩展学术贡献，否则公共价值可能会从视野中消失。”他们进一步呼吁：“对理论和概念有很多评论，但很少有实证研究，所以也许现在是采取行动的时候了。”[①] 约翰·奥弗林（John O'Flynn）也强调，公共价值要发展成为一个总括性的概念，需要更广泛的实证研究。[②] 还有学者也指出，公共价值领域仍然缺乏实证研究来调查互动中的各种利益相关者如何制定策略，以及处理随着时间的推移而相互冲突的价值观[③]；公共价值研究还需要更多实证基础，将公共价值创造的理念转化为更具操作性的方案[④]。

总体而言，公共价值的实证研究与理论检验和发展的需要仍然存在较大差距，需要深化和拓展。公共价值是嵌入经验世界中的[⑤]，可以通过询问人们的想法和感受以及观察人们做了什么从而了解他们的价值取向。公共价值是可测量的。公共价值研究应该全面、多样化地运用方法及技术进行更广泛的实证研究，以增强理论验证。一方面，使用多样的研究方法。公共价值实证研究不应局限于案例研究和调查设计，而需要运用多样化的研究方法，全面探讨公共价值问题。例如，运用纵向和历史研究方法分析不同时期的公共价值变化，运用实验方法研究公共价值冲突以及公共价值失灵问题。另一方面，运用新的研究技术。根据哈特利等的观

---

① HARTLEY J，ALFORD J，KNIES E，et al. Towards an empirical research agenda for public value theory. Public management review，2017，19（5）：670－685.

② O'FLYNN J. Where to for public value? taking stock and moving on. International journal of public administration，2021，44（10）：867－877.

③ OLDENHOF L，WEHRENSR，BAL R. Dealing with conflicting values in policy experiments：a new pragmatist approach. Administration & society，2022，54（9）：1736－1766.

④ 杨博，谢光远．论“公共价值管理”：一种后新公共管理理论的超越与限度．政治学研究，2014（6）：110－122.

⑤ HUIJBREGTS R，GEORGE B，BEKKERS V. Public values assessment as a practice：integration of evidence and research agenda. Public management review，2022，24（6）：840－859.

点，公共价值研究可以与大数据和社交媒体的分析联系起来，大型数据集可以相互连接，从而揭示思维、态度、行为和价值的潜在模式。[①] 因此，有必要将大数据挖掘、分析、预测等技术嵌入分析过程中，通过公民的数字记录、服务应用程序、社交媒体、数字传感器等媒介技术，帮助政府挖掘公民价值诉求，并借此发展以预测性为目标而不仅仅是解释性的实证研究。

三、制度运行价值分析的一个研究议程

公共价值正处于理论和研究方法发展的阶段，探讨公共价值在实践中的应用，有助于检验和发展公共价值理论知识。本节选择制度运行探讨公共价值研究的实践应用。一方面，制度问题是公共价值研究的一个重要内容。按照赫伯特·西蒙的论述，政策问题与管理问题中所包含的事实和价值因素是有区别的，在政策问题中价值因素占主导地位，而在管理问题中事实因素占主导地位。[②] 博泽曼和约翰逊更是将公共政策应用看作是公共价值的一种研究途径。[③] 因此，选择制度问题进行研究更有助于分析和理解公共价值实践。另一方面，公共价值研究是制度分析的一个无法回避的话题。主流的制度分析重视定量分析方法，尤其是经济学等工具理性和技术理性的分析手段，较少关注民主价值。然而，在不确定性和复杂性的环境下，实践中的制度运行常常面临着多元选择。这时，工具理性和技术理性已难以发挥积极作用。公共价值挑战个人经济效用，重新强调共同利益

① HARTLEY J，ALFORD J，KNIES E. et al. Towards an empirical research agenda for public value theory. Public management review，2017，19（5）：670－685.

② 西蒙．管理行为：管理组织决策过程的研究．北京：北京经济学院出版社，1988.

③ BOZEMAN B，JOHNSON J. The political economy of public values：a case for the public sphere and progressive opportunity. The American review of public administration，2015，45（1）：61－85.

并为公众服务[①]，关注在一个复杂的、动态的与充满竞争的世界中改善治理[②]。因此，制度运行研究需要与公共价值联系起来，以反击对公共行政的工具性、管理性的关注和占主导地位的新古典政治经济学。[③]

公共价值研究处理的是“大问题”（big questions）[④]，这些问题广泛存在于公共行政和政策中。因此，政策研究离不开伦理学以及价值分析。[⑤] 当前公共价值已应用于公用事业、公共工程、公共健康、电子政务、科学技术、环境等政策领域。[⑥] 但这些研究大多是应用马克·穆尔的“战略三角模型”来探讨政策过程中的公共价值创造，较少关注公共价值如何影响制度或政策运行，公共价值作为政策分析工具的作用尚未得到充分的探讨。有学者对此作出评价：迄今为止，公共价值理论作为支持社会选择和政策决策的分析工具仍然不能令人满意。[⑦⑧]

与国外研究相比，国内对公共价值的研究仍处于起步阶段，且相关的研究成果主要集中于创造公共价值的途径。有鉴于此，本书从规范公共价值途径出发，立足于中国情境，以农村宅基地制度为例，提出制度运行价值分析的一个研究议程。

---

① 弗里斯，金判锡．公共行政中的价值观与美德：比较研究视角．北京：中国人民大学出版社，2014.

② COFFEY B. Environmental challenges for public value theory and practice. International journal of public administration，2021，44（10）：818－825.

③ BECK-JØRGENSEN T，RUTGERS M R. Public values：core or confusion? introduction to the centrality and puzzlement of public values research. The American review of public administration，2015，45（1）：3－12.

④ NABATCHI T. The（re）discovery of the public in public administration. Public administration review，2010，70（S1）：S309－S311.

⑤ 陈振明．公共政策分析．北京：中国人民大学出版社，2002.

⑥ BOZEMAN B，JOHNSON J. The political economy of public values：a case for the public sphere and progressive opportunity. The American review of public administration，2015，45（1）：61－85.

⑦ BOZEMAN B. Public values：citizens' perspective. Public management review，2019，21（6）：817－838.

⑧ FUKUMOTO E，BOZEMAN B. Public values theory：What is missing? . The American review of public administration，2019，49（6）：635－648.

选择农村宅基地制度作为研究案例，主要是由于大多数宅基地争议问题的产生归因于价值观冲突。农村宅基地制度涉及农村居民的生存保障权、住房保障权以及财产收益权，利益相关者较多，形成了多元化的公共价值，由此带来了价值间的竞争与冲突。这意味着，仅靠事实分析往往难以使农村宅基地问题得到解决。此时，需要行动者的政治艺术来获取农民的支持。进一步而言，农村宅基地是难以解决的问题。农村宅基地问题存在“持续高度关注”和“长期问题严峻”的悖论，解决这类问题“既要让社会问题得到一定程度的缓解，虽不可能完全解决，又要保障人权与公民自由”。[①] 宅基地制度是中国农村土地制度中最特殊的制度安排，其具有严守耕地和稳住农民的双重目标。[②] 解决农村宅基地问题需要在严守耕地和稳住农民之间保持一种平衡，既要使乱占、滥用耕地建房的问题得到缓解，又要保证农民不失所。农村宅基地本质上的多价性和问题的高度复杂性为公共价值研究提供了理想的试验场，可以通过价值分析探讨农村宅基地制度运行中行动者的行为艺术与策略。

公共价值是嵌入制度或政策中的，可以从公共价值实现过程进行制度运行的价值分析，探讨公共价值如何影响制度运行。福本豊、博泽曼和迈克尔·克劳（Michael Crow）提出的价值生命周期，分为上游、中游和下游。[③④] 其中，上游主要涉及价值产生（birth）、价值识别（identification）和价值细化（elaboration），中游涉及价值工具（instrumentation）和价值执行（implementation），下游涉及价值实现（realization）和价值结果

① 艾赅博，百里枫．揭开行政之恶．北京：中央编译出版社，2009：155.

② 刘守英．农村宅基地制度的特殊性与出路．国家行政学院学报，2015（3）：18－24，43.

③ FUKUMOTO E.，BOZEMAN B. Public values theory：what is missing？. The American review of public administration，2019，49（6）：635－648.

④ BOZEMAN B，CROW M. Public values leadership：striving to achieve democratic ideals. Baltimore：Johns Hopkins University Press，2021.

(outcomes)。该文以价值识别、价值执行和价值结果三个环节为核心提出研究议程。此外，对制度运行中的价值进行分析，隐含着价值要素的后置情境。价值生命周期理论的分段式解释能够清晰地展示从价值、动机、行为到结果的过程，即价值识别是识别公共价值的过程，价值执行是动机和行动转化的过程，而价值结果是实现公共价值效果，由此形成“价值—动机—行为—结果”的传导机制。下面提出的实证研究议程可以遵循该机制和“价值识别—价值执行—价值结果”的过程逻辑。

主要的研究内容有：(1) 公共价值识别研究。价值识别的主要内容是探讨公共价值的排序和优先级，分析价值间的相近性及因果关系，回答有什么价值的问题。对农村宅基地制度的中央、省、市政策文本进行价值识别，了解决策者的价值偏好。同时，需要识别农民的宅基地价值诉求，了解作为目标群体的农民的价值偏好。(2) 公共价值冲突、价值选择以及行为策略研究。公共价值执行就是制度执行者平衡相互竞争的价值并进行价值选择与实施的过程，回答选择什么价值以及如何实现的问题。农村宅基地制度包含多元公共价值，需要探讨存在的价值冲突以及制度执行者的价值选择。价值观作为人的渴求目标的抽象信念，可以引导人们对事件、人和行动进行评价[①]，影响人们对事物的态度和行为动机，而行动者是由动机支配并指向一定目标的行动选择。依据此观点，在制度运行过程中，公共价值决定制度执行者的行为动机的心理基础，并强化其追求一定目标的动机，进而塑造制度执行者的行为。因此，可以进一步分析公共价值如何影响制度执行者的行为选择。(3) 公共价值结果研究。公共价值结果考察的是公共价值的实现程度和效果，解释服务对象感知到的价值结果，回答产生什么产出和结果的问题。公共管理者追求多重目标，不仅重视结果，追求实现绩效目标，也寻求在公共价值创造中维护信任和回应公民的集体

---

① SCHWARTZ, S H. Universals in the content and structure of values: theoretical advances and empirical tests in 20 countries. Advances in experimental social psychology, 1992, 25: 1-65.

偏好以及公共价值承载、过程和程序的合法性等。[①②] 引入价值实现程度作为有效的预测变量，构建了公共价值实现效果的评价指标体系，从事实和价值两个方面对农村宅基地制度运行的绩效以及公共价值实现程度进行评价。

可以采用的主要研究方法有：（1）内容分析法。价值识别可以采用的主要研究方法有政策文本分析、文献归纳、案例分析、调查研究、大数据分析以及假设分析。不少学者已指出，公共价值可以从政府文件中提炼，通过内容分析法对政府的公共政策、行政命令、司法判决等政府文件进行文本分析。内容分析法允许对用于传达价值偏好的特定词语和短语进行细粒度分析，不仅可以确定所考察的政策文本蕴含的公共价值，还可以获得相关公共价值的频数。作为典型案例，可以根据中央、省、市三个层级的宅基地政策文本，运用内容分析法来识别和研究政府的公共价值图景。（2）大数据分析。在分析作为目标群体的农民的宅基地价值诉求时，可以运用民意调查或者大数据分析的方法。其中，大数据分析主要的数据源可以选择主流媒体、政府网站等网络平台的农民宅基地诉求数据，借助计算机处理海量文本的能力，对数据进行分析，识别农民的宅基地价值诉求。（3）访谈法、Q方法等。价值选择可以采用的主要研究方法有访谈法、Q方法、参与式观察、调查分析、比较分析、实验研究等。例如，可以通过访谈法了解制度执行者感知的价值冲突及其对相互冲突的价值观的看法，采用Q方法了解农村宅基地制度执行过程中执行者的价值选择，也可以通过现场实验和准实验环境来检验制度执行者的价值偏好和选择。在此基础上，再结合访谈法分析制度执行者的行为策略。（4）AHP-模糊综合评价法和问

① O'FLYNN J. From new public management to public value：paradigmatic change and managerial implications. Australian journal of public administration，2007，66（3）：353-366.

② 包国宪，摩根．政府绩效管理学：以公共价值为基础的政府绩效治理理论与方法．北京：高等教育出版社，2015.

卷调查法。价值结果评价可以采用的主要研究方法有统计分析、因子分析、模糊综合评价、调查分析等。例如，可以综合运用 AHP-模糊综合评价法和问卷调查法对农村宅基地制度运行中的公共价值实现效果进行评价。

如图 1 所示，基于公共价值生命周期过程，制度运行中的公共价值识别、公共价值执行、公共价值结果三个环节，分别回答有何价值、怎样执行、效果如何三个问题。首先，识别农村宅基地制度制定者与目标群体的公共价值图景。接着，剖析农村宅基地制度执行者的公共价值冲突、价值选择和行为策略。最后，构建公共价值实现效果评价指标体系，测量农村宅基地制度绩效与价值实现效果。公共价值生命周期框架有助于我们依循从价值到动机和行为，再到结果的逻辑链条理解制度运行。

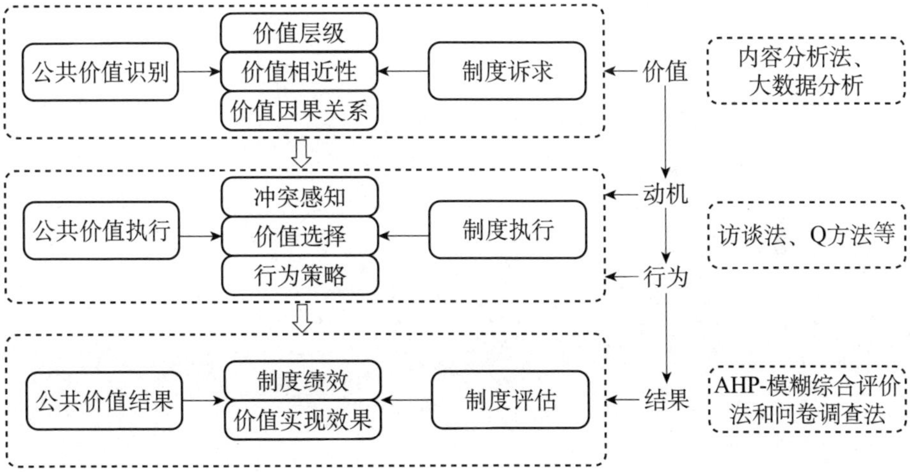

图 1　研究技术路线

总之，从公共价值实现过程的各个环节出发，可以运用不同的实证方法对制度运行过程进行研究。本书立足于中国情境及个案，提出公共价值应用于制度运行的一个研究议程，探讨公共价值如何在制度运行情境中塑造实际行动，有助于进一步理解中国情境下制度运行中制度执行者的行为选择及其制度绩效和结果。进一步说，根据公共价值当前研究现状，归纳研究途径，审查研究方法，提出研究议程，对于完善制度和政策运行中的价值分析，推进公共价值研究的知识增长具有重要意义。当然，本书仅仅提出制度运行中公共价值研究应用的基本设想。我们还需要将研究设想付诸实施，并在更多的场景中进行实证检验，扎实推进公共价值的知识增长。

治理理论形成的三种基本路径

20世纪90年代以来，“治理”（governance）、“公共治理”（public governance）、“善治”（good governance）等概念日益成为公共管理、政治学及相关学科的核心概念，治理理论成为学术界日渐崛起的“显学”，其形成有三种基本的研究路径。

英文中的“governance”，源自拉丁文的“gubenare”，有掌舵、导航的意思，常被用来指称有关指导（guiding）的活动，组织引导（steer）自身的过程。在汉语中，“governance”被翻译成“治理”，最早出现在市政学中，用来研究如何有效地解决城市和地方的种种问题。自20世纪90年代以来，这一概念不再局限于政治学领域，而是被广泛地应用于经济社会领域。

有关治理的研究成为当今社会科学关注的焦点，“今天的国际多边、双边机构和学术团体以及民间志愿组织关于发展问题的出版物很难有不以它为常用词汇的”[①]。在学术研究中，也已出现一些代表人物的代表作，如詹姆斯·罗西瑙（James Rosenau）的《没有政府的治理——世界政治中的秩序与变革》、罗德里克·罗茨（Roderick Rhodes）的《新治理：没有政府的统治》、盖伊·彼得斯（Guy Peters）的《政府未来的治理模式》、吉尔斯·佩奎特（Giles Pequot）的《通过社会学习的治理》和沃尔特·基克尔（Walter Kiechel）等人的《管理复杂网络：公共部门的行动战略》等。在公共管理领域，“治理”一词也逐渐在很多地方取代了“公共行政”和“政府管理”。

然而，由于分析角度和对象的不同，学者们对治理的内涵有着不同的理解，在定义上远未能达成一致的看法。在罗茨看来，治理可用于指代任何活动的协调方式，至少有六种不同的用法：作为最小国家治理的治理、作为公司治理的治理、作为新公共管理的治理、作为“善治”的治理、作为社会-控制系统的治理和作为自组织网络的治理。[②] 罗茨也将“治理”等同于“政策网络”，认为两者都是关于“政府与其他国家行动者和社会行动者之间的联系和依赖的概念”，表示“政府和其他社会行动者之间的一系列正式制度性联系以及非正式联系”。[③]

通常可以将治理理解为一个上下互动的管理过程，它主要通过多元、合作、协商、伙伴关系、确立认同和共同的目标等方式实施对公共事务的管理，其实质在于建立在市场原则、公共利益和认同之上的合作。它所关注的主要问题是，如何在日益多样化的政府组织形式下保护公共利益，如何在有限的财政资源下以灵活的手段回应社会的公共需求。通过对政府治

---

① 阿尔坎塔拉，黄语生．“治理”概念的运用与滥用．国际社会科学杂志（中文版），1999（1）：105－113.

② RHODES R. The new governance：governing without government. Political studies，1996，44（4）：652－667.

③ 罗茨．如何管理政策网络？．中国行政管理，2015（11）：139－144.

理与改革实践的总结与反思，各国学者开始更加关注公共服务的结果取向，倾向于公共治理结构的多元化发展，通过责任分散的治理手段来构建一个“服务型政府”。

一、政府管理的研究路径

政府管理的研究路径将治理等同于政府管理，侧重从政府部门的角度来理解市场化条件下的公共管理改革，主要包括“最小国家治理”“新公共管理”“善治”等用法。

“新公共管理”是对 20 世纪 70 年代末 80 年代初以来西方政府改革运动的总结，被许多学者和政府官员视为政府治理的新模式。随着西方各国由工业化社会向后工业化社会转变，科层制这一传统行政模式的有效性大打折扣，西方各国机构林立，创新乏力，难以适应迅速变化、不稳定的社会环境，甚至日益成为社会经济进一步发展的障碍。一场质疑官僚行政有效性、以追求 3E 为目标的改革运动在西方国家的公共管理部门迅速蔓延开来，成为一种国际性潮流。不难看出，新公共管理以“经济人”为行为假设，以市场化和管理主义为政策取向，强调结果导向和顾客导向，关注了公共部门的微观经济问题，是新自由主义在国家问题上的表现。

1989 年，世界银行用“治理危机”来概括非洲国家在现代化进程中面临的主要问题。在世界银行看来，治理等同于单个国家的可统治性，指的是“为了发展而在一个国家的经济与社会资源的管理中运用权力的方式”。[①] 非洲国家由于缺乏必需的法律制度和权力规范，无法为处理公共

---

① WORLD BANK. Governance and development. Washington, D. C.: World Bank, 1992: 3.

事务提供一个可靠而透明的框架而面临着“发展的危机”。20 世纪 90 年代后，世界银行又提出“善治”的口号，“合法、效率、负责、透明、开放”构成善治的基本要素，成为规范政治权力的根本要求。

在新自由主义者看来，“善治”与新公共管理是联系在一起的。世界银行、国际货币基金组织等国际经济组织在开展资金扶助、贫困开发等国际援助项目时，均要求发展中国家按照“善治”标准进行变革，采用由它们提出的效率主张，如财政紧缩、鼓励竞争、市场化、私有化、分权和发展非政府组织。这种将政治与行政因素纳入发展视野的做法有其合理之处和现实意义。因为发展是全方位的、系统的，考虑与经济社会现代化相关的政治行政问题，才能实现政治与经济的良性互动，实现社会的协调发展。问题在于国际经济组织能否对症下药，能否避开“意识形态的考虑”来思考发展所需的政治条件。发展中国家大多认为，国际经济组织开出的药方不符合它们的社会、历史和文化情景，忽视了对其面临的棘手问题的具体分析，尤其是对社群冲突、官僚机构不发达、国际贸易与技术依附等重大问题的关注；“善治”只不过是发达国家将新自由主义意识形态强加于发展中国家的婉转做法，是西方国家将发展模式（尤其是政治制度）全球化的理论工具；在国际政治经济秩序不平等的环境中，“善治”塑造了一个“市场万能”的神话。

20 世纪 90 年代中后期，国内学者也开始从政府管理的角度关注治理理论。最早一篇有关“治理”的文章出现在刘军宁等编的《市场逻辑与国家观念》一书中。在该书中，智贤在《Governance：现代“治道”新概念》一文中将“governance”翻译成“治道”，认为“治道”是关于治理公共事务的道理、方法和逻辑，是对市场经济条件下的国家管理经济职能提出的基本要求，主要涉及运用公共权力的方式，旨在提高发展中国家管理公共事务的效能、驾驭经济发展的能力。[①] 抛开翻译上的差异，不难看出，当时国内学者对治理的理解源自世界银行等国际经济组织对“善治”的用法，治理被等同于明确政府在现代市场经济中的角色、改革公共部门的管理、建立可预知的法律框架、健全责任制度和规范公共权力等。徐勇认为治理不仅涉及公共权力的运作，而且涉及权力的配置，是“统治者或管理者通过公共权力的配置和运作，管理公共事务，以支配、影响和调控社会”[②]。

在《西方政府的治道变革》一书中，毛寿龙也将“governance”翻译成“治道”，认为“治道是在市场经济条件下政府如何界定自己的角色，如何运用市场方法管理公共事务的道理。治道变革指的是西方政府如何适应市场经济有效运行的需要来界定自己的角色，进行市场化变革，并把市场制度的基本观念引进公共领域，建设开放而有效的公共领域”[③]。大体上，毛寿龙采用了治理的新公共管理的用法，强调企业经营技巧及市场导向的激励机制在公共管理中的运用。

二、市民社会的研究路径

与将治理等同于政府管理的用法不同，从市民社会的研究路径来看，治理是市民社会的“自组织网络”，是社会组织（或称第三部门组织）在自主追求共同利益的过程中创造的秩序，在公共池塘资源管理、社区服务与发展、同业协会和跨国性的问题网络中普遍存在。埃莉诺·奥斯特罗姆通过对大量案例的分析证实，一群相互依赖的当事人在管理公共池塘资源

① 智贤．Governance：现代“治道”新概念//刘军宁，等．市场逻辑与国家观念．北京：三联书店，1995：55－56.

② 徐勇．Governance：治理的阐释．政治学研究，1997（1）：63－67.

③ 毛寿龙，等．西方政府的治道变革．北京：中国人民大学出版社，1998：7.

时的确可以建构自己的网络，“把自己组织起来，进行自主治理，从而能够在所有人都面对‘搭便车’、规避责任或其他机会主义行为诱惑的情况下，取得持久的共同收益”。[①]

市民社会的自组织网络是一种“没有政府的统治”，是独立于国家体制之外、由个人组成的多元且自主的领域。在东欧，这一领域被认作“一度被国家剥夺的而现在正力争重新创造的东西，即一个自治的社团网络，它独立于国家之外，在共同关心的事务中将市民联合起来，并通过他们的存在本身或行动，对公共政策施加影响”。在西方国家，这一领域具有更宽泛的意义，被视为由自愿追求公共利益的个体、群体和组织组成的公共空间，涉及非政府组织（NGO）、志愿性社团、协会、社区组织、利益团体和市民自发组织的社会运动等第三部门，即莱斯特·萨拉蒙（Lester Salamon）等人所说的“市民社会部门”。他们认为，大量的市民社会组织是20世纪最伟大的社会创新，自治、自愿、私人、非利润分配是市民社会部门的基本特征。

从这一路径来看，自治的市民社会是共同利益的自愿结合，通过不受国家支配的市民团体或民间组织，社会的各个部分完全可以自我建设、自我协调、自我联系、自我整合和自我满足，从而形成一个制度化的、不需要借助政府及其资源的公共领域；组织成员也完全可以在这一领域中通过公共讨论和公共对话，自主地治理生活领域中的公共事务。这既是保护公民权利、促进社会参与的路径，也是制衡政治权力、防止国家威胁的机制。正如罗伯特·达尔（Robert Dahl）所强调的，相对独立的自治组织或社团有助于防止政府通过等级制对公民实行单向控制，这是实施民主制度的先决条件和必然结果。

---

① 奥斯特罗姆．公共事物的治理之道．上海：上海三联书店，2000：51.

“自组织网络”主要从市民社会部门的角度来分析治理，将治理看作横向联合的“市民参与网络”，是一种“社会中心论”的治理观。但因为它将国家视为一种潜在的威胁，有将国家边缘化的倾向，所以也受到了很多学者的批判。他们明确反对将国家和市民社会对立起来的观点，认为在解决集体问题和提供公共产品方面，市民社会和国家可以相互补充，形成良好的合作关系，市民社会的组织利益可以融入国家的决策结构中。

国内学者俞可平也从市民社会部门的角度来关注治理理论，认为“由民间组织独自行使或它们与政府一道行使的社会管理过程，便不再是统治，而是治理……治理和善治的本质特征是市民社会组织对社会公共事务的独立管理或与政府的合作管理……市民社会的发展必然直接地或间接地要影响治理的变迁”①。不难看出，俞可平以市民社会部门为分析中心，不仅将自治的民间组织视为对政府行为强有力的外部制约，还将民间组织看作沟通政府与公民的重要桥梁，以及影响政府决策和改革的重要因素。这种发展后的市民社会路径已经接近下面所定义的治理的本质属性。

三、合作网络的研究路径

合作网络的研究路径试图在网络管理的框架内整合上述两种研究路径。它认为，自20世纪90年代以来，私人部门、第三部门以及各种社会运动出现在管理公共事务的大舞台上，这些非政府部门与政府部门联结起相互依存的合作关系（即网络关系），就共同关心的问题采取集体行动。因此，治理是政府与社会力量通过面对面的合作方式组成的网状管理系统。一方面，它继承“自组织网络”的主要观点，将治理看作相互依存状

---

① 俞可平．治理与善治．北京：社会科学文献出版社，2000：328－329.

态下的管理，将市民社会部门看作治理的主体，并用它来解释公私部门分享权力、合作治理的新型关系，从而脱离了“社会中心论”的窠臼，确立了多中心的公共行动体系论；另一方面，它也吸收了“政府管理”路径的重要观点，承认一个负责、高效、法治的政府对有效治理的重要意义，认同“掌舵而非划桨”等新公共管理的思想精华，并认为在网络中，政府与其他主体是平等的关系，需要通过对话、建立伙伴关系和借助其他主体的资源来实现依靠自身无法实现的目标。这就在公共管理中建立了新的工具箱，而不仅仅依靠市场竞争机制和工商企业的管理方法。

可见，合作网络路径综合考虑了政府层面和非政府层面有关治理的用法，用它来描绘相互依存时代公共管理的新模式，对当代公共管理的环境变迁及其发展趋势具有很强的解释能力，所以日益得到学者们、官员们、国际组织和其他社会团体的承认，大有成为主导范式的趋势。全球治理委员会也认为：“治理是或公或私的个人和机构管理共同事务的诸多方式的总和。它是使相互冲突或不同利益得以调和并采取联合行动的持续过程。”[①] 陈振明等著的《公共管理学》（第二版）主要从这一角度来理解治理，并展开对治理理论和实践的分析。

我们认为，治理就是对合作网络的管理。合作网络管理又可称为网络管理或网络治理，指的是为了实现与增进公共利益，政府部门和非政府部门（私人部门、第三部门或市民个人）等众多公共行动主体彼此合作，在相互依存的环境中分享公共权力，共同管理公共事务的过程。对政府部门而言，治理就是从统治到掌舵的变化[②]；对非政府部门而言，治理就是从

① COMMISSION ON GLOBAL GOVERNANCE. Our global neighbourhood. Oxford：Oxford University Press，1995：2.

② 在经典的政治学和行政学文献中，“government”一词指的是垄断强制性权力的国家或政府维护公共秩序和管理公共事务的活动，本书从这一意义上理解“government”。“government”可翻译成“统治”或“政府管理”。

被动排斥到主动参与的变化。这是“一种以公共利益为目标的社会合作过程——国家在这一过程中起到了关键但不一定是支配性的作用”①。由于该路径强调多中心的公共行动者通过制度化的合作机制，可以相互调整目标、共同解决冲突、增进彼此的利益。从这一意义上讲，治理实质上是一种合作管理。

这一概念也表明，治理与统治追求的目标相通，都需要借助公共权力维持社会秩序和处理公共事务，以促进公共利益的最大化，但二者在实现公共利益的过程中又具有明显的区别，这表现在：（1）管理的主体不同。统治是政府垄断公共事务管理的活动，而治理是政府、企业、社会团体和个人等公共行动者共同处理公共事务的活动。（2）管理的客体不同。与统治相比，治理的对象更多、范围更广。治理除了要处理公共问题、管理公共资源（与统治一样）外，还要解决涉及人群较少的集体事务（如公共池塘资源）。（3）管理的机制不同。统治主要依靠政府的权威，由科层官僚制组织对公共事务进行自上而下、单向度的管理；治理则依靠网络的权威，由公共行动者在互动过程中运用非强制性权力进行协作。统治的机制是控制，治理的机制是信任。（4）管理的手段不同。统治的手段主要是强制性方式，如行政手段和法律手段，甚至是军事手段；治理则开发出新的管理工具，如合同外包、内部市场、公共哲学、政策社区等。（5）管理的重点不同。统治以满足统治阶级的整体利益为出发点，强调国家的作用、官僚组织的能力；而治理以满足公民的需求为出发点，强调国家与社会、政府与市场、私域与公域的合作。可以预见，随着历史的发展，统治将随着国家的消亡而消亡，而治理将成为“自由人的联合体”中管理共同事务的社会协调模式。治理理论的三种研究路径的内容与特征如表 2 所示。

---

① 麦克格鲁，陈家刚．走向真正的全球治理．马克思主义与现实，2002（1）：33－42.

表 2 治理理论的三种研究路径

分析的角度	政府管理的研究路径	市民社会的研究路径	合作网络的研究路径
分析的对象	政府部门与市场力量的关系	市民社会（第三部门）与政治国家的关系	多中心的公共行动体系
关系的特征	掌舵与划桨	自治与认同	相互依存
行为假设	理性的、自利的	利他的、人道主义的	具有反思理性的“复杂人”
政策方案	私有化，工商业的管理手段	授权社团和市民，自我管理和自我服务	建构公共服务供给的合作网络
政策过程的特征	运用市场机制执行政府的决策	通过公共讨论发展自己的政策	通过信息、资源和目标的互动共同规划并执行政策，共同学习
成功的标准	政策目标的实现	自组织的自由	联合行动的实现
失败的原因	模糊的目标、缺乏资源、监控不力等	缺乏资源、沟通的阻塞、得不到政治上的认可	缺乏集体行动的动机，利益、目标和策略上的冲突
补救的措施	加强协调和监控	提高市民组织的动员能力和管理能力	加强网络管理，优化公共行动者互动的环境

四、网络治理的新特征

在治理的诸多用法中，“只有网络治理才有新的特征”①。这些新特征突出地表现在以下几个方面：

第一，多中心的公共行动体系。合作网络路径认为，我们生活在一个相互依赖的环境中，没有哪个机构拥有充足的资源和知识可以独自解决所

① KOHLER B，EISING R. The transformation of governance in the European Union. London：Routledge，1999：5.

有问题；在处理公共事务时，相互依存的行动者通过交换资源、共享知识、谈判目标，采取有效的集体行动。的确，在公共管理领域，并非只有政府一个主体，私人部门、志愿团体、社区互助组织和各种社会运动蓬勃发展，在“社会经济”领域内积极活动，并依靠自身的资源参与解决公共问题。公共管理已经成为由政府部门、私人部门、第三部门和公民个人等参与者组成的公共行动体系。在这一过程中，各种主体相互依赖，网络治理因此成为“公共管理在相互依赖状态下的表现……是在现存的跨组织关系网络中，针对特定问题协调目标与偏好各异的行动者的策略的活动”[①]。正如格里·斯托克所说的：“治理指公私机构和志愿社团的相互依存。”[②]行动者之间的相互依存关系体现在制度、组织、物质、信息、人力资源和时空环境等多个方面。

第二，反思理性的“复杂人”。这是合作网络路径的行为假设。它认为，公共行动者在不确定的社会条件下，不可能获得有关公共问题的所有信息，不可能拥有处理信息的完全能力，也不可能绝对理性地进行选择；而且，行为主体有着复杂的动机，既有逐利的一面，也有追求社会效用（包括公共利益）的一面，既有利益分歧，也有共同利益。但是，行为者能够通过不断的对话交流信息，克服有限理性的先天不足；能够通过各种形式的合作，将行动者锁定在利害相关的网络中，从而减少机会主义行为的动机；能够通过持续的学习，积累经验，改进过去的行为模式，进而提高适应社会的能力；更重要的是，通过这种反思，政府部门与非政府部门学会了约束自己的不合理要求，可以在相互尊重对方利益的基础上采取合作行动来实现共同利益。这使得行动者可以通过持续的对话调整各自的行

---

① KICKERT W. KLIJIN E. Managing complex networks：strategies for the public sector. London：Sage Publications，1997：10.

② 斯托克．作为理论的治理：五个论点．国际社会科学杂志，2019，36（3）：10.

为，追求大家都可以接受的结果。这与建立在完全理性、“道德人”假设基础上的传统行政科学形成了鲜明的对比。

第三，合作互惠的行动策略。在网络治理中，每个行动者所做的事几乎都会对其他行动者产生影响，所以行动者在考虑个人的行动策略时都会考虑其他行动者的选择。最近的研究表明，在许多重复出现的博弈中，合作策略是最有利的利己战略；经过多次博弈，行动者之间倾向于建立面向长远的互动关系。用博弈论的话说，“当博弈各方协调一致去寻找有利于共同盈利的战略时，就会出现协同性均衡状态了”①。正如罗伯特·阿克塞尔罗德（Robert Axelrod）的观点，在基于互惠以及存在互动的群体中，合作会发生演化，并且一旦建立，就可以防止其他不易合作的战略的侵入。② 也就是说，为了扩大从集体行动中获利的空间，行动者在不断的互动中会逐渐放弃“单独行动”策略，转而采取合作策略。相互依赖的公共行动者由于利害相关、信息共享，更有动机和条件采取合作行动，以创造“多赢”博弈的机会。

吉尔斯·佩奎特认为：“网络是合意或动机导向型的组织和制度。”③这表明，合作策略的实现离不开有效的制度安排。制度是一种“合意”，体现着行动者的共同理解和价值取向，并有要求行动者遵守的压力，能使行动者认同组织目标，进而采取合作行动。而且，在多主体的治理环境下，行动者能否摆脱集体行动的困境而实现合作，不仅取决于行动者和制度环境本身，还取决于双方发生联系的中间媒介——社会资本。社会资本是合作网络运作的深层机制。它塑造了网络成员对外部环境的共同认识和对政策问题的共同看法，有助于解决成员之间的冲突，规范合作伙伴关

---

① 萨缪尔森，诺德豪斯．经济学：第14版．北京：北京经济学院出版社，1996：385.

② AXELROD R. The evolution of cooperation. New York：Basic Books，1984：21.

③ PAQUET G. Governance through social learning. Ottawa：University of Ottawa Press，1999：10.

系，从而使个人理性与集体理性趋向一致。这要求行动者达成互惠的共识，培育相互信任、彼此尊重和具有宽容精神的“合作型文化”。

第四，共同学习的政策过程。从合作网络路径来看，治理与统治的实质一样，都在于做出有约束力的决策，将行动者的不同偏好转化成具有“分配价值”的政策。集体行动的确需要通过政策产出来实现公共物品和服务的供给。不过，网络治理中的政策是公共行动者共同学习的产物，而不是中央政府自上而下的安排。这意味着集体行动变成一种自下而上的过程，成为“涉及特定政策问题的行动者（包括行政官员和目标群体等在内）的集合”①，即由参与特定政策领域的相互依存的公共、准公共和个人行动者所组成的政策网络。在政策网络中，各种治理主体通过对话和协商，在各种集体选择的论坛中交流信息，谈判目标，共享资源，减少分歧，并努力地增进合作，在改善互动关系的同时达成各方都可以接受的政策方案。这就是公共行动者集体学习以制定政策的过程。这也是公共行动者通过政策设计共同管理网络的过程，具体表现为：一是通过冲突管理、优化行动环境等手段来干预网络的运行，改善网络中的互动关系，这是对“网络游戏”的共同管理；二是在现有网络无法解决问题的情况下重建网络的制度安排，即共同商讨如何改变“网络的游戏规则”，如重新分配权力和资源，改变成员的价值观念，对组织之间的关系施加影响等。“这种共同学习的过程在培育社会资本、防止社会制度和价值碎片化时发挥着关键性的作用。”②

---

① PETERS G，VAN NISPEN F. Public policy instruments：evaluating the tools of public administration. Cheltenham：Edward Elgar Publishing，1998：69.

② ROSELL S. Renewing governance：governance by learning in information society. New York：Oxford University Press，1999：60.

地方治理研究的新议程

公共治理包含了全球治理、国家治理、地方治理和基层及社区治理四个层面。治理所处的层次不同，政府的职能存在差别，治理的内容和方式也就有所不同。在我国，国家治理现代化落实到地方，就是地方治理的现代化；落实到基层，就是基层治理的现代化；落实到社区，就是社区治理的现代化。推进地方治理改革是深化行政体制改革与实现国家治理转型的当务之急。因此，必须重视作为公共管理学的一个分支领域的地方治理研究，探讨国内外地方政府改革与治理实践历程与现状及其经验教训，形成我国地方政府改革的系统方案，建构地方治理的研究纲领或理论范式，推进地方治理体系和治理能力的现代化。

一、从地方行政到地方治理

从地方政府或地方行政到地方治理代表着当代地方公共事务的实践模式及理论范式的一次转变，因而地方治理也逐步成为公共管理学界关注的一个焦点。罗茨在《理解治理：政策网络、治理、反思与问责》一书中说："现在，地方'治理'这个词已经取代地方'政府'来涵盖地方服务供给所涉及的从公共部门、私人部门到志愿者团体的组织范围。"[①] 安瓦·沙（Anwar Shah）在其主编《工业国家的地方治理》中也指出："尽管地方治理的概念与人类一样历史悠久，但是，直到最近它才得到学术界和相关文献的广泛关注。全球化和信息革命正在迫使人们重新审视公民与国家之间的关系及其作用，以及不同层级的政府与政府以外的实体之间的相互作用。于是，地方治理进一步成为人们关注的焦点问题。"[②]

从 20 世纪 70 年代末开始，政府改革逐步成为一种世界性潮流。作为一种制度安排，地方政府是一个国家政治和政府制度的重要组成部分。各国政府改革不仅关注中央政府层面的治理与变革，更注重地方政府层面的治理与变革。在全球范围内，以德国、荷兰、澳大利亚、美国、加拿大等为代表，地方政府治理与变革成为全球政府改革的焦点之一。在我国，随着改革开放的深入和经济社会的发展，与中央政府的改革同步，地方政府的治理变革也经历着一个不断实践与探索的过程。经过多次改革，我国地方政府在转变职能、理顺关系、调整机构设置及精简人员编制、减少审批环节、简化办事程序等方面迈出了实质性的步伐，取得了一定的突破。但是，目前地方政府体制改革尚未完成，地方政府转型任重道远。推进地方治理现代化成为国家治理现代化及地方经济社会发展的当务之急。

二、地方治理的学术资源

在学术领域，国外已有大量的地方政府及其改革与治理的研究文献及

① 罗茨．理解治理：政策网络、治理、反思与问责．北京：中国人民大学出版社，2020：8.

② 沙．工业国家的地方治理．北京：清华大学出版社，2010：2.

成果，涉及以下三个方面：

一是研究地方与经济发展的关系，即地方政府如何应对区域一体化和经济全球化挑战。尤其是经济全球化对西方地方政府原有的组织机构、关系模式和行为方式都产生了巨大的影响，任何地方政府都不能独立于全球化而独立存在。因此，如何建立一套自主决策、灵活快速而富有弹性的地方政府组织体系，以及如何应对全球化带来的各种问题和挑战，就成为地方政府研究的重中之重。

二是研究地方政府内部关系与自身的改革问题，尤其是新公共管理和治理理论下地方政府如何有效提供公共服务。在新公共管理的改革浪潮中，西方国家中央/联邦政府与地方政府都面临这个问题。对地方政府而言，以下三个问题至关重要：（1）地方政府提供公共服务的范围，需要处理好地方政府与中央/联邦政府、政府与市场、政府与社会的关系；（2）公共服务的提供方式，是直接生产还是间接生产，这涉及地方政府与社区之间的关系、地方政府与私营组织的关系、地方政府与非政府组织的关系；（3）地方政府本身的内部再造，包括内部流程再造以及对公务员制度的改革。

三是研究地方政府与社会的关系。社会资本是一个国家或地区政治、经济、文化秩序的重要基础，在地方政府层面，罗伯特·帕特南（Robert Putnam）及其支持者就地方政府与社会资本之间究竟是否存在良性的互动关系进行研究，结果显示，地方政府制度行为与公共生活存在高度的相关性。具体而言，制度变迁对政治生活有决定性的影响，而历史及社会关系对制度的成功构成了强大的制约。

国内地方治理与改革的文献也比较丰富，内容涉及地方政府体制与机构改革，如地方政府职能转变、地方政府流程再造、地方政府管理方式更新、地方政府绩效评估、政府间关系或“府际关系”、政府与社会关系研究等。但是这些研究缺乏系统性，有许多理论与实践难题没有解决，尚未形成完整的地方政府或地方治理研究范式，“地方政府”或“地方治理”还没有成为高校公共管理的教学与研究的独立领域；目前的理论研究也滞后于改革实践。因此，加强地方治理与改革相关问题研究，构建地方治理研究范式，发展地方政府或地方治理学科，提出具有实践指导意义的新理论，是推进地方政府改革实现地方治理现代化的重要前提，也是满足广大人民群众不断增长的公共服务需求的迫切要求。

三、地方治理的研究主题

在这里，我们提出地方治理与改革的一个“研究纲领”，既探索多层次、全方位的系统改革战略，也要“小处入手”，选择改革的突破口，从技术或工具入手，引领体制创新和职能重构。最终形成有利于推进地方政府治理体系和治理能力现代化的研究成果。我们提出地方治理与改革的如下十个研究主题。

第一，地方政府改革与治理的理论基础及其创新。要系统梳理国内外地方政府及其改革与治理的基础理论，跟踪研究地方政府改革与治理研究的新趋势和新理论。一方面，我们力求跳出空疏、宽泛的研究格局，以“地方”为中心梳理近年来地方政府改革理论的演进、主题和发展趋向；另一方面，要对西方的改革理论进行本土化的转化与论证。研究的主要内容如下：（1）地方政府改革与治理的基础理论梳理及前沿（如新公共管理、公共选择、新制度主义、新公共服务、社会资本、政策网络和治理理论等）的跟踪研究；（2）当前我国地方政府改革与治理的经验的理论提升及其创新研究（尤其是以获得“中国地方政府创新奖”的项目为研究对象）；（3）指导我国地方政府改革的创新性理论研究。

第二，地方政府改革的动因与约束条件。由于我国社会规模超大且经济政治发展不平衡，各地方政府改革的起点、资源禀赋与环境等约束条件具有多样性和复杂性的特点，不可能一刀切，忽视改革的特殊性与典型性。这就要求我们强化对改革动因与约束条件的研究。研究的主要内容如下：(1) 地方政府改革动因的中西方差异；(2) 我国地方政府改革的动因变化和现状；(3) 地方政府改革的约束条件研究（地理位置、资源供给、社会阶层、经济发展和制度基础等）；(4) 不同约束条件下地方政府改革的战略、重点和方式等的选择。

第三，地方政府体制创新与机构重组。体制改革是地方政府改革的逻辑基础。体制层面权限的划分、机构重组以及配套的制度设计，将是地方政府改革的重要组成部分。政府机构是实施行政管理的主体，只有建立起科学合理的政府组织机构体系，才能保证政府有效履行职能。研究的主要内容如下：(1) 地方政府决策系统的构建研究，尤其是重大事项决策机制，决策科学化、民主化和法治化问题的研究；(2) 地方行政责任制和监督机制研究；(3) 地方干部人事制度改革研究；(4) 地方政府机构重组研究；(5) 服务型（责任型、法治型）政府的体制保障和制度基础的研究。

第四，地方政府的角色定位与职能体系。地方政府行政的角色定位以及职能的转换是深化地方行政管理体制改革的重要前提。行政体制改革的当务之急，就是要政府明确自身的角色定位，即政府不应包办所有工作，而应尽快从经营管理性工作中脱身，由市场机制和法律机制处理。研究的主要内容如下：(1) 建设和谐社会背景下地方政府角色重新定位（尤其是明确政府管理的范畴和边界，及其与市场、社会之间的分工关系）；(2) 地方政府职能转变的过程、存在的问题和改革阻力；(3) 以提供服务（包括经济调节、市场监管、社会管理和公共服务）为重点的地方政府职能体系的重构；(4) 公众参与、社区建设和第三部门发展与地方政府职能的转变。

第五，地方政府工作流程再造与管理方式改进。在运动式改革成效较小的情况下，我们更应该注重从技术性的管理方式入手，合理借鉴西方的流程再造理论和政府工具理论，设计出指导地方政府改革的操作性工具，由细微措施的改革引领政府职能的重新整合、调整、转变，并最终带来运作机制和政府体制的完善。研究的主要内容如下：(1) 西方政府管理方式更新和流程再造的理论与实践；(2) 地方政府管理的流程再造研究，重点分析行政审批制度改革、行政服务中心和电子政务在地方政府改革中的实践情况、存在的问题和改革路径；(3) 政府工具途径的引入，研究市场机制、工商管理技术和社会化手段的应用与地方政府管理方式改进；(4) 地方政府提供公共服务的机制与方式研究。

第六，地方政府公共服务绩效评估。力求打破原有的以人员、项目、组织为对象的绩效评估理论体系，借鉴西方公共服务评估的理论与经验，系统构建我国地方政府公共服务绩效评估的模式、框架、指标体系和实施方案。研究的主要内容如下：(1) 系统梳理国内外现有的关于地方政府绩效评估的理论成果和实践经验；(2) 提出面向公共服务的地方政府绩效评估理论，并设计指标体系和实施方案；(3) 选取相关地方政府及相关领域的实施方案进行试点与跟踪研究，修正评估理论和指标；(4) 分析面向公共服务的绩效评估在地方政府改革中的地位、作用与推进途径。

第七，政府间关系研究。地方政府改革也不可能单兵推进，既要充分考虑中央行政系统与地方行政系统之间的事务划分和财政划分，也要加强横向政府间的协调与合作，从狭隘、孤立、对抗的旧地方主义向开放、合作的新地方（区）主义发展。研究的主要内容如下：(1) 政府间关系的基本理论和研究现状；(2) 政府间的政策网络与治理网络研究；(3) 政府间事权与财权划分的理论分析和实际运作（重点分析中央与地方之间的事权与财权划分）研究；（4）行政区划与层次的调整以及区域公共管理研究。

第八，地方政府改革与中央政府改革间的互动关系。中央一再强调“加快行政管理体制改革，是全面深化改革和提高对外开放水平的关键”，这就为地方政府改革明确了改革标尺和方向；同时，地方政府改革积极性的调动，是行政管理体制改革取得成功的基础。两者具有相互影响、相互促进的关系。研究的主要内容如下：（1）政府行政管理体制改革的目标（责任、服务和法治）与地方政府改革的战略选择；（2）政府行政管理体制改革的基本任务（职能转变、行政审批、机构改革、行政干部选拔任用制度以及重大事项决策机制建设）与地方政府改革的突破口和推进方式；（3）地方政府改革与配套体制改革措施的关系（尤其是事业单位体制改革、社会中介组织管理体制改革以及财政体制改革）；（4）中央政府改革与地方政府改革之间以及自上而下改革与自下而上改革之间的关系。

第九，地方政府改革与治理的创新实验。在我国地方政府改革的进程中，各种变量、各种因素和各种条件相交相汇，绘成了风格迥异的改革图式。我们必须选择特定地方政府改革的实践和经验进行深入挖掘和剖析，对地方政府改革的相关理论进行验证和创新。研究的主要内容如下：（1）在近年来获得“中国地方政府创新奖”的项目中，选择创新力度较大、方式较新和效果较好的典型个案进行剖析；（2）与地方政府采取合作性的研究方式，对为其“量身定做”的政府改革方案进行局部性实验；（3）通过系统的国外考察，对西方发达国家地方政府创新实践进行典型案例分析，借鉴其成功经验。

第十，转型期我国地方政府改革方案的系统设计。在整合各个主题研究成果的基础上，根据党中央和国务院关于深化行政管理体制改革的战略部署和总体目标，提出推进改革的政策建议；以权力与责任对称、激励与约束对称、管理与监督对称为基本思路，以建设服务型政府、责任型政府和法治型政府为基本目标，提出一个适应转型期我国地方政府改革实际需要的具有综合性、应用性和可操作性的改革方案。

上述的研究主题及重点涉及的大多是当前地方政府改革与治理研究及实践中的难点或有争议的问题。项目研究应在如下难点上有所突破：(1) 地方政府机构改革与配套改革的关系处理问题；(2) 政府职能的角色定位及其关系处理问题；(3) 价值理念和工具技术的配合问题；(4) 自上而下和自下而上改革模式的配合问题。

总之，针对目前我国地方政府改革研究中存在的问题与不足——理论研究落后于改革实践；研究成果的应用性、针对性、操作性、政策导向性不强；研究视野或者过于微观，无法形成具有适用性较强的政策结论，或者过于宏观，难以得出具体对策；研究成果较为零散，难以形成系统的理论框架和理论体系，无法提出系统性的改革方案等，地方治理与改革的具体研究项目可从中观的层面出发，选择具有“承上启下”功能的市和县(区)的地方政府作为主要研究对象，并适当向上扩展到省级政府改革和向下延伸到乡镇政府改革，通过深入的理论探索、实证分析和对策研究，形成一个较为系统的地方政府改革与治理理论，并提出适应转型期我国地方政府改革实际需要的具有综合性、应用性和可操作性的改革方案。

合约制的研究设计

合约制是国家治理（或政府治理）的一种新方式或新机制，它推动了国家治理方式从单向依赖走向双向互动、从行政指令走向契约合作，适应了我国激发市场活力、调动社会创造力的改革发展需要。可以围绕合约制如何在交易成本、有限理性、技术水平和社会规范等多重约束条件的影响下达成委托方和代理方的激励兼容等方面进行研究，形成一个有别于哲学、政治学、法学、经济学视角的公共部门管理的合约制理论，并对合约制的有效性进行检验，梳理合约制在当代国家治理中的实践方式和应用路径，为公共部门推广应用合约制提供有益的理论指导和对策建议。

一、立题旨意

作为一种新的国家治理（或政府治理）的新方式或新机制，合约制在当代公共部门尤其是政府管理中得到了广泛应用，以至于有西方学者宣称新公共管理运动创造了“契约型国家”“合约制政府”和“合约制组织”。① 合约制推动了国家治理方式从单向依赖走向双向互动、从行政指令走向契约合作，适应了我国激发市场活力、调动社会创造力的改革发展需要。在当前国家治理转型的大背景下，有必要探讨公共部门合约制的设计机理，并对合约制的有效性进行检验，在借鉴哲学、政治学、法学、经济学的合约、契约或合同理论的基础上，形成公共管理的合约制理论；通过对作为国家治理新方式的合约制进行有效性检验，运用仿真模拟、政策实验等方法构建使用合约制的“真实情境”，为各个领域或部门应用合约制建立系统的证据库，系统梳理合约制在当代国家治理中的实践方式和应用路径，为公共部门推广应用合约制提供理论指导和对策建议。这有助于推进国家治理的现代化，拓展公共管理学的研究视野与理论内容。

党的二十届三中全会通过的《中共中央关于进一步全面深化改革 推进中国式现代化的决定》提出进一步全面深化改革的总目标是“继续完善和发展中国特色社会主义制度，推进国家治理体系和治理能力现代化”。这一表述反映了新形势下我们党执政治国价值理念和方式的深化。推进国家治理体系和治理能力现代化，既需要权力结构以及政府、市场和社会关系的制度化调整，也需要国家治理方式向民主化、科学化和法治化方向发展。合约制作为一种更多地依赖于权力共享、伙伴关系、信息沟通、资源分享、责任分担的新型国家治理方式，有助于我国改变传统依赖于命令体系和权威机制来维持社会发展和提供公共服务的治理方式，使国家和政府

---

① HARDEN I. The contracting state. Milton Keynes: Open University Press, 1992; DOMBERGER S. The contracting organization. New York: Oxford University Press, 1998; GUTTMAN D. Governance by contact: constitutional visions, time for reflection and choice. Public contract law journal, 2004, 33 (2): 321 - 360; SALAMON L. The tools of government: an guide to the new governance. New York: Oxford University Press, 2002; 莱恩. 新公共管理. 北京: 中国青年出版社, 2004.

更好地对社会公众日益分散和特殊的需求迅速做出反应，为社会和公众提供高质量、低成本的公共物品和服务。通过合约制的机制设计和实践应用研究，可以为国家提升治理能力提供一种不同于传统治理途径的新实现方式。

市场经济的发展要求转变政府职能，建立一个法治、灵活、高效、廉洁的服务型政府，形成政府治理的新模式。合约制所蕴含的平等、自由、合作协商、互惠、公民权利、参与等价值理念，以及公民与政府间权利、利益平衡等原则，顺应了民主化与分权化趋势，并以前所未有的态势塑造着公共管理的新面貌，这些对于我国形成科学的现代国家治理模式具有一定的参考价值。大力倡导并推广运用合约制，有助于我们改变以行政干预特别是行政审批为主导的传统的治理方式，形成一种以政府与社会平等合作伙伴关系为基础的治理体系，这无疑对我国推进国家治理变革具有重要的理论与实践意义。

当前加强对作为一种治理机制或方式的合约制的研究具有重大的理论与实践意义。在理论上，从国家治理的视野出发探讨公共部门合约制的设计机理与有效性检验，系统梳理作为国家治理新方式的合约制的内涵、应用方式和有效性，构建一个有别于经济学、法学视角的公共部门合约制的理论，进而加深对现代国家治理体系、机制和方式的理解，开辟公共管理学新的主题领域及新的研究途径。在实践上，对作为国家治理（政府治理）新方式的实践应用的研究，对合约制有效性进行多角度、多层次的检验，运用仿真模拟、政策实验等方法构建使用合约制的“真实情境”，并进行试点研究，探索公共部门合约制的新应用范围和方式，在此基础上梳理合约制在当代国家治理中的基本功能、设计思路和应用路径，为国家释放市场活力、激发社会活力、提升治理能力提供新的经验和启示。

二、文献评论

20 世纪 70 年代以来，合约（contract，又称契约、合同或协议）作为政府再造的一个主要工具不仅拓展了公共服务供给的制度空间，提升了公共服务供给的效率，而且推动公共事务乃至国家治理（政府治理）走向新的发展形态，即所谓的“合约制政府”或“契约型国家”。如美国学者菲利普·库珀（Philip Cooper）所说：“在当代，政府改革与治理的一个基本趋势是由‘权威治理转向合同化治理’——由政府机构来行使政府权力的行动转向了通过合同来治理，这是公共管理领域发生的一个重要转变。”①

在公共部门，合约既可以表现为内部合约，即将传统的科层官僚组织分为购买方（purchaser）和提供方（provider）两个角色，购买方制定政策，而提供方执行该决策；也可以表现为外部合约，即通过合同的方式创造一个竞争的环境，让相关的营利组织、非营利组织和其他公共组织通过竞标获得某项公共物品或服务的生产权。数十年来，合约制治理机制或方式的研究已成为国外尤其是西方公共管理研究的一个重大话题，已有大量的文献涌现。这些研究涉及合约制的理论基础和法律基础，合约制应用的机制、范围、条件、方式、效果和局限性，“合约制政府”或“契约型国家”模式及其与传统的政府治理模式的区别等方面的问题。从研究过程来看，合约制的理论与实践大致经历了以下四个发展阶段。

（一）作为公司治理机制的合约制研究

1937 年，制度经济学先驱科斯发表《企业的性质》（The Nature of the

① 库珀．合同制治理：公共管理者面临的挑战和机遇．上海：复旦大学出版社，2007.

Firm）一文，将企业的本质理解为“一系列合约关系”（nexus of contracts），由此开辟了经济学意义上的“企业合约制”研究。此后，阿尔钦（Alchian）、德姆塞茨（Demset）、威廉姆森（Williamson）、张五常、杨小凯和黄有光等国内外学者不断拓展企业合约制理论，尤其是应用交易成本、代理成本等分析框架来拓宽人们对现代公司和市场制度的认识。在制度经济学家看来，合约给个人和国家提供了增进财富的有效激励，是现代市场经济运行的基础。可以说，作为公司治理机制的合约制理论为现代公司制度、现代金融制度、劳动力市场、经理市场、资本市场、技术市场等奠定了理论基础。

（二）作为法律实施机制的合约制研究

按照传统行政法学的观点，政府与公民之间不可能发生契约关系，如德国行政法学之父奥托·迈耶（Otto Mayer）所言，“国家与私人之间，前者之意思恒居单方及支配地位，契约实难想象，即所谓国家不与百姓订合约”。不过，当代法学家从大量的公共事业民营化实践中形成了新的观点，即把传统私法意义上的合约视为公共治理的新手段。正如英国公法学者伊安·哈登（Ian Harden）所描述的那样，现代国家已经成为“合约制国家”（contracting state）。从法律实施的角度看，合约制作为一种正式的、靠法律保障的、经济利益性的治理方式，对于采用非书面的，基于人际的关系机制无疑是一种巨大的进步；同时，合约制取代了作为管制典范的命令与控制，改变了传统的韦伯式行政科层制，突破了传统法律规制手段的僵化性，使公共治理更加具备回应型法（responsive law）的特性，更好地适应了现代公共行政的弹性需求。①

① VINCENT-JONES P. Responsive law and governance in public services provision：a future for the local contracting state，The modern law review，1998，61（3）：362－381.

（三）作为服务生产机制的合约制研究

在 20 世纪 80 年代政府改革运动中，合约制被广泛视为一种重要的公共服务生产机制来减少政府成本，提升效率。在公共管理学者看来，合约制提供了内在的激励，并使服务生产变得更为有效和节约；合约制为政府提供了更多的选择——当竞标价过高或服务无效率时，选择其他生产者。[①] 威廉姆森曾运用交易成本经济学的途径来解释公共服务生产还是购买的选择，其基本观点建立在赫伯特·西蒙所提出的两个人类行动的行为假设基础上，即“有限理性”（bounded rationality）和“机会主义”（opportunism）。首先，“有限理性”意味着所有的合约都很可能是不完全的，因为人类无法完全预测并有效处理合约过程中的复杂情形；其次，合约不能自动执行（self-enforced），也不意味着可信承诺（credible commitments），因为参加合约的都是寻求自身利益最大化的机会主义者。根据这些限制，每个组织都从不同的替代性组织模型——市场（market）模型、混合（hybrid）模型、科层（hierarchy）模型中选择最能够减少交易成本的类型。[②]

（四）作为国家治理（政府治理）机制的合约制研究

在现代社会，环境保护、国土开发、社会保障等诸多领域问题层出不穷，国家日益增多的行政任务使得传统的治理手段不再高效。在此背景

① 萨瓦斯．民营化与公私部门的伙伴关系．北京：中国人民大学出版社，2003.

② WILLIAMSON O. Transaction-cost economics: the governance of contractual relations. The journal of law and economics，1979，22（2）：233－261.

下，合约作为一种更加柔和、富有弹性的国家治理新机制，适应了时代需求。在当代西方发达国家，几乎所有的公共服务都可以通过合约提供，或是通过外部合约由外部的私营部门或志愿部门提供，或是通过内部合约由政府部门或代理机构提供。这种合约制的形式还包括有关个人绩效的人事合约，以及政府以规章形式与顾客或公众订立的合约等。事实上，合约制的广泛应用已成为全球政府改革的一种基本趋势，它是当代公共部门尤其是国家治理的一种新机制或新方式。甚至，我们已经走向“一种合同制国家，在这个国家里，人事和其他资源都通过一系列的合同来管理”[①]。

20 世纪 90 年代以来，我国一些公共部门、相关领域已开始尝试引入合约制，如政府采购制度、公共工程的招标投标、土地的有偿使用、营业执照的拍卖、公共服务的委托承包、自然垄断行业的开放竞争、民营化以及最新的政府购买社会公共服务等都是将合约制引入公共部门的具体体现；同时，作为政府内部合约制的合同聘任制、绩效合同等管理方法及技术也逐步在公共部门管理中得到推行，如人事聘用与培训合同、管理业绩合同、协作开发合同、服务咨询合同等。作为一种国家治理（政府治理）新方式的合约制实践模式已初露端倪。

在合约制实践不断推进的过程中，国内的相关理论研究也逐渐增多。不少学者对公共服务合同购买的制度机制、操作流程、责任机制、依赖关系和交易成本展开了广泛的研究。[②] 甚至有学者指出，政府在未来的国家治理网络中主要培养的是一种软实力，政府很大程度要从操作层面退出，

① 莱恩．新公共管理．北京：中国青年出版社，2004.

② 浦劬，萨拉蒙．政府向社会组织购买公共服务研究：中国与全球经验分析．北京：北京大学出版社，2010；陈振明，等．竞争型政府．北京：中国人民大学出版社，2006；陈振明，贺珍．合约制政府的理论与实践．东南学术，2007（3）：30－37；李学．不完全契约、交易费用与治理绩效：兼论公共服务市场化供给模式．中国行政管理，2009（1）：114－118；苏明，贾西津，孙洁，等．中国政府购买公共服务研究//中国财政学会 2010 年年会暨第十八次全国财政理论讨论会论文集．2010：25－48；陈江．西方公共服务“准”市场化合约研究．国外社会科学，2012（1）：78－84.

其直接职能范围向政府核心职能收缩，从而构建一个政府主导、各方受益的多层次多中心的协作网络，使政社关系从单向依赖走向双向互动、从行政指令走向契约合作。①

然而，公共部门合约制在实践过程中也暴露出了不少问题，包括合约制的作用范围不明晰、合约制的程序不规范，存在着严重的徇私舞弊现象以及大量的寻租与腐败行为，达不到节省成本的效果（如近年来多地爆发的天价政府采购案），合约制应用的不确定性和政策风险过高，政策频繁变动，容易出现违约行为等。此外，如何确保中标商严格遵守和履行合同约定，按期保质保量地提供公共物品和服务，也是摆在政府面前的重要问题。正如菲利普·库珀所言："如果说外包是个好主意，那么为什么政府所做的交易看上去老是失败？为公众做个好交易指的是什么？就此事而言，为什么有如此之多的公共管理者与公民在此问题上争论不休，即便争论的事是为纳税人做好事？如果说政府服务承包给他人是一种有效的省钱办法，那么为什么报纸会报道一些滥花钱的例子？"②

实际上，合约制的大量关键理论问题仍有待解决。人们对合约制在整个国家治理（政府治理）体系中的作用缺乏深刻认识，在合约制的机制设计、应用范围、约束因素和有效性方面存在大量模糊不清、含混的观点。例如，合约制如何解决委托者和代理者之间的激励相容与约束问题？如何解决个人偏好和集体偏好之间的置换问题？如何减少因有限理性和交易成本导致的合约不完备性？如何提升合约的管理能力和绩效水平？显然，公共部门合约制的应用有着广泛的前景，又饱受争议，只有系统深入的理论研究与经验分析才是唯一的完善方法。

目前国内学界关于合约及合约制的研究，更多地集中在经济学（如契

---

① 吕纳，张佩国．公共服务购买中政社关系的策略性建构．社会科学家，2012（6）：65－68．

② 库珀．合同制治理：公共管理者面临的挑战和机遇．上海：复旦大学出版社，2007．

约经济学等）和法学（如民法、合同法、行政法等）领域。而在公共管理领域，除了少数的论文和散布在相关论著中的论述外，未见全面系统的研究。国内公共管理理论界对合约制在公共部门中的应用以及这一新的政府治理方式更是缺乏系统的经验研究，也缺乏深入的理论探索，迄今还没有一部专著完整阐述其理论基础。因此，加强对作为一种新的国家治理（政府治理）方式的合约制的研究，就显得十分迫切和重要。

三、研究主题

合约制研究涉及合约制的内涵与特征、合约制的功能与应用、国家治理变革过程中应用合约制存在的问题和争议、合约制在特定条件下的有效性检验、我国公共管理实践中合约制的推广运用等方方面面的问题。研究的基本主题包括如下五个方面：

（1）作为国家治理新方式的合约制的理论基础。需要系统梳理合约制的基础理论，跟踪研究国外合约制研究的新趋势和新理论，深入研究合约制的概念、内涵及设计逻辑，尤其是从合约制的理论渊源、发展历程和精神内核出发总结分析其在现代国家治理体系中的地位、作用和意义。

（2）多重约束因素下合约制的机制设计。从合约的不完备性出发探讨合约制的多重约束因素，明晰交易成本、有限理性、公众偏好、社会规范和技术水平等因素在合约制实施过程中的制约作用和影响方式，特别是从激励相容的角度对委托-代理机制进行深入的分析。在多重约束因素基础上，明确公共部门合约制应用的条件和方式（如合同承包、代理、拍卖、招标、绩效合同、聘任制等），并就在公共部门中能否引入、如何引入合约制以及合约政府运行过程中的代理问题进行探讨。同时，必须探索在合约制中引入绩效管理机制，构建合约主体之间的履约责任规则，培育政府和私人部门、第三部门或公民个体之间的合作意识与信任机制。

（3）公共部门合约制的有效性检验。合约制机制设计面对与公共利益息息相关的政策场域，关系到相关人群的经济和社会福利。因此，任何一个合约在实施应用之前，都需要对其可行性和效果进行评估，才能推广到真实的世界。项目组将进行合约制实验研究，构造一个由制度和环境组成的微观治理系统，研究在给定真实政治激励条件下合约制相关利益主体的真实行为反应。项目组拟应用多主体建模的仿真模拟方法，了解合约制相关利益主体（委托人、代理人）之间的交互方式和博弈行为，模拟不同领域应用合约制的可能效果，对合约制的机制设计进行有效性检验。通过对合约制机制设计开展基于实验的有效性评估，可以在真实使用合约制时减少试错成本，并为构建公共部门合约制理论体系提供新的实证基础，从而进一步改进理论，形成理论与政策实践相互交融的局面。

（4）公共部门合约制的证据库（案例库）建设。由于面临多重因素的约束，合约制的实践结果具有不确定性，由此增加了决策者的难度和风险。可以根据循证决策（evidence-based policy-making）的理念，建立能够接受时间和实践检验的高质量合约制证据库，明确合约制有效实施的行为证据和制度证据，并以通俗易懂的方式呈递给决策者和公众。在系统总结作为国家治理新方式的合约制在我国公共管理实践运用（包括应用现状、取得的成效、存在的问题与困难、争议等）的基础上，对合约制的证据进行分类和分级，并根据实践的需求明确证据的内涵、外延和应用方式，为决策者应用合约制提升治理能力提供循证依据。可以选择若干典型领域（如自来水、污水处理、公共交通、政府人事部门等）进行跟踪案例研究，进一步分析合约制在公共部门应用的方式、条件、约束及存在的问题等，在此基础上形成一个全面、系统的证据库（案例库）。

（5）公共部门推广应用合约制的政策实验和对策建议。与地方政府合作，选择一个或若干典型领域进行合约制（如政府雇员制、合同外包等）的试点改革和政策实验，进行跟踪研究，在具体的实践操作上总结经验，发现问题，完善模式。在此基础上，研究合约制在我国公共管理中的推广与我国国家治理新机制或模式构建等相关问题。根据合约的基本分类即代理型合约和交易型合约，从宏观上明确公共部门内引入合约制的指导原则、构建模式、技术标准、组织构架、财政保障和推进措施等，探索建构一种公共部门通过合约制与私人部门、非营利组织或公民个人共享公共权力，协商共治的国家治理新机制或新模式。

合约制治理研究会遇到一系列的难点，主要有以下四点：

（1）国家治理视野下合约制的理论基础问题。目前，国内缺乏系统完整的公共部门合约制理论体系，对合约（如法学、经济学等不同学科视角下的合约概念）、合约制、合约型政府等相关概念的内涵尚没有准确的解释，对于合约制的理论渊源、理论基础及其发展也没有系统的梳理与把握。尤其是对合约制的理解仍主要停留在一种工具性、技术性的认识上，对其作为现代国家治理机制在分享权力、合作共治中的作用缺乏深入的分析。因此，需要从提升国家治理能力角度对以上问题进行理论梳理，对合约制的基础理论及其发展前沿进行研究，并进行理论提炼与理论建构。

（2）多重约束因素下公共部门合约制的委托-代理等问题。合约制并非新鲜事物，然而人们对合约制的约束因素，包括交易成本、有限理性、公众偏好、社会规范、技术水平等，仍缺乏全面系统的把握，这就使得合约制的应用容易产生委托-代理问题、信任问题。这就需要着重从合约制的多重约束入手，探索建立一个激励约束相容的委托-代理关系，发挥共识、信任以及社会资本等软激励约束机制的作用，促成不同主体间的合作与集体行动，减少合约制的交易成本。

（3）合约制交易主体间的行为博弈问题。合约活动是众多行为主体共同参与的过程，是相互影响、相互依赖和相互制约的一种博弈行为。因此，必须解决的一个关键问题就是具体描述出合约行为主体的目标利益函数以及博弈主体的不同利益组合。可以应用多主体建模的方法来建构公共部门合约制应用的“真实情境”，探讨不同主体间的博弈行为和选择，预测不同合约制在不同情境下的可能结果，为机制设计提供一个最优或满意方案。

（4）公共部门合约制应用的有效性问题。公共部门合约制已积累起大量成功或失败的案例，决策者在合约制的实际应用中存在着不确定性和风险。为此，需要对合约的机制设计进行有效性检验，从效益、效率、公正性、回应性、充分性、适当性等不同角度建立公共部门合约制的检验标准，进而评估当前不同领域、不同部门、不同地区应用合约制的有效性水平，探寻合约制有效实施的行为证据和制度证据，建设合约制应用的证据库和“知识池”（包括合约制的综合目录、实施应用“地景图”、评估机制等），促进不同政策领域的最佳实践以及部门之间的信息和数据分享。

四、研究目标

合约制研究需要从理论上的机制设计与实践中的有效性检验两大层面进行深入探讨，既从理论上论证在公共部门管理尤其是国家治理（或政府治理）过程中运用合约制的机理，设计合约制运行机制，又从经验研究得来的证据说明采用这种治理新机制是如何改善政府功能和提高行政效率的。同时，通过模拟仿真获得的数据以及其他经验数据，分析合约制在我国国家治理（或政府治理）变革过程中运用的具体条件、运用范围以及约束因素。最后，将设计的合约制机制付诸到实践中，通过政策实验的方式对一些公共服务领域的合约制实践进行有效性检验，进一步修正和完善机制，为合约制的广泛推广和应用提供对策建议。

合约制研究的目标：一是从提升国家治理能力的基本思路出发，形成作为一种国家治理新方式的合约制的理论基础；二是从交易成本、公众偏好、技术水平、社会规范等多重约束因素出发建立合约制应用的“真实情境”，提出公共部门合约制的设计逻辑和路径；三是对合约制的机制设计的效果和质量进行有效性检验，应用多主体建模方法模拟行为主体之间的博弈行为；四是总结公共部门在公共事务领域应用合约制的典型案例，建设公共部门合约制证据库，明确合约制有效应用的行为证据和制度证据；五是与地方政府开展政策实验，提出推广和应用合约制的对策建议，推动一种以平等合作、协商共治为基础的国家治理新实践模式的形成。

具体来说，通过对合约制治理方式的前述主题及难点的探索，力求在理论建构上有以下四点突破与创新：

（1）从提升国家治理能力视角，解释作为一种治理方式的合约制的运行机理。国家治理能力的提升取决于国家治理体系中的各个要素，合约制作为一种运行方式尤为关键。然而目前学术界和理论界对合约制的认识仍更多地停留在工具性的阶段，把合约制化约成一种服务购买机制，对合约制作为一种权力分享、集体行动、民主协同和资源交换机制在提升国家治理能力的作用、影响和方式上缺乏深刻的认识。合约制正在改变着当代公共事务治理的基础，使国家治理更多地依靠柔性、协商、合作和共赢的方式，而不是以权威、命令、控制为核心的“硬机制”。从提升国家治理能力这一基本目标出发，系统论述合约制作为一种国家治理新方式在整个国家治理体系中的作用、地位与性质，深入分析合约制的设计逻辑、应用机理和约束条件，提出一种不同于传统法学、经济学的关于公共部门合约制理论，为合约制的推广和应用提供理论基础或依据。

（2）从多重约束因素出发构建合约制的“真实情境”。对于决策者而言，应用合约制所面临的主要问题就是如何使既定情况下的交易成本最小化。同时，外部环境因素（如制度结构、合约期限、技术水平、社会规范等）作为重要的外生变量影响着合约制的制度选择和实施绩效。研究的突破之一就是从多重约束因素出发，将合约制的理论细化到能够贴近现实的政策情境，确立衡量一种合约制是否有效的分析框架，并用演进的视角来探讨合约制不同制度安排之间的效率区别和选择方式。

（3）建立合约制有效实施的证据库。合约制在我国的使用范围已经相当广泛，力度也不可谓小。但是，我们对合约制的应用绩效还缺乏一个系统的有效性评估框架，以致人们对什么是“好的合约制”和“坏的合约制”无从判断。通过研究建立一个合约制有效实施的评估框架，搜集“好的合约制”的制度证据和行为证据，建立一个完整的历史绩效数据库，使政策制定者的决策建立在最佳的证据基础上，确保合约制能够产生最佳结果。

（4）应用仿真模拟和政策实验的研究方法。仿真模拟是构建合约制真实运行情境的重要实验手段，在相关理论、数据与模型基础上进行充分论证，围绕决策的相关方开展多主体建模，展现合约制不同利益主体的博弈过程、论证过程以及不同环境变量对决策结果的关联影响。同时，运用政策实验方法将理论层次的合约制推入真实世界，在具体的实践中获取合约制的真实约束条件、交易成本规模和有效性评估框架，为更大范围内科学使用合约制并以此来提升国家治理能力提供针对性的政策支持和改革措施。

以上是一篇关于合约制治理的研究论纲，特别是提出围绕合约制如何在交易成本、有限理性、技术水平和社会规范等多重约束条件的影响下达成委托方和代理方的激励兼容等方面的研究，形成系统公共部门管理的合约制理论，并探索合约制在当代国家治理中的实践方式和应用路径，从实践上推动公共部门推广应用合约制。

公共部门研究的战略管理途径

习近平总书记指出："战略是从全局、长远、大势上作出判断和决策。""战略问题是一个政党、一个国家的根本性问题。战略上判断得准确，战略上谋划得科学，战略上赢得主动，党和人民事业就大有希望。"①他还引用古语"不谋万世者，不足谋一时；不谋全局者，不足谋一域"来说明战略的极端重要性。

公共部门战略管理是公共管理学科的一个分支或研究途径。它的兴起是全球化、信息化和知识经济时代发展特别是当代政府改革运动的产物，它构成由传统的公共行政范式向新公共管理（或管理主义）范式转变的一个重要组成部分。作为一种新的管理途径或思维方式，战略管理日益受到公共部门管理者的重视。在当代，任何公共部门都不能像过去那样对自身的生存、发展和未来高枕无忧了。考虑组织所面临的环境（优势和劣势、机遇和威胁），考虑组织的长远发展目标和未来，提高自身竞争力，成为

---

① 习近平．更好把握和运用党的百年奋斗历史经验．求是，2022（13）：4－19．

公共部门管理者最基本的管理任务及内容。公共部门管理者需要战略思维，这正是公共部门战略管理兴起的现实原因。

在公共管理教育领域，战略管理早已成为西方尤其是美国大学 MPA 及 MPP（master of public policy，公共政策硕士）教育的一个重要课程领域。美国公共管理名校大多开设了这方面的核心课程或必修课程。这些年我国不少大学的公共管理教育尤其是 MPA 培养方案也纷纷引入公共部门战略管理课程。作者所在的厦门大学公共事务学院以及 MPA 中心较早将“公共部门战略管理”确定为行政管理研究生以及 MPA 专业学位研究生的必修课。

一、公共部门战略管理的兴起

公共部门战略管理兴起于 20 世纪 80 年代。它的出现是公共部门管理改革以及环境变化的必然结果，也与私人部门战略管理的示范性影响有关。第二次世界大战后，军事领域的“战略”概念被逐步引入工商管理领域，最终发展成为一种新的管理研究途径或新学科分支。20 世纪 60 年代兴起的战略规划是战略管理的先导。

亨利·明茨伯格（Herry Mintzberg）在《战略规划的兴衰》一书中说：战略规划兴起于 20 世纪 60 年代中期；到了 20 世纪 80 年代，战略规划衰落，代之兴起的是战略管理，使得一般的组织与管理理论的研究焦点转移，即从过去关注内部管理机制和过程转向关注战略和商业政策；战略规划与战略管理的区别在于，前者的焦点是制定最优战略决策，而后者的焦点是关注产生新的战略结果，即新市场、新产品和新技术。战略管理对管理教育尤其是 MBA 教育也产生了重大影响，战略管理和商业政策一类的课程成为 MBA 的核心课程；20 世纪 70—80 年代许多商学院（school of business administration）纷纷更名为管理学院（management school），据说这也与战略管理途径的兴起密切相关。

在私人部门战略计划和战略管理模式的示范性影响下，公共部门战略规划（或战略计划）和战略管理途径也随后兴起。按照欧文·休斯（Owen Hughes）在《公共管理导论》一书中的说法，预算与财务控制在公共部门很早就出现了。从20世纪60年代开始，公共部门开始借鉴私人部门的长期计划。战略计划在公共部门的运用，是在20世纪80年代，它落后于私人部门十几年；而战略管理的引入，却是在20世纪80年代后期，只比私人部门晚了几年。20世纪80年代末90年代初，在公共部门管理领域出现了首批讨论公共部门与第三部门（非营利组织）战略管理的著作或教科书。①

公共部门战略管理途径，可以看作是对传统的公共行政学的过时或失效所做出的一种反应，是作为它的竞争或替代途径而出现的。传统的公共行政学以内部取向，关注行政过程和日常管理，文官被假定为仅仅是执行政治家所制定的政策与法律，他们不必去考虑组织的外部环境、长远目标以及如何通过资源的优化配置去实现目标。因此，在传统的公共行政学中，战略思维是没有地位的，它很少考虑外部环境、长期目标或组织的未来等问题。

保罗·纳特（Paul Nutt）和罗伯特·巴可夫（Robert Backoff）在《公共和第三部门组织的战略管理》一书中指出，战略管理处理这样一个

---

① BOZEMAN B，STRAUSSMAN J D. Public management strategies. San Francisco：Jossey-Bass Publishers，1990；NUTT P C，BACKOFF R W. Strategic management of public and third sector organizations. San Francisco：Jossey-Bass Publishers，1992；MOORE M H. Creating public value：strategic management in government. Cambridge：Harvard University Press，1995；BRYSON J M. Strategic planning for public and nonprofit organizations. San Francisco：Jossey-Bass Publishers，1996；KOTEEN J. Strategic management in public and nonprofit organizations：managing public concerns in an era of limits. Boston：Greenwood Publishing Group，1997.

关键问题，即面临着日益增加的不确定性未来的组织定位，通过产生用以指导战略行动的计划、计谋、模式、立场和观点而为一个组织创造焦点、一致性和目的。博泽曼和杰弗里·斯特劳斯曼（Jeffrey Straussman）在《公共管理战略》一书中则认为，战略包含着处理组织的外部环境、使命和目标，战略管理途径有三个主要的特征，即界定目标和目的，提出一个能协调组织与环境的行动计划，设计有效的执行方法。

二、公共部门战略管理的过程

公共部门有其特殊性，这主要表现在市场因素、目标因素、限制因素和动力因素等方面。公司战略可以分成三个层次——公司战略、企业战略和职能战略。公共部门可以借鉴这种划分方式，相应地划分出三个层次。战略包含着处理组织的外部环境、使命和目标；战略管理是一个过程，在这个过程中，高层管理者确定组织的长期方向，设定特别绩效目标，根据与组织相关的内外部环境，制定能达成这些目标的战略，并且卓有成效地实施这些被选定的决策方案。公共部门战略管理过程的三个基本阶段或环节为战略规划、战略实施和战略评价。

（一）战略规划

（1）纳特和巴可夫过程模式。包含如下六个环节：根据环境发展趋势、总体方向及标准概念描述组织的历史关联因素；根据现在的优势与劣势、未来的机遇与威胁来分析判断目前的形势；制定当前要解决的战略问题议程；设计战略选择方案以解决需要优先考虑的问题；根据利害关系人和所需要的资源评价战略选择方案；通过资源配置和人员管理来贯彻需要优先考虑的战略。

（2）穆尔的“战略三角模型”。穆尔提出一个基本适用于公共部门的组织战略概念，包含如下三层含义：1）规定了组织的总体使命和目标（用重要的公共价值表达出来）；2）指明了支持和合法性的来源，它们可被组织利用，以获得社会的持续支持；3）阐明了组织应怎样安排和运作才能达成它的目标。因此，为了给公共机构制定战略，管理者必须将以上三部分紧密结合起来，使它们可以经受三种考验。第一，战略必须具有实质价值，即该机构可生产对监督者、委托人和受益人有价值的东西，而且其金钱和权威成本都应该较低。第二，战略必须具有法律上和政治上的可持续性，即该机构必须能够持续地从政治环境中得到权威和金钱。第三，战略必须在运作上和管理上具有可行性，即该机构可以在其他各方的帮助下顺利完成这些授权的行动。①

（3）公共部门战略规划，指的是在宪法规定的范围内，为确定政府行为性质和方向的基本决策所进行的专业性努力。它包括八个步骤：开始制定战略并取得一致意见；明确组织权限；阐明组织任务和价值；对外界环境进行评价（机会和威胁）；对公共组织内部状况进行评价（优势和劣势）；确定组织面对的战略性问题；制定战略，处理问题；制定有效的未来的组织蓝图。

（4）PEST 分析，即对宏观上的政治、经济、社会、科技信息的收集和分析。1）政治分析，指对国内国外政治环境的分析。包括领导人的新的指示；新政策的颁布；新法律法规在立法部门的通过；国家间战争，首脑的会晤、缔约等。2）经济分析，是对国内国外经济状况发展趋势的分析。包括国内经济是增长、停滞、还是衰退，通货是紧缩还是膨胀，国际

① 参见《创造公共价值：政府战略管理》第三章中“界定公共部门的使命和目标”一节（穆尔．创造公共价值：政府战略管理．北京：商务印书馆，2016.）。

经济状况如何，是否存在金融风险（如亚洲金融危机）。3）社会分析，包括国内风俗、习惯、观念、信仰的现状及转变趋势，国家间的文化交流与合作等。4）科技分析，包括国内国外的科技开发与利用，以及相互交流等。这些都对组织有间接影响。

（5）SWOT 分析。它最初是由美国哈佛大学商学院所采用的一种分析方法。它是一种综合考虑组织内部条件和外部环境的各种因素，进行系统分析评价，进而选择最优战略的常用方法。这里 S 是指组织内部的优势（strengths），W 是指组织内部的劣势（weaknesses），O 是指组织外部环境的机会（opportunities），T 是指组织外部环境的威胁（threats）。SWOT 分析的目的是给出一个有关组织内部环境、问题的集中图画，并激励组织调动其优势，以便最大限度利用机会，规避风险。组织的优势和劣势分析也称为内部环境分析，进行内部环境分析的目的是明晰组织的核心能力。组织的机会和威胁分析也称为外部环境分析，它是指组织外部条件及未来取向，进行外部环境分析是为了识别组织所面临的机会和威胁。

（二）战略实施

成功的战略制定并不能保证成功的战略实施，实际做一件事情总是比决定做这件事要困难得多。由于公开性方面的限制、政治影响、权限、监察以及普遍存在的所有权，公共部门战略管理的执行更为困难。战略实施主要是制定出具体措施来实现战略，因此，战略实施也就是策略问题。习近平总书记指出："正确的战略需要正确的策略来落实。"[①] 一般来说，战略实施过程主要包括战略发动、制订行动计划、组织准备、资源准备、战

① 习近平．习近平谈治国理政：第四卷．北京：外文出版社，2022：31.

略实验、全面实施、战略控制等环节。

（三）战略评价

可以将战略评价界定为依据一定的标准和程序，对战略实施的效益、效率、效果及价值进行判断的一种行政行为，目的是取得有关这些方面的信息，作为决定战略变革、战略改进和制定新战略的依据。一般来说，它包括三项基本活动：考察公共部门战略的内在基础，将预期结果与实际结果进行比较，采取纠正措施以保证行动与计划的一致。具体的评价步骤为检查战略基础、考核组织绩效、采取纠正措施。

三、公共部门战略管理为何重要

中国共产党人历来重视战略、政策和策略问题。毛泽东说过："政策和策略是党的生命。"① 在他看来，战略即全局，战略即主要矛盾，战略即预见。他说："坐在指挥台上，如果什么也看不见，就不能叫领导。坐在指挥台上，只看见地平线上已经出现的大量的普遍的东西，那是平平常常的，也不能算领导。只有当着还没有出现大量的明显的东西的时候，当桅杆顶刚刚露出的时候，就能看出这是要发展成为大量的普遍的东西，并能掌握住它，这才叫领导。"② 邓小平是"改革开放和社会主义现代化建设的总设计师"，总设计师即战略家，他提出了一系列影响深远的重大战略举措。

习近平总书记高度重视战略策略问题。2022 年 1 月 11 日，在省部级

① 中共中央文献研究室．毛泽东著作专题摘编．北京：中央文献出版社，2003：1703.
② 毛泽东．毛泽东文集：第三卷．北京：人民出版社，1996：394－395.

主要领导干部学习贯彻党的十九届六中全会精神专题研讨班上的讲话中，他专门论述“重视战略策略问题”，指出加强战略思维，增强战略定力。党的十九届六中全会通过的《中共中央关于党的百年奋斗重大成就和历史经验的决议》对百年奋斗历程中党高度重视战略策略问题、不断提出科学的战略策略作了全面总结。习近平总书记指出：“一百年来，党总是能够在重大历史关头从战略上认识、分析、判断面临的重大历史课题，制定正确的政治战略策略，这是党战胜无数风险挑战、不断从胜利走向胜利的有力保证。”① 在我国，发展战略或战略规划的制定与执行是治国理政的一种重要方式。

公共部门战略管理是作为克服传统公共行政模式以内部定向、不考虑外部环境、长期目标或组织的未来等局限性而被引入公共部门的。它将关注的焦点由内部转向外部，从注重日常管理转向组织未来的发展管理；它着重考察组织的内外部环境，确定组织的目标和使命；它面向未来，给组织以正确的定位，以处理日益增长的不确定性。

公共部门战略管理的要点：关注长期；将长期目标和近期目标整合成一个连贯的层级；认识到战略管理和计划并不是自行贯彻的；采取一种外部观点，强调不是去适应环境，而是期待和塑造组织的变迁；充分认识到政治权威的影响。作为一种新的管理途径或思维方式，战略管理日益受到公共部门管理者的重视。

作为一种新的管理实践模式及思维方式，战略管理为公共部门管理者提供了一个应当如何思考和行动的框架，因而日益受到公共部门管理者的重视。在当代，公共部门尤其是政府的职能、角色、地位、组织结构及其与社会的关系都发生了深刻的变化，公共机构经常面临重组、合并和私有

---

① 习近平．习近平谈治国理政：第四卷．北京：外文出版社，2022：31.

化的威胁，并被置于与私人机构竞争来提供公共物品及服务的境地。考虑组织所面临的环境和组织的长远发展，增强组织灵活性、能动性和适应性，提高自身竞争力，成为公共部门管理者首先必须面对的任务。

随着全球高风险社会的来临，要求政府从注重日常管理、常规管理转向未来的发展管理、风险管理或危机管理。面对纷繁复杂的国际国内形势，面对不确定性、逆境和风险挑战尤其是各种“黑天鹅”和“灰犀牛”事件，领导干部要懂得看“桅杆顶”，善于进行战略思考，有远见、有预见，把战略的坚定性和策略的灵活性结合起来。

《求是》杂志评论员的文章写道：“‘辨方位而正则’。谋划和推进党和国家各项工作，必须深入分析国际国内大势，科学把握我们面临的战略机遇和风险挑战。当前，世界百年未有之大变局加速演进，世界之变、时代之变、历史之变的特征更加明显。我国发展面临新的战略机遇、新的战略任务、新的战略阶段、新的战略要求、新的战略环境，需要应对的风险和挑战、需要解决的矛盾和问题比以往更加错综复杂。全党必须增强忧患意识，坚持底线思维，坚定斗争意志，增强斗争本领，以正确的战略策略应变局、育新机、开新局，依靠顽强斗争打开事业发展新天地，最根本的是要把我们自己的事情做好。”①

四、公共部门战略管理的教学体系

20世纪90年代以来，公共部门战略管理成为西方尤其是美国大学MPA及MPP等研究生教育的一个重要课程领域；哈佛大学肯尼迪政府学院的MPP项目中，“公共组织的战略管理”与“市场与市场失败”“公

① 《求是》杂志评论员．把思想和行动统一到习近平总书记重要讲话精神上来．求是，2022(15)：30-33.

共政策的经济学分析”“量化分析和经验方法”“公共行动的责任”“公共部门组织的财政管理”等课一起被列为核心课程。而在我国的公共管理教育特别是MPA专业学位研究生教育中，战略管理课程的重要性一直没有得到应有的重视。中国公共管理研究生教育尤其是MPA专业学位研究生教育与官员培训需要继续强化“公共部门战略管理”课程建设。

我国MPA教育开始之后，为了适应教学与学科发展的迫切需要，学者们翻译、编写了多部“公共部门战略管理”的参考书（教材）。

纳特和巴可夫的《公共和第三部门组织的战略管理》一书较系统、全面地探讨了公共和第三部门战略管理概念、理论、方法及技术，既重视内容分析，解决战略管理“是什么”方面的问题，又重视过程分析，解决“如何”进行战略管理的问题。该书建立了一套较为完整的公共部门战略管理的理论体系。全书由五篇（十五章）、一个结论和两个附录所组成。该书通过对战略管理理论和方法的介绍，为战略管理者提供实施战略管理的有效途径，并为学生们提供公共管理尤其是战略管理方面的知识准备。

穆尔的《创造公共价值：政府战略管理》一书将战略管理看作另一种公共管理途径，该书力图为公共事业的管理者提供一个找出问题症结的框架，要回答的问题是公共部门的管理者应该怎样根据所处的环境来思考和行动，以创造公共价值。为达此目标，该书提出了几个不同的方法。一是提出了一套公共管理的哲学，也就是普通公民对公共部门管理者的期望，指出公共部门管理者由于所担任职务而应承担的道德责任，以及他们行使职责时应具有哪些美德。二是制定了几个诊断框架，管理者可以据此分析他们所处的环境和评估行动的有效性。三是指明了管理者可以充分利用的几种干预措施，通过对这几种干预措施的利用，他们可以使所处的政治和组织环境更有利于创造公共价值。该书围绕公共价值的创造展开对战略管理的讨论，分为七章和一个结论。

陈振明主编的《公共部门战略管理（修订版）》（中国人民大学出版社，2011 年）一书借鉴国外公共部门组织的战略管理以及一般战略管理的理论框架及主题内容，并主要从公共部门组织的战略管理系统及其运行（战略过程）的角度，来组织该书的理论主题及内容。全书分十章，力求给读者展现公共部门战略管理学科的基本轮廓：

第 1 章　导论：公共部门战略管理途径的兴起

第 2 章　公共部门战略管理的概念基础

第 3 章　公共部门战略管理系统

第 4 章　公共部门战略管理过程

第 5 章　公共部门战略规划

第 6 章　公共部门战略实施

第 7 章　公共部门战略评价

第 8 章　公共部门战略变革

第 9 章　公共管理的战略思维

第 10 章　结论：公共部门战略管理的未来

为了与工商管理专业“战略管理”课程的教学体系作比较，我们列出徐飞编著的《战略管理（第 5 版 · 数字教材版）》（中国人民大学出版社，2022 年）一书的目录，以比较我国公共管理与工商管理中“战略管理”课程教学内容的异同：

第 1 章　战略管理概论

第 2 章　核心价值观、使命、愿景与战略目标

第 3 章　外部环境分析

第 4 章　内部环境分析

第 5 章　战略分类与基本战略

第 6 章　扩张战略

第 7 章　发展战略

第 8 章　战略分析与选择

第 9 章　战略实施

第 10 章　战略评价与控制

重视公共治理的国别比较研究

从理论上看，国家治理（或政府治理）与政策是公共治理或公共管理、政治学、经济学和社会学等学科的核心领域。在某种意义上可以说，公共管理学就是对国家治理与政策的研究。而从实践上看，改革是国家或政府治理的永恒主题。为适应变化着的经济社会环境，有效地履行职能，国家或政府总是处于不断的改革与变化之中。在 20 世纪的最后二十多年里，国家或政府治理变革已经成为全球性的巨大浪潮，不管是发达国家、转轨国家还是发展中国家，公共治理都处在激烈的变化之中，并逐步形成不同的改革战略、策略与治理的模式。

当代西方政府改革曾经被描述为所谓“新公共管理”的管理改革运动，它追求 3E 目标。这场始于 20 世纪 70 年代末 80 年代初的改革使支配了 20 世纪大部分时间的传统的公共行政模式向“管理主义”或“新公共管理”模式转变。“管理主义”或“新公共管理”一度是一种新的政府管理图景，它跨越了政府机制与市场机制之间的鸿沟，使得以企业精神再造公共部门成为一种行之有效的改革路径。而从 20 世纪末 21 世纪初开始，这种改革迈向“后新公共管理”时代，出现了公共治理的新的实践模式及理论范式。

其实，即使在西方，治理及改革模式也没有统一，因区域及国家的不同而不同。就区域的视角粗略划分，当代西方可以说形成了多种有典型意义的国家或政府治理模式：一是英国或英联邦国家地区模式，即英国、新西兰和澳大利亚等国的“新公共管理”及“后新公共管理”改革；二是北美模式，主要包括美国的“企业化政府”或“政府再造”运动和加拿大的公共服务改革（或更准确地说，美国和加拿大有各自不同的模式，尤其是在公共服务领域）；三是欧洲大陆模式，德国、法国、比利时、荷兰等国的行政现代化运动；四是南欧模式或地中海模式，意大利、西班牙、葡萄牙等国的政治、经济、社会和文化及其体制特点，使得南欧国家的政府改革与治理有别于欧洲的其他地区，特别是近些年的主权债务危机发生之后更是如此；五是北欧模式，北欧各国的政府改革尤其是福利国家及社会保障制度改革等。

作为世界上最早形成近代化或现代化国家治理体系或政府治理体系的国家之一，英国的国家治理体系或政府治理体系的现代化之路及其经验教训对我国推进国家治理体系和治理能力现代化有参考与借鉴价值。其中包括 12—16 世纪的国家及其治理制度的孕育、17 世纪的资产阶级革命（光荣革命）与 18 世纪的工业革命之后近代化国家及其治理体系的形成和完善，当代的“新公共管理”运动及“后新公共管理”改革，悠久的社会政策传统与当代社会治理改革以及社会保护或社会保障的一系列新政策创新等。

英国学者围绕社会政策模式、不同领域的社会政策，包括移民政策、环境政策、扶贫政策、养老政策、区域政策、卫生政策等展开了探讨。例如，在养老政策方面，英国南安普敦大学社会政策教授特劳特·迈耶

（Traute Meyer）在他的演讲中对俾斯麦和贝佛里奇两种养老模式加以比较，认为前者带有强烈的公共性，属于公共养老保险计划，较多与收入挂钩，覆盖范围窄等，后者因为具有多支柱的养老保险体系，覆盖范围广泛，保护低收入群体等特点而优于前者。在他看来，好的养老金制度需要好的劳动力市场政策，建立良好的养老体系，保护低收入群体的利益，保护特殊职业公民的利益，并将贝佛里奇模式作为参考。

此外，世界其他地区的国家或政府治理也处于变革之中，并且形成了有区域与国家特色的治理类型及其模式。其中有典型意义的包括：中东欧模式——俄罗斯、波兰、匈牙利等国的体制转轨与改革，拉美模式——巴西、阿根廷、智利等国的治理改革（尤其是近十年试图摆脱“拉美陷阱”的努力），东亚（及东南亚）模式——以日本、韩国和新加坡等国家为代表的亚洲工业化国家或地区的政府治理与改革，南亚模式——以印度和不丹为代表，非洲模式——以南非为代表等。这些区域的国家治理类型及其模式与中国特色社会主义的发展道路及国家治理模式形成了鲜明的对照，值得认真比较和分析。

20 世纪 80 年代末 90 年代初以来，伴随向市场经济体制的转轨，俄罗斯开始了国家治理的现代化及法治化的进程，对政治-行政、经济、社会和文化等方面的体制和政策进行改革及创新（例如，在政府改革方面有联邦制改革，即中央和地方关系的调整以及联邦执行权力机构改革），探索建立政府、市场及社会互惠共生的现代国家治理模式。俄罗斯与中国同属转轨国家，并同属金砖国家，中俄两国转轨的历程、转轨战略策略及政策的比较对各自国家的治理现代化及经济社会的发展意义重大。过去人们往往用“渐进改革”和“激进改革”（休克疗法）来描述中俄两国转轨战略的不同，这可能是贴标签式的说法，实际的情形要复杂得多。俄罗斯科学院院士、莫斯科大学公共行政学院院长瓦列里・马卡洛夫（Valery

Makarov）教授所作的题为“俄罗斯经济最尖锐的问题及其对策”的主旨演讲，概括了俄罗斯政府治理与社会转型过程中的十大问题——地区发展不平衡问题、酗酒失业和吸毒等社会问题、精神空虚问题、贪污受贿问题、民族问题、国家一体性问题、政府威信与效能问题、经济多样化与经济效率问题、降低社会风险问题、如何在世界上占据领先地位问题等。显然，在转轨过程中，中国与俄罗斯遇到了许多相似的问题与挑战。

“治理”“国家治理”“公共治理”“政府治理”“社会治理”是当下流行的几个术语。治理是一个上下互动的协商共治的管理过程，它主要通过多元、合作、协商、伙伴关系、确立认同和共同的目标等方式实施对公共事务的管理，其实质在于建立在市场原则、公共利益和认同之上的合作。治理的内涵包括治理的主体、目标和环境，治理的结构、机制和过程，治理的方式、方法和技术，以及治理体系与治理能力的建设等方面。它所关注的主要问题是，如何在日益多样化的政府组织形式下保护公共利益，如何在有限的财政资源下以灵活的手段回应社会的公共需求。通过对政府治理与改革实践的总结与反思，政界与学界及社会开始更加关注公共服务的结果取向、倾向公共治理结构的多元化发展、通过责任分散的治理手段来构建一个“服务型政府”与“法治政府”。

国外的国家或政府治理与改革的实践为其理论研究提供了丰富的素材，推动了国家或政府治理与改革的理论发展。国家或政府治理与改革理论也逐步成为公共管理研究的主流，受到学界和政界的共同关注。可以说，无论是理论演化还是实践进展，国外的国家治理体系和政府改革模式都呈现了多元化的发展趋势，这为我国推进国家治理的现代化实践提供了经验教训借鉴及丰富的理论研究素材。

近年来，我们党和国家领导人反复强调国家治理及政府管理与社会管理创新的重要性和迫切性。随着全球化、信息化时代的来临，当代国外的国家治理与政策的理论和实践发生了深刻的变化；在我国改革开放和现代化建设事业的发展过程中国家治理与政策方面产生了大量亟须解决的重大问题。继前些年提出“科学发展观”“和谐社会”“服务型政府”“法治政府”等理念和战略之后，党的十八届三中全会通过了《中共中央关于全面深化改革若干重大问题的决定》，提出我国全面深化改革的总目标是“完善和发展中国特色社会主义制度，推进国家治理体系和治理能力现代化”，这为构建我国新型的国家治理体系以及国家治理能力的现代化指明了方向。

与此同时，随着我国市场经济的推进，社会的阶层、结构、运转方式乃至观念都发生了深刻的变迁，客观上需要我国构建新型的国家治理体系，以适应经济社会发展与变迁的需要。现代社会的一个基本特征就是市场经济构成社会运行的基本面，复杂的分工、交易系统促进了经济生活的蓬勃发展，也使得社会利益主体多元化、社会结构阶层化、社会关系复杂化。这种情况扩展了社会的多元需求，增加了政府财政资源稀缺的压力，客观上要求政府加强国家治理体系和治理能力的建设，通过不同治理结构和特定管理自主权的结合，使政府提供的公共服务更好地满足民众的需要，并为民众提供参与公共决策过程的机会。

智库建设是我国国家治理体系和治理能力现代化的一个不可或缺的重要组成部分。2013 年 4 月，习近平总书记就中国特色新型智库建设作出重要批示。党的十八大报告提出“坚持科学决策、民主决策、依法决策，健全决策机制和程序，发挥思想库作用，建立健全决策问责和纠错制度”。党的十八届三中全会通过的《中共中央关于全面深化改革若干重大问题的决定》提出，要“加强中国特色新型智库建设，建立健全决策咨询制度”。2014 年 2 月教育部出台《中国特色新型高校智库建设推进计划》。这充分说明了当前中国特色新型智库建设的重要性。而政策科学的发展与智库或思想库的建设密切相关。从某种意义上说，当代政策科学的兴起与发展是建立在智库或思想库的政策分析实践的基础之上的。智库或思想库是政策科学或政策分析的最纯粹的组织体现，而政策科学是智库或思想库建设的最直接的和最重要的支撑之一。

探讨政策科学发展与中国特色新型智库建设的关系，焦点是如何通过政策科学的发展，提供政策相关知识以及政策分析的理论与方法，来促进中国特色新型智库的发展，从而推进我国公共决策的科学化、民主化和法治化。有学者以中国行政管理学会的建设为例，提出推进政府一流智库的如下对策：一是增强建设政府一流智库的紧迫感和使命感。明确智库在当前国家发展中的地位和作用，分析当前智库建设中存在的问题，承担研究智库建设的责任。二是探索建设政府一流智库的体制机制。通过深化改革，构建适合智库发展的管理机制；组建智库建设的决策层和执行层，明确职责和分工；建立以研究目的为纽带，以决策服务为导向的互动合作机制和激励机制。三是建设一支一流的智库人才队伍。制定人才规划战略，分步推进；大胆进行管理创新，并借鉴欧美智库与政府部门之间的“旋转门”机制。四是打造一流智库的核心竞争力。牢固树立成果以质量为第一，精心策划和创新特色研究活动；正确把握智库的独立性特质；不断强化和培育品牌意识，进一步提升核心竞争力。五是增强智库研究的现实性。智库专家要更多地把研究视野放到现实情况中，贴近国情，为国家顶层设计提出实用性的政策建议。

第二篇 实践基础与治理变革

导言：推进政府治理现代化

党的十九届五中全会对推进国家治理体系和治理能力现代化提出明确要求。优化政府治理、建设人民满意的服务型政府，是推进国家治理体系和治理能力现代化的重要内容。我们要通过深化行政体制改革，优化政府职能配置，理顺政府与市场、政府与社会的关系，不断提高国家治理体系和治理能力现代化水平。

改革开放以来，为适应经济社会发展、经济体制改革需要，我国先后进行了多轮机构改革，着力推动政府职能转变。党的十八大以来，以习近平同志为核心的党中央作出全面深化改革的重大决定，向积存多年的顽瘴痼疾开刀。党的十九届三中全会通过《中共中央关于深化党和国家机构改革的决定》和《深化党和国家机构改革方案》，旨在通过政府机构优化、职能转变、流程再造、管理方式改进等措施优化政府职能配置，提高政府运行效率，增强政府治理能力，构建系统完备、科学规范、运行高效的党和国家机构职能体系，构建职责明确、依法行政的政府治理体系。这次机构改革着眼于转变政府职能，坚决破除制约使市场在资源配置中起决定性作用、更好发挥政府作用的体制机制弊端，围绕推动高质量发展，建设现代化经济体系，加强和完善政府经济调节、市场监管、社会管理、公共服务、生态环境保护等职能，结合新的时代条件和实践要求，着力推进重点领域和关键环节的机构职能优化和调整，构建起职责明确、依法行政的政府治理体系，提高政府执行力。这次机构改革是对党和国家组织结构和管理体制的一次系统性、整体性重构，为建设人民满意的服务型政府提供了有力保障。

处理好政府与市场、政府与社会的关系，是优化政府治理、建设人民满意的服务型政府的重中之重。我们以深化“放管服”改革为重要抓手，通过深化行政审批制度改革和工商登记制度改革、建立清单式管理制度等方面改革，改善和优化营商环境，激发市场主体活力，使市场在资源配置中起决定性作用、更好发挥政府作用。目前“放管服”改革已经取得重要进展，我国营商环境进一步优化，市场主体活力得到有效激发。世界银行发布的《2020 年营商环境报告》显示，中国营商环境跻身全球营商环境改善最大的经济体排名前十。同时，围绕政府购买社会服务、培育发展社会组织、探索社区治理新模式等，激发社会组织、居民等社会主体参与社会治理的活力。

当前，我国服务型政府建设取得了显著成效，政府治理能力显著提高，但距离建设人民满意的服务型政府的目标仍有一定差距，还有一些突出问题亟待解决。解决这些问题，需要深入贯彻落实党中央决策部署，在完善国家行政制度、优化政府职责体系、优化政府组织结构、健全充分发挥中央和地方两个积极性体制机制方面下大功夫，进一步优化政府治理；深入推进简政放权、放管结合、优化服务，深化行政审批制度改革，改善营商环境，激发各类市场主体活力，大力完善政府经济调节、市场监管、社会管理、公共服务、生态环境保护等职能，实行政府权责清单制度，进一步理顺政府与市场、政府与社会的关系。

国家治理的新场景与新思考

“世界百年未有之大变局加速演进，国内改革发展稳定任务艰巨繁重。”[①]“后疫情时代”或“后新冠时代”的突如其来，更加速了中国与世界的改变。我国将进入新发展阶段并形成以国内大循环为主体、国内国际双循环相互促进的新发展格局，这是以习近平同志为核心的党中央对“后疫情时代”我国中长期经济社会发展新趋势与新历史方位作出的新判断，是根据我国发展阶段、环境、条件变化作出的战略决策，是事关全局的系统性深层次变革。全球新科技革命和新工业革命正在向纵深拓展，新冠疫情的全球大流行使大变局加速演变，世界经济面临大萧条威胁，全球产业链、供应链和价值链出现断裂，反全球化的逆流汹涌，地缘政治变数增多，中美关系持续恶化，战争与恐怖主义威胁加大，全球治理体系正在深刻重塑。联合国秘书长古特雷斯曾表示，新冠疫情改变了世界，正在成为

① 习近平：推动更深层次改革实行更高水平开放 为构建新发展格局提供强大动力．(2020-09-01)［2024-12-01］．新华网．

国际和平与安全的游戏规则改变者，世界正进入一个动荡和不稳定的新阶段。新冠疫情是一场全球性健康危机，不仅暴露了人类固有的脆弱性，也正在加剧各种不满，破坏社会凝聚力并导致冲突升级，还在催化恐怖主义和暴力极端主义的扩散。[①] 这些全球性新趋势构成我国进入新发展阶段以及国家治理变革的国际大背景。

在国内环境方面，我国的国家治理正在经历一场疫情防控的“大考”，国内发展不平衡不充分问题依然突出，对外开放的外部环境复杂多变。学者专家对此多有论述。在王昌林看来，“十四五”时期我国经济社会发展面临“新三期叠加”形势，即疫情后经济恢复期、经济社会转型发展攻坚克难关键期、应对外部环境重大变化适应期。[②] 陈昌盛认为，百年未有之大变局的深度调整期、百年未遇之大疫情持续影响期、“两个一百年”奋斗目标的历史交汇期三者的相互叠加、交互作用，塑造了新时期我国经济社会发展错综复杂的时代背景。[③]

新发展阶段及新发展格局意味着新任务和新课题。习近平总书记在经济社会领域专家座谈会上的讲话中提出六大时代新课题：以辩证思维看待新发展阶段的新机遇新挑战，以畅通国民经济循环为主构建新发展格局，以科技创新催生新发展动能，以深化改革激发新发展活力，以高水平对外开放打造国际合作和竞争新优势，以共建共治共享拓展社会发展新局面。[④]

“后疫情时代”，全球大变局与我国发展阶段、环境和条件变化，国家

---

① 新华社．联合国秘书长：新冠疫情正改变世界 国际社会应保持警觉．(2020-09-04)[2024-12-01]．株洲日报网．

② 钟哲．奋力开拓经济社会发展新局面．(2020-08-28)[2024-12-01]．中国社会科学网．

③ 陈昌盛，许伟，兰宗敏，等．“十四五”时期经济社会发展的三大时代背景．(2020-09-05)[2024-12-01]．中华工商网．

④ 习近平．在经济社会领域专家座谈会上的讲话．北京：人民出版社，2020：2-8.

治理以及全球治理呈现新态势新场景新方位，面临新挑战和新机遇，向公共治理提出了一系列需要认真研究和解决的重大实践新课题。必须紧密跟踪公共治理及全球治理实践的新趋势与新变化，提出新方案，解决新问题，不断推进我国国家治理体系和治理能力现代化。"后疫情时代"与"新发展阶段"的国家治理需要特别关注与思考八个重大主题。

一、新冠疫情防控与国家治理"大考"

新冠疫情流行是新中国成立以来最严重的一次公共卫生事件，对国家治理来讲既是危机也是"大考"。习近平指出："这场抗疫斗争是对国家治理体系和治理能力的一次集中检验。""在这场波澜壮阔的抗疫斗争中，我们积累了重要经验，收获了深刻启示。"① "这次新冠肺炎疫情防控，是对治理体系和治理能力的一次大考，既有经验，也有教训。"② 认真全面分析和总结疫情防控中的国家治理"大考"的经验教训，对于"后疫情时代"与"新发展阶段"完善国家治理体系与提升国家治理能力具有重要意义。

疫情防控彰显了中国特色社会主义制度和国家治理体系的巨大优越性，特别是集中力量办大事的制度优势与党的领导制度优势，展现出我国强大的国家动员能力和政策执行力以及中国人民的意志力、凝聚力、战斗力和行动力。习近平在全国抗击新冠肺炎疫情表彰大会上的讲话中系统总结了这场抗疫斗争的六条基本经验。疫情防控"大考"也考出了国家治理体系和治理能力的一些短板、漏洞和弱项，暴露出各方面的体制机制的短

---

① 习近平．在全国抗击新冠肺炎疫情表彰大会上的讲话//中共中央党史和文献研究院．十九大以来重要文献选编（中）．北京：中央文献出版社，2021：695，691.

② 习近平．在湖北省考察新冠肺炎疫情防控工作时的讲话//中共中央党史和文献研究院．十九大以来重要文献选编（中）．北京：中央文献出版社，2021：473.

板，尤其在重大疫情防控体制机制以及应对重大突发公共卫生事件的能力、公共卫生体系及城市治理体系、城乡基层治理体系等方面存在的不足。习近平强调“要加快补齐治理体系的短板弱项，为保障人民生命安全和身体健康夯实制度保障”[①]。

疫情大考对新发展阶段的国家治理提出了一系列需要深入思考和解决的问题。例如：应当如何夯实国家治理的制度基础与强化制度执行力？如何深化国家治理的体制、机制、流程和方式的改革？如何完善城市治理体系、城乡基层治理体系？如何推进国家治理向数字化智能化转型？如何更好处理国家与社会（或政府、市场和社会关系）？如何增强风险和危机意识以及“全周期管理”的意识？如何加强应急管理的制度、体制和机制建设？如何建立健全应急管理的预警预报系统以及疾病预防控制体系？如何消除包括健康风险在内的公共安全风险并提升国家生物安全防御能力？如何强化应急管理中的法治保障和科技支撑？如何更好应对处置突发性事件及应急管理中的舆情？这些问题的解决将大大提升国家治理现代化的水平。

二、风险、危机与应急管理

全球新冠疫情突如其来。在“人类历史上这段艰难时期”[②]，人们真切感受到了“不确定性时代”与“高风险社会”的来临及后果。人们以2020年作为历史分界点，划分“2020年以前的世界”和“2020年以后的世界”，称人类进入了“后疫情时代”或“后新冠时代”。

---

① 习近平．在全国抗击新冠肺炎疫情表彰大会上的讲话//中共中央党史和文献研究院．十九大以来重要文献选编（中）．北京：中央文献出版社，2021：695.

② 习近平．在2020年中国国际服务贸易交易会全球服务贸易峰会上的致辞．人民日报，2020-9-4（1）.

“后疫情时代”引发了公共管理实践及其模式的重大变化，凸显了逆境中的政策制定与执行、公共决策中的风险识别与防范、危机预警与应急决策，以及公共卫生、经济增长、民生改善与就业等具体政策与管理领域的重大而紧迫的实践需求。公共管理的理念和内容也将随之发生改变，不确定性、风险社会、脆弱性、危机和应急管理一类的概念、主题及其内容在公共管理理论与实践中的地位和重要性与日俱增，并成为近期最热门的话题。

更重要的是，底线思维、忧患意识与风险观念必须贯穿公共管理的全过程；风险防控与危机管理已成为常规或常态化的管理方式，而不仅仅是非常态时期所需。不确定性、逆境、风险、脆弱性、危机等成为公共管理或公共治理实践及其模式的基本构成因素以及公共管理或公共治理的一般或共有主题。“今后一个时期，我们将面对更多逆风逆水的外部环境，必须做好应对一系列新的风险挑战的准备。”[①] “我们要坚持底线思维、增强忧患意识，有效防范和化解前进道路上的各种风险。”[②]从公共卫生领域来看，必须做好应对病毒与人类长期共存的准备，要统筹兼顾，协调推进，稳经济保民生促发展。

2019 年 1 月 21 日，习近平总书记在省部级主要领导干部防范化解重大风险专题研讨班讲话中强调要提高防控能力着力防范化解重大风险，保持经济持续健康发展社会大局稳定，指出必须始终保持高度警惕，既要高度警惕“黑天鹅”事件，也要防范“灰犀牛”事件；既要有防范风险的先手，也要有应对和化解风险挑战的高招；既要打好防范和抵御风险的有准备之战，也要打好化险为夷、转危为机的战略主动战。该讲话的前瞻性、

① 习近平．正确认识和把握中长期经济社会发展重大问题//中共中央党史和文献研究院．十九大以来重要文献选编（中）．北京：中央文献出版社，2021：663.

② 习近平．在全国抗击新冠肺炎疫情表彰大会上的讲话//中共中央党史和文献研究院．十九大以来重要文献选编（中）．北京：中央文献出版社，2021：696.

现实性、针对性和指导性非常强。①

看待和处理危机需要复杂性及系统性思维。有学者称新冠疫情暗藏复杂性危机，认为病毒一次小小的基因突变，可能在短短几个月内导致全球金融市场的崩盘、经济社会陷入危机，但新冠疫情带来的经济困局，只是表象。该学者从复杂系统的视角分析了新冠疫情背后的深层次根源，即所谓的“多重耦合复杂系统的崩溃”，指出资源权衡手段才是应对危机之道，即必须在生物传染与社会传染、均匀扩散与长尾扩散、生物性需求与社会性需求、食物网络与疾病网络、经济发展与疫情扩散、过去与未来、鲁棒性（或稳健性）和可演化性之间做出权衡。②

三、世界大变局演进中的全球治理

世界正处在大发展大变革大调整之中。新冠疫情的全球大突发，使人类再次站在了历史的十字路口。全球治理是公共治理的题中之义。“不谋万世者，不足谋一时；不谋全局者，不足谋一域。”不了解全球治理，何以谈国家治理。全球治理是公共治理的最高层次，在它之下依次是国家治理、地方治理和基层及社区治理。“后疫情时代”和“新发展阶段”的公共治理，必须在“冷眼向洋看世界”的同时，如习近平总书记所倡导的：“要积极参与全球经济治理体系改革，推动完善更加公平合理的国际经济治理体系。”③

何谓“世界大变局”？学者们的论述甚多。有学者认为它包含国际格

---

① KRAKAUER D，WEST G. The damage we're not attending to.（2020－07－08）［2024－12－01］. Nautilus网站.

② 新冠疫情暗藏复杂性危机：圣塔菲研究所两任所长发出警告！.（2020－08－21）［2024－12－01］. 澎湃新闻网.

③ 习近平. 在经济社会领域专家座谈会上的讲话. 北京：人民出版社，2020：8.

局的变化、国际秩序的变化、国家间关系的变化和以数字技术革命为核心的深刻政治社会变迁四个维度的含义。[①] 新冠疫情又是如何引发“世界大变局”加速演变的？在朱光耀看来，突如其来的新冠疫情，对世界造成了重大冲击，引发了一场世纪性的全球公共卫生危机、全球经济危机和全球治理危机，三种危机相互叠加，对世界经济、和平与发展的总体态势造成了重大挑战。中国要推进新发展格局的建设，需要跨越四个陷阱——“修昔底德陷阱”“金德尔伯格陷阱”“中等收入陷阱”“傲慢与偏见陷阱”。[②] 在凤凰网“与世界对话”云论坛上，郑永年谈到中美关系，认为中美陷入“修昔底德陷阱”的现实性是存在的，且可能性越来越大，但中国一定有能力回避“修昔底德陷阱”，避免陷入陷阱。[③]

王昌林认为，疫情冲击下世界百年未有之大变局加速演变，为我国更广泛、深入地参与全球治理，提升国际话语权和影响力提供了前所未有的历史机遇。[④]必须直面“后疫情时代”的经济、政治、社会、文化、卫生和环境等领域的新挑战，聚焦全球化与逆全球化的新趋势以及全球公共治理的新场景、新实践和新问题，加强在公共卫生、气候环境变化、反恐、经贸等方面的合作。突出全球治理的新理念、新思维、新范式，以及全球治理体系重构、人类命运共同体构建、中国在全球治理中的地位与作用、中国发展道路的世界意义等重大问题的研究与阐释，推动构建人类命运共同体的美好愿景与中华民族伟大复兴的中国梦相得益彰、交相辉映。正如习近平总书记所指出的，“构建人类命运共同体所具有的广泛感召力，是

① 陈琪，刘豫群．中国如何在“百年未有之大变局”中立于主动．国家治理，2020（18）：30－32．

② 聂欧，王亭亭．朱光耀：“后疫情时代”的强国之路．（2020－09－03）［2024－12－01］．国务院参事室网站．

③ 凤凰独家对话郑永年：中美如何避免陷入“修昔底德陷阱”？．（2020－06－23）［2024－12－01］．凤凰网．

④ 钟哲．奋力开拓经济社会发展新局面．（2020－08－28）［2024－12－01］．中国社会科学网．

应对人类共同挑战、建设更加繁荣美好世界的人间正道”[①]。

四、制度基础与治理效能

党的十九届四中全会通过的《中共中央关于坚持和完善中国特色社会主义制度 推进国家治理体系和治理能力现代化若干重大问题的决定》指出：我国国家治理体系和治理能力是中国特色社会主义制度及其执行能力的集中体现。其中，国家治理体系是在党领导下管理国家的制度体系，国家治理能力则是运用国家制度管理社会各方面事务的能力，两者相辅相成。国家制度和国家治理之间的关系集中体现为：国家制度是国家治理的前提、基础和依据，国家治理是国家制度及其执行能力的集中体现与实现方式。

中国特色社会主义制度是具有显著优越性和强大生命力的制度。“抗疫斗争伟大实践再次证明，中国特色社会主义制度所具有的显著优势，是抵御风险挑战、提高国家治理效能的根本保证。”[②] 新发展阶段必须高度关注如何将国家制度优势转化为国家治理效能这一重大实践课题。要进一步夯实公共治理的制度基础，坚持党的全面领导，切实把制度优势转化为治理效能，强化制度执行力，深化行政体制改革与建设人民满意的服务型政府以及经济、政治、社会、文化、生态文明建设和党的建设等各领域的体制机制改革。正如习近平总书记指出的：“随着我国迈入新发展阶段，改革也面临新的任务，必须拿出更大的勇气、更多的举措破除深层次体制机制障碍，坚持和完善中国特色社会主义制度，推进国家治理体系和治理能力现代化。”[③]

---

① 习近平．在全国抗击新冠肺炎疫情表彰大会上的讲话．北京：人民出版社，2020：21.

② 同①，第 19 页．

③ 习近平．在经济社会领域专家座谈会上的讲话．北京：人民出版社，2020：7.

把制度优势转化为国家治理效能的关键在于强化制度执行力。习近平总书记强调“法规制度的生命力在于执行”，“一分部署还要九分落实”，“狠抓落实”。[①] 这既是习近平总书记一贯的思想观点，也是他一贯的工作作风。在福建工作期间，他就高度重视制度执行和政策落实工作，构建了具有鲜明制度执行力的落实体制机制，形成了“马上就办”狠抓落实、强化制度执行监督的福建样本。必须以解决制度执行中的问题为导向，从执行主体能力强化、制度执行体制机制改革、执行过程环节协调、执行工具或技术改进等方面入手，力戒制度执行中的形式主义、官僚主义，消除影响制度有效执行的体制性、机制性障碍，切实提升制度执行力，把国家制度优势更好地转化为国家治理效能。

五、地方、城市、基层以及社会治理

地方、城市、基层以及社会治理是公共治理的重要内容。政府治理与改革不仅要关注中央政府层面，还要注重地方政府层面。在当代，地方政府治理变革成为全球政府治理变革的焦点之一；我国的国家治理现代化落实到地方就是地方治理现代化。因为治理的层次不同，政府的职能存在差别，治理的内容也就有所不同。城市治理属于地方治理的范畴，近年来城市治理成为公共管理的理论与实践的一大热门话题。

就基层治理而言，党的十八大之后，各地积极探索“党委领导、政府负责、社会协同、公众参与、法治保障”五位一体的基层治理新模式。党的十九届四中全会通过的《中共中央关于坚持和完善中国特色社会主义制度 推进国家治理体系和治理能力现代化若干重大问题的决定》提出“健

① 中共中央纪律检查委员会，中共中央文献研究室．习近平关于严明党的纪律和规矩论述摘编．北京：中国方正出版社，2016：188，81，121.

全党组织领导的自治、法治、德治相结合的城乡基层治理体系”。社区治理属于基层治理的范畴。当代社区重新崛起，不断扩展公共职能，成为公共服务供给网络中的重要力量。社区治理涉及社区公共事务与社区服务的供给及其合作网络的治理。新冠疫情防控暴露出基础及社区治理中诸多短板和弱项，如风险与危机意识淡薄、体制机制不完善、服务能力不足、法治思维不强等。着力探索党组织领导的自治、法治、德治相结合的基层治理体系，构建符合新时代要求的基层社会治理共同体，完善“党委领导、政府负责、民主协商、社会协同、公众参与、法治保障、科技支撑”的社会治理体系，这是“后疫情时代”基层治理以及社区治理的发展方向。

社会治理是国家治理的重要维度。近年来，作为与政治、经济、科技文化、生态环境管理或治理等并列的重大实践领域，社会管理、社会治理或社会政策（包含社会保障和社区治理）备受关注。新冠疫情发生后，社会治理的重要性更加凸显。从社会管理到社会治理意味着管理实践模式及管理理念的转变。关于新发展阶段如何加强与改善社会治理，习近平总书记指出：“要完善共建共治共享的社会治理制度，实现政府治理同社会调节、居民自治良性互动，建设人人有责、人人尽责、人人享有的社会治理共同体。要加强和创新基层社会治理，使每个社会细胞都健康活跃，将矛盾纠纷化解在基层，将和谐稳定创建在基层。要更加注重维护社会公平正义，促进人的全面发展和社会全面进步。”①

六、数智化驱动的政府治理转型

今天，人类社会进入了网络化、数据化、智能化和量子化的新时代，

① 习近平．习近平重要讲话单行本：2020 年合订本．北京：人民出版社，2021：79.

“数字化生存”逐步成为现实。网络化、数据化与智能化使人类的生产、生活、工作、学习以及思维与认知方式发生革命性的变化，不但改变经济、产业结构和社会结构，而且推动政府治理朝向数字化和智能化迅速转型，特别是催生了智慧政府以及智慧决策。有学者认为，大数据使传统政府向智慧政府发展演进成为可能且必然。所谓的智慧政府指的是利用物联网、云计算、移动互联网、人工智能、数据挖掘、知识管理等技能的新型政府。数智化更是赋能疫情防控，远程医疗、在线教育、共享平台、协同办公、跨境电商等服务广泛应用，加快了政府治理的数字化和智能化转型步伐。

在新时代新发展阶段，一方面，必须密切关注新技术革命所引发的国家或政府的体制、机构、职能、流程和管理方式的变化，打造政府决策智能中心，创新政府治理方式。另一方面，要加快推进数字经济、智能制造等战略性新兴产业，着力打通生产、分配、流通、消费各个环节，逐步形成以国内大循环为主体、国内国际双循环相互促进的新发展格局。江小涓认为，数字技术可以赋能疫情防控：一是数字技术在防控、抗击疫情中表现非常优异，二是近期新基建概念被热捧，三是可以启动新的服务需求，四是企业的能力和价值观被更多地展现，被更多人了解。

七、国家与社会关系

国家与社会关系（或政府、市场与社会关系）是现代社会中的一个基本关系，也是国家或政府的机构和职能配置的前提和基础。政府要处理好与市场、社会的关系，需要扮演好自己的角色，履行经济调节、市场监管、社会管理、公共服务和环境保护等基本职能。现阶段我国坚持市场在资源配置中的决定性作用和更好发挥政府作用的原则，推动政府职能向创造良好发展环境、提供优质公共服务、维护社会公平正义转变。创造公平竞争的环境与激发市场主体活力和社会创造力，是政府职能履行的重中之重。

习近平总书记在经济社会领域专家座谈会上的讲话强调：在新发展阶段，要坚持和完善社会主义基本经济制度，使市场在资源配置中起决定性作用，更好发挥政府作用，营造长期稳定可预期的制度环境。要加强产权和知识产权保护，建设高标准市场体系，完善公平竞争制度，激发市场主体发展活力，使一切有利于社会生产力发展的力量源泉充分涌流。而制定“中长期发展规划既能充分发挥市场在资源配置中的决定性作用，又能更好发挥政府作用”[①]。

在新时代和新发展阶段以及“十四五”时期，要以处理好政府、市场和社会关系为主线，激发体制新活力，促进“有效市场”“有为政府”与“和谐社会”的协同互动。还必须加强对政府、市场与社会关系（国家与社会关系）理论的创新研究，总结新中国成立以来尤其是改革开放四十余年来以及疫情防控中处理政府、市场与社会关系实践的经验教训，创新国家（或政府）职能理论，为理顺国家与社会关系，形成新发展格局提供理论指导。

八、发展理念、生活方式与公共服务

党的十九大报告指出新时代我国社会的主要矛盾是“人民日益增长的美好生活需要和不平衡不充分的发展之间的矛盾”。党的十九届四中全会通过的《中共中央关于坚持和完善中国特色社会主义制度 推进国家治理

---

① 习近平．习近平重要讲话单行本：2020 年合订本．北京：人民出版社，2021：73.

体系和治理能力现代化若干重大问题的决定》提出坚持和完善统筹城乡的民生保障制度，满足人民日益增长的美好生活需要。回应公众对美好生活或幸福生活向往，提供高质量的公共服务，这是当代全球公共治理实践的一个发展趋势。有学者认为，加快构建国内国际双循环相互促进的新发展格局，是满足人民对美好生活的向往特别是消费升级换代的迫切需要。[①]

新冠疫情的发生，在相当大程度上改变了人们的生产、生活、工作和学习方式，促使人类再度反思人与自然关系、绿色发展与生命价值、生态环境与生活方式的改变、公共价值与美好生活、民生改善与公共服务等事关人类生存的重大问题，并催生新的发展理念。“生命至上，集中体现了中国人民深厚的仁爱传统和中国共产党人以人民为中心的价值追求。”[②]党的十八届五中全会提出了创新、协调、绿色、开放、共享的新发展理念，2020 年 7 月 30 日召开的中央政治局会议强调把新发展理念贯穿发展全过程和各领域，实现更高质量、更有效率、更加公平、更可持续、更为安全的发展。党的十九届五中全会公报指出要“广泛形成绿色生产生活方式”，“建设人与自然和谐共生的现代化”。

有学者建议“可适时在创新、协调、绿色、开放、共享五大新发展理念基础上，加入‘安全’这一发展理念，构成创新、协调、绿色、开放、共享、安全六大新发展理念”[③]。报道称：科学家认为突如其来的疫情无意间促进全球减排，新冠疫情可能是最后一个实现绿色经济转型的机会；英国等几个欧洲国家均给出了应对气候变化问题的“后新冠时代”路线图，主要思路是“这可能是最后一个实现绿色经济增长或者绿色经济转型

---

① 张占斌．构建双循环新发展格局应把握好的几个关键问题．国家治理，2020（31）：9－15.

② 习近平．在全国抗击新冠肺炎疫情表彰大会上的讲话．北京：人民出版社，2020：12－13.

③ 周跃辉．新发展格局与新发展理念的辩证关系．(2020－09－02) [2024－12－01]．搜狐网．

的机会，以帮助我们实现一个零碳排放的社会”。[①]

新发展阶段必须更加重视生态环境改善、生活方式改良和美好生活建设、民生改善与高质量公共服务供给问题，尤其是需要强化对公共服务与民生改善的重大实践课题的研究，包括基本公共服务的可及性与均等化，完善惠及全民的公共服务体系，美好生活的内涵与获得感、幸福感和安全感评价，公共服务提供的体制机制和方式的改革，公共服务供给的多元主体协作，抓民生和抓发展的关系，以及如何抓重点、补短板和强弱项等。“十四五”时期进一步改善民生，提供高质量的公共服务，实现更加充分、更高质量的就业，健全全覆盖、可持续的社保体系，强化公共卫生和疾控体系，促进人口长期均衡发展。

总之，作为国家治理或治国理政之学的公共管理学，在新时代与新发展阶段大有可为。包括公共管理学者在内的社会科学工作者担负着理论和政策创新的历史使命。“新时代改革开放和社会主义现代化建设的丰富实践是理论和政策研究的‘富矿’”[②]，必须按照习近平总书记的要求，“从国情出发，从中国实践中来、到中国实践中去，把论文写在祖国大地上，使理论和政策创新符合中国实际、具有中国特色”，“准确回答我国经济社会发展的理论和实践问题”[③]，为推进新发展阶段和新发展格局背景下的国家治理现代化做出贡献。

---

① 马亚宁．科学家：新冠疫情可能是最后一个机会来实现绿色经济转型．（2020－09－01）[2024－12－01]．新民网．

② 习近平．习近平重要讲话单行本：2020 年合订本．北京：人民出版社，2021：81.

③ 习近平．在经济社会领域专家座谈会上的讲话．北京：人民出版社，2020：12.

公共政策发展的新趋势及其启示

一、导　论

伴随新科技革命及新工业革命的展开尤其是网络化、数据化、智能化和量子化技术的驱动，新世纪全球公共政策的理论与实践已发生新变化，呈现出一系列新趋势。数据驱动、行为实验、模拟仿真、趋势预测、循证检验、人机交融等日益成为公共决策链条必不可少的环节与政策科学研究的基本路径。尤其是智能决策“奇点”临近，社会影响日益加深。美国沃克斯（Vox）新闻网2019年3月27日报道，西班牙IE商学院一项对欧洲八国共计2 500名受访者调查的结果显示，高达1/4的受访者表示想要让AI代替政治家，为民众做出“正确的决策”，这表明欧洲人对于政界的“幻灭情绪”呈显著上升趋势——受英国“脱欧”等政治事件影响，很多受访者对政客的决策能力不再抱有希望。根据调研报告，约25%的受访者倾向于将重大事件的决策交由AI管理；这一比例在英国和德国受访者中升至 31%，在荷兰受访者中高达 43%。[①]

中国特色新型智库建设是推进国家治理现代化与增强国家软实力的一个重要方面。习近平总书记指出要“把中国特色新型智库建设作为一项重大而紧迫的任务切实抓好”，并强调“重视专业化智库建设”。[②] 党的十九大报告中重申“加强中国特色新型智库建设”。当前，中国特色社会主义进入了新时代，这是我国发展新的历史方位。新时代我国经济社会发展对中国特色新型智库建设提出了新的、更高的要求，必须夯实智库发展的专业化基础，提高我国公共决策的科学化水平。

专业化是现代智库或思想库的本质特征和最大优势，而数据中心（或数据库）和实验室则是智库专业化的技术基础或平台。作为由各种专家、学者、退休官员等组成的跨学科多领域的综合性决策咨询机构，智库掌握了先进的政策分析技术，对社会问题或政策问题做长期跟踪研究，所提出的政策建议以经验数据与实证分析、行为实验及循证检验等为基础，致力于改进公共政策质量，为政府和社会提供数据、信息、技术和思想观念服务。[③]

当下，数据分析、行为实验、模拟仿真和循证检验构成公共决策链条的重要环节，这也成为当代全球公共政策理论与实践发展的新趋势。数据分析通过严密的逻辑推理和精确的计算，为行为分析、模拟仿真和循证检验奠定数据基础；行为实验和模拟仿真通过对可能的政策结果进行预测，为循证检验的证据生产提供高质量的原料；而数据分析、行为实验、模拟仿真和循证检验等科学化决策链条环节及专业化智库功能的实现，必须以

① 高文宇．1/4 欧洲人想让 AI 替“人类做主”被批“糟糕的想法”．(2019－03－29) [2024－12－01]．环球网．

② 习近平：运用法治思维和法治方式推进改革 学习贯彻党的十八届四中全会精神 李克强 刘云山出席．人民日报，2024－10－28 (1)．

③ 陈振明，黄元灿．推进地方新型智库建设的思考．中国行政管理，2017 (11)：7.

数据中心与实验室作为基础平台或技术纽带。

因此，必须顺应当代公共政策实践发展的新趋势，从推动政府决策流程再造，健全组织管理保障体系，加快数据中心建设和使用，加强实验室建设和利用以及推广循证决策新模式等措施入手，夯实新型智库发展的专业化基础，提高我国公共决策的科学化水平。

二、公共决策数据化和智能化发展的新方向

数据分析是政策分析的重要前提。现代公共决策必须建立在可靠的事实和数据以及理性分析的基础上。由于公共政策的专业性，决策者不能仅凭个人或小团体的智慧或主观设想进行经验决策，只有通过基于数据的理性分析以及严密的逻辑推理和精确的计算，才能使复杂的政策问题更容易被把握，更好地界定问题、确定目标，设计、比较和选择科学的备选方案。尤其是在当前全面深化改革背景下，我国正面临极其错综复杂的国内外形势，“诸多矛盾交织叠加，各种风险挑战接踵而至，国内外很多情况是改革开放以来没有碰到过的”①，各实质性政策领域的问题充满复杂性与不确定性，理性分析对于我国公共政策分析的必要性更是不言而喻。而理性分析不仅需要采集大量的决策所需数据，而且需要运用现代分析技术和方法（如矩阵方法、统计分析、趋势分析、建模仿真与优化逻辑/因果分析方法、情景分析方法、价值/决策辅助/经济方法、定标比超、风险评估与分析、技术评估等②）进行计算、分析和预测，这是决策者个人做不到的，必须发挥智库的数据提供和分析优势，依靠智库对公共政策问题进

① 李克强．政府工作报告：2018 年 3 月 5 日在第十三届全国人民代表大会第一次会议上．北京：人民出版社，2018：16.

② 王宏广，王革，韦东远，等．高端科技智库建设要力争做到“九有”：兰德公司智库建设及其对我国科技智库建设的启示．科技中国，2018（5）：1－4.

行数据化、理性化和经验化分析。美国“白宫第一智囊”兰德公司又被称为“科学与死亡的研究院”或“数字理性主义研究院”，它主张“一切重要事物皆可简化为数据”，“数据和理性分析先于感知和理解”；它的数据库资料浩如烟海，涉及各种领域、活动、人物和事件；它开创的系统分析工作程序是其对美国联邦政府决策最引人注目的贡献之一。[①]

“数据是决策的生命线。”[②] 特别是随着全球化、信息化演进以及网络化、数据化和智能化时代的来临，公共决策的信息资源呈现动态化和系统化特征，以不间断的“流”或“片”等各种各样的数据形式存在[③]，这就更需要发挥智库的信息子系统功能。大数据与智能化改变了人们的思维方式、认知方式及思想观念——一切皆可量化（主要是指量化成非结构化的大数据，而非局限于简化成结构化的小数据），数据自己发声，总体高于样本，庞杂优于精确，相关重于因果；大数据与智能化增强了人类行为的可预测性，这有助于揭示人类管理及决策行为的规律性，提高了管理及决策的科学性；大数据与智能化改变了我们发现、分析和解决问题以及将政策方案付诸执行的方式，推动政府决策的民主化和科学化。[④] 当代公共决策正朝着数据化和智能化方向发展，大数据分析正成为当代公共决策过程中必不可少的环节。数据化决策（或数据驱动决策）通过大数据分析寻找社会问题或政策问题的解决方案，持续监测并反馈政策执行效果，进而决定后续的行动方案或政策措施；智能化决策（或智慧公共决策）则是以大数据分析为核心，以云计算、物联网、区块链和移动互联网等新一代信息

① 阿贝拉．白宫第一智囊：兰德公司与美国的崛起．北京：新华出版社，2009：2，5，13，66.

② WORLD BANK. World development report 2016：digital dividends. Washington. D. C：World Bank Group，2016：244.

③ 涂子沛．大数据推动精细决策．人民日报，2015-04-09（14）.

④ 陈振明．政府治理变革的技术基础：大数据与智能化时代的政府改革述评．行政论坛，2015，22（6）：1-9.

技术为支撑的全新公共决策模式，其在技术操作上是对数据驱动决策的承接和发展。[①]

与传统的公共决策模式相比，数据化智能化的公共决策数据的收集、管理和应用的深度广度及规模已不可同日而语，传统的舆情中心和专题数据库的数据采集和分析方式已无法满足数据化智能化公共决策的发展要求，必须转向以大数据和智能化为中心的新的数据收集、挖掘、分析和利用方式。例如，传统的基于随机调查和浅层语义分析等碎片化的舆情调查、监测和挖掘方法，难以有效收集和分析社情民意大数据，而必须依靠智库数据中心的数据挖掘、关联分析、数据整合及可视化等数据技术[②]；传统的专题数据分析只针对结构化数据（样本数据、面板数据或时间序列数据），难以对价值和伦理等非结构化问题进行精确测量和建模分析，必须借助大数据技术，将非结构化问题转化成非结构化数据（如图片、视频、文本等），通过数据重组和算法揭示相关性，进而有效处理非结构化问题[③]。在数据化与智能化时代，每个人都不知不觉地融入数据采集过程，数据获取从调查统计转变为感知记录，预测成为大数据分析的核心，公共决策需要通过智能终端、物联网、云计算、区块链等可拓展人类感知能力的技术来追踪数据足迹，通过机器学习、模式识别等方法进行探索式数据挖掘，通过相关关系分析法等进行海量的全样本分析[④]，进而发现社会规律和预测人的行为；与此同时，还需将数据挖掘、关联分析、数据整

---

① 胡税根，单立栋，徐靖芮．基于大数据的智慧公共决策特征研究．浙江大学学报（人文社会科学版），2015，45（3）：5－15.

② 李梅，张毅，陈瑞学．面向决策支持的社会舆情大数据服务机制研究．理论月刊，2015（9）：142－145，188.

③ 范如国．公共管理研究基于大数据与社会计算的方法论革命．中国社会科学，2018（9）：74－91，205.

④ 米加宁，章昌平，李大宇，等．第四研究范式：大数据驱动的社会科学研究转型．学海，2018（2）：11－27.

合与传统政策分析的政治学、经济学方法等相结合，使其更直接地服务于公共决策。例如，基于文本语义挖掘的政策文本环境建构研究，基于大数据的政策效果预测与分析，基于用户创作内容分析的政策过程公众反馈态度研究等。[①] 因此，大数据与智能化时代的公共决策必须重视专业化智库的数据中心的建设和利用。

三、公共政策研究中的行为、模拟、实验和预测的新路径

政策环境是复杂自适应的、动态演化的社会技术系统或社会生态系统[②]（即公共政策与社会系统、技术系统或生态系统相互嵌套耦合的复杂性系统）；政策过程的行为主体（包括政策活动者和政策对象）是异质的智能体或适应性主体，他们根据自身认知、策略、利益和目标采取行动，并在与环境和其他主体交流的过程中学习，进而改变自身结构和行为方式，造就其行为方式的适应性和多样性[③]；基于有限理性和信息的不完全性，政策系统的整体行为或政策过程由众多微观行为主体或利益相关者之间的局部交互构成[④]，是众多微观行为主体相互影响、相互依赖和相互制约的博弈过程，呈现出非线性、不确定性、多态均衡等复杂性特征；政策执行由于受到政策问题本身的可办性、政策本身的规制能力以及政策以外的变数等多

---

① 徐宗本，冯芷艳，郭迅华，等．大数据驱动的管理与决策前沿课题．管理世界，2014（11）：158－163.

② SCHLAGER E，COX M. The IAD framework and the SES framework：an introduction and assessment of the Ostrom Workshop frameworks. Theories of the policy process，2018：215－247；OSTROM E. A general framework for analyzing sustainability of social-ecological systems. Science，2009（325）：5939.

③ 李大宇，米加宁，徐磊．公共政策仿真方法：原理、应用与前景．公共管理学报，2011，8（4）：8－20，122－123.

④ 罗杭，孟庆国．安理会改革与大国博弈的多智能体模拟．世界经济与政治，2013（6）：136－155，160.

重约束因素的制约和影响[①]，往往无法达到预期效果，甚至相去甚远。考虑到政策环境、行为主体和政策过程的复杂性，为了在实际的政策执行过程中排除干扰，消除不利因素，保证政策得到有效执行，必须全面理解行为主体的行为过程，开展复杂性公共政策的行为、模拟、实验和预测研究。

近数十年来，认知科学、神经科学、脑科学等学科的迅速发展，使深入理解人类行为过程的生物学基础成为可能，也为行为科学开拓了新的发展视野。[②] 例如，认知神经科学研究表明，社会决策受神经机制约束，人类纹状体等大脑区域的激活状态与个体在社会决策过程中的奖惩处理机制、复杂情绪反应以及策略推理能力等密切相关，甚至直接影响个体的选择行为[③]，这可为社会决策的行为分析及因果关系检验等提供神经生物学研究途径。若能汲取人类社会行为研究的最新成果，对政策执行人员、目标团体或利益相关者的行为驱动因素进行全面诊断分析，在政策设计阶段开展前期实验（如行为实验等），预测政策执行效果并创建政策反馈循环，从而持续不断地完善干预措施，则可使公共政策的制定和执行更为有效。[④] 例如，行为科学提出了新的公共决策途径即“行为公共政策”，它运用行为科学的见解为决策者提供明确的选择，使其了解何种工具或行动方案可能带来更好的社会结果。[⑤] 它通过“测试—学习—调适”的随机对

---

① SABATIER P，MAZMANIAN D. The implementation of public policy：a framework of analysis. Policy studies journal，1980，8（4）.

② 陈振明，等．公共服务质量管理：理论、方法与应用．北京：科学出版社，2017：228.

③ SANFEY A. Social decision-making：insights from game theory and neuroscience. Science，2007（318）：5850；RILLING J，GUTMAN D，ZEH T，et al. A neural basis for social cooperation. Neuron，2002，35（2）；DALGLEISH T. The emotional brain，nature reviews，Neuroscience，2004，5（7）；GALLAGHER H，FRITH C. Functional imaging of theory of mind. Trends in cognitive sciences，2003，7（2）.

④ WORLD BANK. World development report 2015：mind，society，and behavior. Washington. D. C：World Bank Group，2015：5.

⑤ JOHN P. Behavioral approaches：how nudges lead to more intelligent policy design. Contemporary approaches to public policy，2016：128.

照实验测试公共政策工具是否有效。其中，测试是指明确政策工具（方式、范围、单位以及支出的成本），学习是指对政策干预的结果进行分析和评估，调适是指根据评估结果重新调整政策工具。① 这就是基于行为实验的公共决策新途径。目前，美国、英国、澳大利亚等经合组织国家和欧盟等开展了行为洞察、行为经济学或助推理论的应用工作，涵盖消费者保护、教育、能源、环境、金融、健康与安全、劳动力市场、公共服务提供、税收和电信等政策领域。②

行为实验突破了社会科学无法开展实验的限制，使决策者可以设计更加有效的政策，但是由于政策环境、行为和过程的复杂性与不确定性，行为实验的可重复性及其结果的普适性或多或少存在一定的限制，应当通过进一步的计算实验或政策仿真，对政治、经济、社会和文化政策等复杂性政策的备选方案进行检验、评估和结果预测。政策仿真是社会仿真方法在政策分析领域的应用，类似于自然科学的实验方法，可通过建立仿真模型实现可重复性，并可通过改变运行条件探索不同变量的影响。目前，影响较大的社会仿真方法主要包括系统动力学仿真、微观仿真、离散事件仿真、多层级仿真、元胞自动机、多智能体仿真等。③ 其中，多智能体仿真（multi-agent simulation，MAS）以复杂适应性系统（complex adaptive system，CAS）理论为基础，属于自下而上的建模方法，考虑了众多人工智能体的分布演化及宏观涌现，可进行微观宏观一体化的社会仿真，是目前最具活力的仿真方法之一。在 MAS 模型中，每个智能体具有自主性、

① 朱德米，李兵华．行为科学与公共政策：对政策有效性的追求．中国行政管理，2018 (8)：59-64.

② OECD. Behavioural insights and public policy：lessons from around the world. Organisation for economic co-operation and development，2017：3，401.

③ GILBERT N，TROITZSCH K. Simulation for the social scientist. Maidenhead：Open University Press，2005：13-14.

交互性、反应性、主动性，可以学习知识、积累经验、进行推理、智能计算和适应复杂、动态且不可预期的外部环境①，因此可用于模拟政策执行的真实情境，模拟异质性行为主体的交互、适应、学习、博弈或选择过程，对备选方案的可能结果进行预测，为决策者提供有关方案抉择或改进的建议。

与此同时，随着人工智能领域的机器学习或深度学习技术的不断发展，计算机程序已可通过经验学习来增加它们的知识和程序技能。例如，人工神经网络和进化计算等具备机器学习能力的仿真模型，不仅可用于模拟行为个体的认知过程或社会群体对新环境的适应过程，而且可用于寻找复杂问题的最佳解决方案。② 若将学习仿真方法应用于政策分析，并将其与现有的政策仿真方法（如多智能体仿真等）相融合，使政策仿真模型通过机器学习不断调整自身的运行参数，甚至改变模型自身以响应外部环境变化，不断逼近政策执行的“真实情境”，从而提高政策仿真与预测研究的有效性，为决策者提供最佳备选方案。

综上所述，为了最大限度地改进公共政策质量，复杂性政策方案在付诸抉择和实施之前，必须经过行为实验、模拟仿真和结果预测等科学化决策环节，而这些都属于智库及其实验室的专业化功能。一方面，行为实验、政策仿真和预测研究必须立足学科交叉融合，结合脑科学、认知科学、神经心理学、社会计算学、复杂性理论、控制论、信息论、系统动力学、人工智能、知识工程等理论与技术，这就需要专业化智库提供学理支撑和方法论支持；另一方面，由于政策环境、行为和过程的复杂性，开展政策实验需要计算环

---

① 王飞跃，等．社会计算的基本方法与应用．杭州：浙江大学出版社，2012：107；罗卫东，程奇奇．社会仿真研究：中国社会科学跨越式发展的可能路径．浙江社会科学，2009（2）：2-7，125.

② GILBERT N，TROITZSCH K. Simulation for the social scientist. Maidenhead：Open University Press，2005：9，217-253.

境、平台和技术支持，包括仿真支撑系统、电子决策剧场、云计算平台以及各种分析、应用和集成工具等。因此，必须重视智库实验室的建设和利用，依靠专业化智库运用行为研究、实验研究、政策仿真、结果预测等方法和技术，检验政策方案、评估政策执行效果，提升政策分析水平。

四、基于证据或数据的循证决策新范式

决策者通过将高质量的证据置于政策制定的核心位置[①]，使公共决策更加科学和理性，进而确保政策执行的效果，这就是所谓的循证决策。它源自循证医学，即通过实验研究和系统评价等途径衡量临床干预措施的有效性，从而确定有效的治疗方法，多年来取得了非凡的进步。[②] 可以说，正是循证医学的成功诱导了当代“循证决策运动”的兴起——西方政府改革者试图重塑或再造决策流程以提高政策有效性而倡导的“新行动”（相对于20世纪旷日持久的“政策科学运动”而言），他们致力于通过提供更多的政策相关信息和以理论为指导的实证分析，使决策者优先考虑“基于证据或数据”的决策标准，更好地从经验中学习，从而避免或最大限度地减少因政府期望与现实条件不符而导致的决策失误。[③] 经过多年发展，循证决策逐渐在OECD国家的政府改革与治理实践中占据重要地位，成为当代全球公共决策的一个新趋势。例如，作为循证决策的主要倡导者，英国政府通过颁布相关政策法规（《现代化政府白皮书》和《21世纪的专业

---

① DAVIES P. What is evidence-based education? . British journal of educational studies，1999，47（2）.

② PARKHURST J. The politics of evidence from evidence-based policy to the good governance of evidence. London：Routledge，2017：15.

③ HOWLETT M. Policy analytical capacity and evidence-based policy-making：lessons from Canada. Canadian public administration，2009，52（2）.

化决策》）和设置相关机构（管理与政策研究中心）等举措推行循证决策模式，将循证原则贯穿于英国社会政策的整个生命周期[①]；英国政府赞助的“行为洞察团队”（BIT）以“助推小组”（Nudge Unit）闻名，其本质是政策实验室和改革推动者，它通过科学地测试政策选择实际如何影响社会问题来为政府提供决策支持，倡导的社会实验方法成为循证决策运动的核心。[②]

作为当代科学决策的一种“新范式”或“新模式”，循证决策超越了传统的理性主义模式：(1) 强调“信息”向“证据”的转换。传统理性主义模式所倚重的信息只是证据的原始成分，信息需要向证据转化，从而为决策提供更有效的支持。[③] (2) 强调政策评估对正确决策的重要作用，将政策制定和政策评估紧密相连，而非就决策而论决策。[④] (3) 强调证据来源的多样性。高质量的证据不仅应从传统的社会研究和政策评估中获取，还应从行为实验、模拟仿真以及预测研究中获取，特别是“曾经模糊的证据术语，如随机对照试验（RCT）、系统评价和元分析（meta-analysis）等变得常见，甚至成为证据的黄金标准或最高等级”。[⑤] (4) 突破了传统理性模式的技术局限性。西蒙认为，完全理性决策的障碍因素包括决策者的选择和认识能力的限制、政策后果的不可预测性以及区分有利与不利后果的困难。[⑥] 而随着人工智能、社会计算、大数据等新技术的发展以及科学研

---

① 李乐，周志忍．英国社会政策循证决策的理论与实践：对中国的启示．中国公共政策评论，2016 (2)：15.

② SMITH K，LARIMER W. The public policy theory primer. London：Routledge，2018：138.

③ 周志忍，李乐．循证决策：国际实践、理论渊源与学术定位．中国行政管理，2013 (12)：6.

④ 郭巍青．政策制定的方法论：理性主义与反理性主义．中山大学学报：社会科学版，2003，43 (2)：7.

⑤ PARKHURST J. The politics of evidence from evidence-based policy to the good governance of evidence. London：Routledge，2017：17.

⑥ 郭巍青．政策制定的方法论：理性主义与反理性主义．中山大学学报：社会科学版，2003，43 (2)：7.

究的“第四范式”（即数据科学）[①] 的出现，通过综合应用大数据分析、行为实验和政策仿真技术，公共决策将突破人类的认知、计算和预测能力的局限性，使完全理性由不可能变为可能。（5）重视决策支持的制度建设（包括建立相关法规、机构、设施和流程等），而非简单地回归传统的理性模式。

循证决策的关键在于“从社会研究和评价中获取的证据的性质或质量”以及“实践者或专业人员在决策过程中使用证据的方式”。[②] 前者涉及证据生产的科学性，后者涉及证据使用的有效性。就证据生产的科学性而言，高质量的证据一般具有科学和真实、系统和量化、动态和更新、共享和实用、分类和分级等共同特征[③]；但不应将“证据等级”或“随机对照试验”等单一方法作为衡量证据质量的唯一标准，还应综合考虑可信度（技术证据的充分性）、显著性（评估与决策者需求的相关性）、公正性（证据生产过程是否公平对待不同利益相关者）等标准[④]。就证据使用的有效性而言，要建立知识转移机制以促进证据使用，使决策者可用、能用和善用证据。不仅要发挥智库专家作为信息中介、知识提供者或知识经纪人的作用，培训研究人员如何更有效地提供决策证据，培训决策者如何查找、了解和使用证据，还要通过制度化途径改进证据使用或促进知识向政策转化。比如，建立关于各政策领域备选方案有效性的“证据库”，形成循证决策实践指南，完善智库作为结构化知识经纪人的作用，建立由相关机构、规则和实践规范组成的专门服务于循证决策的“证据咨询系统”。[⑤]

---

① HEY T，TANSLEY S，TOLLE K. 第四范式：数据密集型科学发现．北京：科学出版社，2012：x－xi.

② SANDERSON I. making sense of " what works"：evidence based policy making as instrumental rationality? . Public policy and administration，2002，17（3）.

③ 李幼平，王莉，文进，等．注重证据，循证决策．中国循证医学杂志，2008（1）：1－3.

④ PARKHURST J. The politics of evidence from evidence-based policy to the good governance of evidence，London：Routledge，2017：109，118.

⑤ PARKHURST J. The politics of evidence from evidence-based policy to the good governance of evidence. London：Routledge，2017：30－32.

无论是证据生产，还是证据使用，都离不开专业化智库的有效参与。只有发挥智库数据中心与实验室的证据生产功能，通过政策评估、数据收集、数据分析、行为实验、仿真模拟、预测研究、系统评价和元分析等决策支持技术，将政策相关信息转化为“决策证据”，才能建立可经受时间和实践检验的高质量证据库，随时随地提供各种实质性政策有效执行的行为证据和制度证据，并以通俗易懂的方式呈递给决策者；只有通过构建由智库数据中心与实验室、相关政府部门、政策法规、实践规范和技术设施共同组成的证据咨询系统，形成并推广循证决策模式，才能促进高质量证据的有效使用，实现良好的公共治理或循证治理。

五、中国特色新型智库专业化发展的现状

中国特色新型智库建设方兴未艾，智库的专业发展包括数据中心和实验室建设取得了一定的进展。在数据中心建设方面，具有“功能完备的信息采集分析系统”成为中国特色新型智库的建设标准以及首批国家高端智库建设试点单位的入选条件之一。[①] 地方智库主管部门通过加强社情民意调查中心建设推进地方新型智库建设。例如，以“云上贵州”为代表的各级各类大数据中心发展势头迅猛。在实验室建设方面，我国已有少数高校智库建立了公共政策实验室。例如，笔者所在的厦门大学公共政策研究院已建立国内一流的公共政策实验室，拥有高性能计算集群与存储系统、电子决策剧场系统、政策仿真与支撑系统和云计算平台等先进设备，可为各级党委和政府提供舆情调查、数据分析、政策仿真、行为实验、结果预

---

① 新华社．中共中央办公厅、国务院办公厅印发《关于加强中国特色新型智库建设的意见》．(2015-01-20)［2024-12-01］．中国政府网；中央全面深化改革领导小组第十八次会议通过《国家高端智库建设试点工作方案》．中国人才，2015 (23)：5.

测、循证检验等专业化的决策咨询服务。在决策咨询技术应用方面，政策仿真方法已在公共决策过程中发挥了一定的作用，政策仿真分析工具已经开始引起各级政府的关注。[①]

但是，从总体上看，中国特色新型智库的专业化基础还比较薄弱，数据中心和实验室建设相对滞后。在数据中心建设及应用方面，党委政府对智库数据中心建设的支持力度不够大，已成规模的数据中心和实验室的持续建设与发展也还离不开政府部门的大力扶持；国内智库数据中心建设主要局限在传统的社情民意和经济数据等专题数据库，对于大数据以及政策评估结果等系统性数据的投资不足；国内智库数据中心建设存在重硬件轻软件的倾向，以致数据中心的软件建设普遍滞后于硬件建设[②]；新型智库与国家大数据中心及地方大数据中心实现数据交换共享，以便更好地服务于数据驱动的公共决策方面，尚处于实践探索阶段。

在实验室建设和利用方面，虽然国内已有的公共政策实验室对推动我国政策模拟研究特别是宏观经济政策仿真起到了积极作用[③]，但是由于政策仿真方法的学术研究与应用实践脱节[④]以及政府部门重视不够，公共政策实验室难以全面地为党委政府提供有效的行为实验、模拟仿真和结果预测等决策咨询服务；政策仿真的理论机理研究基础薄弱，学科交叉深度不够，特别是政策仿真研究与作为其主要学理支撑的政策科学理论脱节，缺乏政策过程理论、政策网络分析和政策系统动力学等基础理论的指导，导

---

① 娄成武，田旭．中国公共政策仿真研究：现状、问题与展望：基于CNKI相关文献的统计分析．中国行政管理，2013（3）：24－29，98．

② 罗智超．德国洪堡大学经济风险研究数据中心考察及启示．实验技术与管理，2011，28（5）：173－175．

③ 吴建新．面向区域开发开放的社会科学实验室建设探究．实验室研究与探索，2012，31（11）：170－174．

④ 李大宇，米加宁，徐磊．公共政策仿真方法：原理、应用与前景．公共管理学报，2011，8（4）：8－20，122－123．

致仿真模型的设计构造存在诸多局限性[①]；政策仿真研究应用主要集中在宏观经济政策层面，而对于微观政策层面和其他非经济政策领域的研究应用不足，适用于政治、社会等非线性的复杂公共政策领域的先进仿真方法（尤其是多智能体建模仿真）的研究成果，明显少于系统动力学仿真的研究成果[②]。

在循证决策方面，由于循证决策的重要性尚未被人们所真正认识，因而目前尚无严格意义上的政府循证决策实践。虽然已有一些决策证据库（例如，公共卫生领域的“中国循证决策和政策证据库”），但其主要用于推广循证决策方法在宏观决策中的应用[③]；又如，厦门大学公共政策研究院已建立较完备的公共服务质量管理与合约制治理证据库，但由于智库与政府之间的联系机制不畅以及政府部门尚未建立循证决策支持程序、知识转移平台或证据咨询系统，智库的决策证据库无法为相关部门提供循证决策支持。

六、以数据中心与实验室建设为重点推进智库的专业化

推进智库专业化和决策科学化必须高度重视并切实加强数据中心与实验室建设。一方面，新型智库要加强自身软硬件建设特别是软件建设，借鉴国外著名智库的数据中心与实验室建设经验，学习和掌握世界著名公共政策实验室（如 MIT 媒体实验室人类动力学组、新墨西哥州桑塔费研究所、哈佛大学决策科学实验室、英国“行为洞察团队”实验室等）的数据

---

① 赵德余．政策模拟与实验．上海：上海人民出版社，2015：2-3.

② 娄成武，田旭．中国公共政策仿真研究：现状、问题与展望：基于 CNKI 相关文献的统计分析．中国行政管理，2013（3）：24-29，98.

③ 童峰，林移刚，张冲．循证决策：一种忠于证据的公共卫生决策模式．医学与哲学（B），2015，36（5）：4-7.

分析、决策模拟、行为实验、结果预测技术，提升智库的数据提供与决策咨询服务能力。另一方面，党委政府要出台相关政策措施，推进决策体制机制创新与流程再造，加强智库数据中心与实验室的建设和利用，建立政府与智库的常态化联系机制。以国家层面的智库数据中心与实验室建设为例，可由全国哲学社会科学工作办公室牵头和财政部支持，以发展较成熟的智库数据中心和实验室为基础，重点建设一批各有侧重和特色的国家级智库数据中心与实验室，全国哲学社会科学工作办公室承担各中心与实验室的组织协调工作。可以采取如下五项具体措施。

（1）推动政府决策流程再造。顺应新时代中国特色社会主义建设的现实需要和当代公共决策实践发展的新变化新趋势，推动各级党委和政府将数据分析、行为实验、循证检验以及模拟仿真等决策咨询环节，纳入重大战略以及政治、经济、社会和文化等政策领域的政府决策流程，建立由智库数据中心与实验室、相关政府部门、政策法规、实践规范和技术设施共同组成的证据咨询系统，形成循证决策支持制度和循证的问题界定、方案规划与抉择程序。

（2）健全组织管理保障体系。国家主管部门设立国家级智库数据中心和实验室建设专项经费，建立竞争性经费和稳定支持经费相协调的投入机制；中央和国家机关所属政策研究机构围绕中心任务和重点工作，定期发布一批重大决策咨询课题，使相关成果成为党中央和国务院决策的重要信息来源；建立协作会议机制，以月度、季度、年度为周期，定期召开中央和国家机关所属政策研究机构与各个智库数据中心和实验室之间的协作会议，党政部门通过协作会议提供需求信息，智库通过协作会议提供决策咨询服务；实行政府购买数据和决策咨询服务制度；建立智库数据中心和实验室成果报送制度。

（3）加快数据中心建设和使用。完善政府数据资源共享格局，加快政府数据开放平台建设，推动智库数据中心与国家及地方大数据中心实现数据交换共享，支持智库建设以大数据和政策评估结果等系统性数据为导向的专业化数据中心；充分利用智库数据中心的数据资源，建立国家宏观经济政策以及政治、社会和文化等政策领域的决策支持、风险预警和执行监督的大数据应用体系，积极探索数据化与智能化的公共决策新模式。

（4）加强实验室建设和利用。立足学科交叉融合，重视中国特色政策过程理论和前沿学科（如脑科学、认知科学、神经心理学等）基础研究，为行为实验和模拟仿真等专业化的决策咨询提供学理支撑和方法论支持；关注国际公共政策研究的方法与技术前沿，鼓励引进具有丰富的行为实验与政策仿真经验的海外高层次人才，为实验研究提供技术支持；以研究项目为载体，鼓励政策仿真方法和技术手段创新，支持实验室自主开发适合中国情境的政策仿真模型，建立系统动力学建模与多智能体建模互补的政策仿真方法体系，使政策仿真学术研究和实践应用从宏观经济政策领域拓展到政治、社会和文化等非线性的复杂政策领域。

（5）推广循证检验或循证决策新模式。推进各领域复杂性政策的第三方评估，以第三方政策评估结果作为证据生产的重要信息来源；以研究项目为载体，广泛建立各种实质性政策领域的循证决策证据库，搭建互联互通的循证决策服务网络，促进不同政策领域的最佳证据以及部门之间的信息和数据分享；形成循证决策实践指南，助力循证决策新模式推广；加强干部培训教育，使其牢固树立循证决策意识，熟练掌握使用高质量证据进行循证决策的能力，将循证决策程序与干部绩效考核办法挂钩，落实决策失误责任追究制度。

七、结　论

随着网络化、数据化和智能化时代的来临，大数据分析正成为当代公共决策的必不可少的重要环节，以云计算、物联网、移动互联网等信息通信技术及智能化平台为基础的数据化与智能化决策成为当代公共决策发展的新方向；脑科学、认知科学、神经心理学、社会物理学、人工智能等前沿学科的突破，行为实验、社会计算、政策仿真、虚拟现实、机器学习等技术方法的应用，为复杂性公共政策的行为、模拟、实验和预测研究提供了新路径；基于证据或数据的循证决策超越了传统的理性模式，成为当代公共决策的一种新范式或新模式。

数据分析或基于数据的理性分析是政策分析的重要前提，现代公共决策尤其是数据化智能化时代的公共决策必须发挥专业化智库的数据收集、挖掘、整合、分析功能；行为实验、模拟仿真和结果预测是政策分析的基本内容，政治、经济、社会和文化等领域的非线性复杂公共政策的科学制定与有效执行必须依靠专业化智库开展行为、模拟、实验和预测研究；循证检验是政策分析的必要环节，它所倚重的高质量证据的生产和使用离不开专业化智库的参与。

总之，数据分析、行为实验、模拟仿真、预测研究和循证检验等科学化决策链条环节及专业化智库功能的实现，需要以智库数据中心与实验室作为基础平台或技术纽带。必须顺应新时代中国特色新型智库建设的新要求以及全球公共政策实践发展的新趋势，以数据中心与实验室建设为重点推进智库专业化和决策科学化，推动政府决策流程再造，将数据分析、行为实验、模拟仿真、预测研究和循证检验等决策咨询环节纳入重大或复杂性政策的制定与执行过程，构建以智库数据中心与实验室为核心的证据咨询系统，探索数据化与智能化公共决策新途径，形成并推广循证检验或循证决策新模式，提高我国公共决策的科学化水平。

党和国家机构改革与国家治理现代化：机构改革的演化、动因与效果

深化党和国家机构改革是推进国家治理体系和治理能力现代化的一场深刻变革、一个重要支撑和一项重要任务，也是全面深化改革的一个大动作。党的十八大以来，以习近平同志为核心的党中央全面推进党和国家机构改革、国家治理现代化以及政府治理变革，取得了显著成效。党的十八大、十九大、二十大报告和中共中央作出的一系列决定为改革确定了新方向与路线图。习近平总书记多次就深化党和国家机构改革发表重要讲话、作出重要指示，强调“对深化党和国家机构改革的重要性和紧迫性，对深化党和国家机构改革方案的贯彻落实，都要放到新时代背景下、站在更高层次上来认识和把握”①。党的十八大以来，以习近平同志为核心的党中央推动党和国家机构职能实现系统性、整体性重构，为党和国家事业取得历史性成就、发生历史性变革提供了有力保障，也为继续深化党和国家机

① 《十八大以来党和国家若干重大决定诞生记》编写组．十八大以来党和国家若干重大决定诞生记．修订版．北京：新华出版社，2022：156.

构改革积累了宝贵经验。那么，应该如何看待党和国家机构改革的演化、动因与效果？历次机构改革是如何发生和演变的？机构改革的顶层设计、改革的背景、动因、内容和措施是什么？进展与成效如何？我们将围绕这些问题来展开讨论。

一、改革开放以来历次机构改革的简要回顾

改革开放以来，为了适应经济与社会发展以及经济体制和社会结构转型的需要，我国持续不断进行党和国家机构以及政府机构、行政体制改革和政府职能转变，进行了九次机构改革。

（一）党的十八大之前的六次机构改革

党的十八大之前，我国于1982、1988、1993、1998、2003、2008年进行了六次机构改革：

第一次（1982年）：这次改革明确规定了各级各部的职数、年龄和文化结构，减少了副职，提高了人员素质，实行干部年轻化；强调提高政府工作效率，在精简机构方面，国务院各部门从100个减为61个，人员编制从原来的5.1万个减为3万个。

第二次（1988年）：首次提出“转变政府职能是机构改革的关键”。通过改革，国务院部委由45个减为41个，直属机构从22个减为19个，非常设机构从75个减到44个。在国务院66个部、委、局中，有32个部门共减少1.5万多人，有30个部门共增加5 300人（总人数人员减少了9 700多人）。

第三次（1993年）：首次提出政府机构改革的目的是适应建设社会主

义市场经济体制的需要。改革后，国务院组成部门、直属机构从 86 个减少到 59 个，人员减少 20%。国务院不再设置部委归口管理的国家局，国务院直属事业单位调整为 8 个。

第四次（1998 年）：改革目标是建立办事高效、运转协调、行为规范的政府行政管理体系。改革后国务院有 15 个部委不再保留，新组建 4 个部委，有 3 个部委更名。改革后除国务院办公厅外，国务院组成部门由 40 个减少到 29 个。全国各级党政群机关共精简行政编制 115 万个。

第五次（2003 年）：这次改革是在加入世贸组织的大背景之下进行的，提出进一步转变政府职能。设立国务院国资委、银监会，组建商务部、国家食品药品监督管理局、安监总局，将国家发展计划委员会改组为国家发展改革委。改革后，除国务院办公厅外，国务院由 28 个部门组成。

第六次（2008 年）：围绕转变政府职能和理顺部门职责关系，探索实行职能有机统一的大部门体制。主要内容有合理配置宏观调控部门职能，加强能源管理机构，组建工业和信息化部、交通运输部、人力资源社会保障部和环境保护部。改革涉及调整变动的机构共 15 个，正部级机构减少 4 个。

（二）党的十八大之后的三次机构改革

第七次（2013 年）：这次改革的核心是稳步推进大部门制改革。党的十八大报告继续提出稳步推进大部门制改革，健全部门职责体系。改革重点围绕转变职能和理顺职责关系，稳步推进大部门制改革，实行铁路政企分开，整合加强卫生和计划生育、食品药品、新闻出版和广播电影电视、海洋、能源管理机构。改革后，国务院正部级机构减少 4 个，其中组成部门减少 2 个，副部级机构增减相抵数量不变。改革后，除国务院办公厅外，国务院设置组成部门 25 个。

第八次（2018 年）：重心是“放管服”改革。提出着眼于转变政府职能，坚决破除制约使市场在资源配置中起决定性作用、更好发挥政府作用的体制机制弊端，围绕推动高质量发展，建设现代化经济体系，加强和完善政府经济调节、市场监管、社会管理、公共服务、生态环境保护职能，着力推进重点领域和关键环节的机构职能优化和调整，构建职责明确、依法行政的政府治理体系，提高政府执行力，建设人民满意的服务型政府。组建自然资源部、生态环境部、应急管理部、退役军人事务部和国家国际发展合作署。改革后，除国务院办公厅外，国务院设置组成部门 26 个。

第九次（2023 年）：在党中央机构改革方面，组建中央金融委员会、中央金融工作委员会、中央科技委员会、中央社会工作部、国务院港澳办等 5 个新机构，是党中央职能部门的一次重磅改革；国务院机构改革方案提出，加强科学技术、金融监管、数据管理、乡村振兴、知识产权、老龄工作等重点领域的机构职责优化和调整，转变政府职能，加快建设法治政府，为全面建设社会主义现代化国家、全面推进中华民族伟大复兴提供有力保障。

1. 第七次机构改革

这次改革的核心是稳步推进大部门制改革。党的十八大报告继续提出稳步推进大部门制改革，健全部门职责体系。2012 年 11 月，党的十八大召开标志着我国第七次政府改革与治理的开始。2013 年 2 月，党的十八届二中全会讨论通过《国务院机构改革和职能转变方案》；3 月 14 日，十二届全国人大一次会议通过了这一方案。2013 年 3 月，国务院颁布了《国务院机构改革和职能转变方案》。2013 年 11 月，党的十八届三中全会通过了《中共中央关于全面深化改革若干重大问题的决定》，勾画了我国政府改革与治理蓝图。2014 年 10 月，党的十八届四中全会通过了《中共中央关于全面推进依法治国若干重大问题的决定》。2015 年 2 月，中共中央、国务院印发了《法治政府建设实施纲要（2015—2020 年）》。

党的十八大报告与《中共中央关于全面深化改革若干重大问题的决定》对深化政府机构改革提出了指导性意见。改革的主要内容包括：（1）优化政府机构设置、职能配置、工作流程，完善决策权、执行权、监督权等相互制约与协调的行政运行机制；（2）创新行政管理方式，提高政府公信力和执行力，严格绩效管理，突出责任落实，确保权责一致；（3）统筹党政群机构改革，理顺部门职责关系，积极稳妥实施大部门制，健全部门职责体系；（4）优化行政区划设置，有条件的地方探索推进省直接管理县（市）体制改革，深化乡镇行政体制改革；（5）严格控制机构编制，严格按规定职数配备领导干部，减少机构数量和领导职数，严格控制财政供养人员总量，推进机构编制管理科学化、规范化、法治化；（6）推进事业单位分类改革，加大政府购买公共服务力度，推动公办事业单位与主管部门理顺关系和去行政化，创造条件，逐步取消学校、科研院所、医院等单位的行政级别。

党的十七大报告指出加大机构整合力度，探索实行职能有机统一的大部门体制，健全部门间协调配合机制。党的十八大报告继续提出稳步推进大部门制改革，健全部门职责体系。党的十八届二中全会公报指出："贯彻党的十八大关于建立中国特色社会主义行政体制目标的要求，以职能转变为核心，继续简政放权、推进机构改革、完善制度机制、提高行政效能，稳步推进大部门制改革。"

大部门制改革的核心就是促进政府职能转变，它是指政府各级部门在机构设置上，加大横向覆盖的范围，整合职能和管辖范围相近、业务性质类似的政府部门，在此基础上组建一个更大部门的管理体制，其管辖范围较宽，侧重于横向的宏观管理，制定战略和大的政策。

2013年3月，按照大部门制改革的基本思路，对相关部门进行整合与重组，组建国家卫生和计划生育委员会、组建国家食品药品监督管理总局、组建国家新闻出版广电总局、重组国家海洋局、重组国家能源局等，改革后正部级机构减少了4个，组成部门减少了2个，国务院组成部门减至25个。

我国地方政府不断完善大部门制改革，形成了以“党政机构联动”为特征的顺德模式，以“行政三分”为特征的深圳模式，以“城乡统筹管理”为特征的成都模式，以“合并同类项”为特征的随州模式，建立“专委会”制度的富阳模式。

2. 第八次机构改革

2017年10月18日，中国共产党第十九次全国代表大会在北京人民大会堂隆重开幕。党的十九大报告强调深化机构和行政体制改革。统筹考虑各类机构设置；转变政府职能，深化简政放权，创新监管方式，增强政府公信力和执行力，建设人民满意的服务型政府。赋予省级及以下政府更多自主权。在省市县对职能相近的党政机关探索合并设立或合署办公。深化事业单位改革，强化公益属性，推进政事分开、事企分开、管办分离。

第八次机构改革着眼于转变政府职能，破除制约使市场在资源配置中起决定性作用、更好发挥政府作用的体制机制弊端，围绕推动高质量发展，建设现代化经济体系，加强和完善政府经济调节、市场监管、社会管理、公共服务、生态环境保护职能，着力推进重点领域和关键环节的机构职能优化和调整，构建职责明确、依法行政的政府治理体系，提高政府执行力，建设人民满意的服务型政府。组建自然资源部、生态环境部、应急管理部、退役军人事务部和国家国际发展合作署。改革后，除国务院办公厅外，国务院设置组成部门 26 个。

党的十九届三中全会审议通过了《中共中央关于深化党和国家机构改革的决定》和《深化党和国家机构改革方案》。此前历次机构改革只侧重于行政体制改革，此次国家机构改革立足于经济社会发展全局，统筹推进党政军群机构改革，并且突出党的核心领导地位。全会公报指出："深化党和国家机构改革的首要任务是，完善坚持党的全面领导的制度，加强党对各领域各方面工作领导，确保党的领导全覆盖，确保党的领导更加坚强有力。"

（1）机构设置和职能配置——从大部门制到深化改革。"国家行政管理承担着按照党和国家决策部署推动经济社会发展、管理社会事务、服务人民群众的重大职责。"党的十九届四中全会通过的《中共中央关于坚持和完善中国特色社会主义制度 推进国家治理体系和治理能力现代化若干重大问题的决定》提出了坚持和完善中国特色社会主义行政体制，建设人民满意的服务型政府的改革目标，并提出了深化改革的四项基本任务，即完善国家行政体制，优化政府职责体系，优化政府组织结构，健全充分发挥中央和地方两个积极性体制机制。

该决定将"放管服"改革和营商环境优化作为推进政府治理以及国家治理现代化的一个基本内容和改革着力点。在"优化政府职责体系"这项任务中指出："完善政府经济调节、市场监管、社会管理、公共服务、生态环境保护等职能，实行政府权责清单制度，厘清政府和市场、政府和社会关系。深入推进简政放权、放管结合、优化服务，深化行政审批制度改革，改善营商环境，激发各类市场主体活力。"

深化党和国家机构改革的内容包括完善坚持党的全面领导的制度，优化政府机构设置和职能配置，统筹党政军群机构改革，合理设置地方机构，推进机构编制法定化等。在机构设置和职能配置方面，强调统筹设置党政机构，推进简政放权，完善市场监管和执法体制，完善公共服务管理体制，改革自然资源和生态环境管理体制，强化事中事后监管，全面提高政府效能，建设人民满意的服务型政府。国务院及地方政府机构改革顺利实施。

（2）“放管服”改革与营商环境优化。作为全面深化改革的“先手棋”和转变政府职能的“当头炮”，党的十九大之后，我国持续推进简政放权、放管结合、优化服务等改革，推动政府职能发生深刻转变，市场活力和社会创造力明显增强。国务院将继续深化“放管服”改革作为贯彻落实党的十九大精神的具体举措，多次召开会议专题研究。

2017 年 10 月 30 日召开的国务院常务会议，提出要营造有利于工业互联网蓬勃发展的环境，深化简政放权、放管结合、优化服务改革，放宽融合性产品和服务准入限制，扩大市场主体平等进入范围，实施包容审慎监管。

2018 年初的两场国务院常务会议，更是将“放管服”改革作为重中之重。2018 年 1 月 3 日召开的国务院常务会议提出，进一步优化营商环境，持续激发市场活力和社会创造力。2018 年 1 月 17 日召开的国务院常务会议决定，扩大“证照分离”改革试点事项，探索形成可复制经验，进一步改善营商环境。2022 年 8 月 29 日，国务院召开第十次全国深化“放管服”改革电视电话会议。要求持续深化“放管服”改革，不断打造市场化法治化国际化营商环境，培育和壮大市场主体，更大激发市场活力和社会创造力。《中华人民共和国国民经济和社会发展第十四个五年规划和 2035 年远景目标纲要》强调深化简政放权、放管结合、优化服务改革，持续优化市场化法治化国际化营商环境。

2014—2015 年，政府工作报告两次提到营商环境优化，重点在对外开放和吸引外资上。2017 年 7 月 17 日，中央财经领导小组第十六次会议提出，北京、上海、广州、深圳等特大城市要率先加大营商环境改革力度。2018 年，李克强总理在政府工作报告中将营商环境建设的重要性上升到这样的高度——“优化营商环境就是解放生产力、提高竞争力”。营商环境的上半场改革是 2015—2020 年，中国的营商便利度在世界评价体系排名中，从第 90 位飞速上升至第 31 位。具体分为以下三个阶段：

营商环境改革 1.0 版。例如上海直面企业需求和群众呼声，提出有求必应、无事不扰的政府“店小二”服务态度；时任深圳市委书记王伟中曾就“一张复印件”提问——企业能为办事者提供免费复印服务，为什么政府部门做不到？说到底，还是以人民为中心、为人民服务的意识不强，还有些官僚作风。北京提出要实行一窗受理、推广工商登记全程电子化等措施。

营商环境改革 2.0 版，重在刀锋向内，改革体制机制，重塑营商环境。例如，2019 年春节刚过，上海、成都等地同日发布了优化营商环境的新举措。上海要实现面向企业和市民的所有政务服务“进一网、能通办”；成都出台“营商环境建设 2.0 版”，将企业开办从三个环节整合为一个环节、一天办完，零成本。

营商环境改革 3.0 版，将改革聚焦于智慧政务，尤其受疫情影响，倒逼了无接触政务服务的普及，不少城市开始探索技术场景的应用。例如北京探索利用区块链和人工智能技术办理不动产登记，实现户籍人口、营业执照、权籍测绘、司法判决等信息共享应用。

2021 年，下半场改革开启，即营商环境改革 4.0 版。2021 年 2 月，北京的营商环境改革聚焦市场主体关切；同年 3 月，上海、南京将重点放在系统集成和创新激励上；同年 5 月，广州提出用“绣花功夫”建设更具国际竞争力营商环境。深圳、成都等陆续宣布将推出营商环境 4.0 版改革政策，均有不同的侧重点，每个城市都聚焦更细分的营商环境。

（三）第九次深化党政机构改革的着力点

1. 改革方案的形成

2022年，党的二十大对深化党和国家机构改革作出重要部署。中共中央在深入研究论证、广泛征求意见的基础上，形成《党和国家机构改革方案（草案）》。2023年2月21日，中共中央政治局召开会议，讨论《党和国家机构改革方案》稿，决定根据讨论的意见进行修改后提请党的二十届二中全会审议。2023年2月26日至28日，中国共产党第二十届中央委员会第二次全体会议在北京召开，审议通过了在广泛征求意见的基础上提出的《党和国家机构改革方案》，同意把《党和国家机构改革方案》的国家机构改革部分内容按照法定程序提交十四届全国人大一次会议审议。2023年3月7日，十四届全国人大一次会议举行第二次全体会议，《国务院关于提请审议国务院机构改革方案的议案》摆放在与会代表面前进行审议。2023年3月10日上午9时许，在人民大会堂大礼堂，2 900多名全国人大代表按下表决器，十四届全国人大一次会议表决通过了关于国务院机构改革方案的决定，批准了这个方案。

2. 改革的目标和指导思想

深化党和国家机构改革的目标是构建系统完备、科学规范、运行高效的党和国家机构职能体系。改革的指导思想是以习近平新时代中国特色社会主义思想为指导，以加强党中央集中统一领导为统领，以推进国家治理体系和治理能力现代化为导向，坚持稳中求进工作总基调，适应统筹推进"五位一体"总体布局、协调推进"四个全面"战略布局的要求，适应构建新发展格局、推动高质量发展的需要，坚持问题导向，统筹党中央机构、全国人大机构、国务院机构、全国政协机构，统筹中央和地方，深化重点领域机构改革，推动党对社会主义现代化建设的领导在机构设置上更加科学、在职能配置上更加优化、在体制机制上更加完善、在运行管理上更加高效。①

3. 改革的重心与举措

在科技发展方面，《党和国家机构改革方案》提出，组建中央科技委员会，并重新组建科学技术部——科技委办事机构职责由重组后的科学技术部整体承担。这大大提升了科技工作的重要性，以党中央的权威去加强对科技工作的领导，能够更顺畅地指挥不同的部委各司其职、形成合力，推动关键核心技术攻关。党的二十大报告指出："教育、科技、人才是全面建设社会主义现代化国家的基础性、战略性支撑；必须坚持科技是第一生产力，人才是第一资源，创新是第一动力，深入实施科教兴国战略，人才强国战略、创新驱动发展战略，开辟发展新领域新赛道，不断塑造发展新动能新优势。"新一轮机构改革，一个重点是加强科学技术、数据管理、知识产权等重点领域的机构职责优化和调整，旨在应对科学技术尤其是数智科技发展的机遇与挑战，促进科技创新，尤其是催生新型的科研举国体制，解决科技的"卡脖子"问题，以科技创新与发展推动中国式现代化。

在防范经济金融风险方面，重塑金融监管体系。党的二十届二中全会公报提出："有效防范化解重大经济金融风险，守住不发生系统性风险的底线。"这次成立的两大"重磅"委员会——中央金融委员会、中央金融工作委员会，便是要在打造金融管理新架构的基础上，坚决高质量完成

① 新华社．中共中央 国务院印发《党和国家机构改革方案》．(2023-03-16)[2024-12-01]．中国政府网．

“有效防范化解重大经济金融风险”这一重大考题。新冠疫情发生后，世界正面临比以往更严重的危机，所有问题交汇在一起，气候、能源、粮食、战争、经济衰退等的风险加大。受新冠疫情等因素的影响，我国的经济增长乏力，经济恢复的基础尚不牢固，需求收缩、供给冲击、预期转弱三重压力仍然较大；外部环境动荡不安，给我国经济带来的影响加深；经济体制和经济结构的深层次问题和矛盾依然突出；重大经济金融风险尤其是区域性、系统性金融风险、地方政府债务风险、房地产市场风险以及出现规模性返贫的风险加大，统筹疫情防控与经济社会发展的任务繁重艰巨。金融“两委”的成立正是应对经济金融风险的重要举措。

在数据管理方面，成立大数据管理局。“大数据管理局”的提法最早出现在 2014 年，以广东省为首。截至 2024 年 2 月 1 日，已有 21 个省份成立大数据管理局。从 2021 年 1 月上海数据交易所成立和 2022 年 12 月《中共中央 国务院关于构建数据基础制度更好发挥数据要素作用的意见》发布（提出“数据二十条”），到 ChatGPT 大火，再到国家数据局组建，国内数智化话题热度持续。大数据管理局的组建，实现了国家对于数字经济和数据要素的“政出一门”，是集中关键战略要素、做强做优做大数字经济、充分实现数据要素价值的关键措施。

在社会治理方面，中共中央社会工作部的组建受到广泛关注。中共中央社会工作部将负责统筹信访、党建引领基层治理和基层政权建设、社会工作人才队伍建设、志愿服务管理等工作。其成立对于社会稳定、社会发展以及激发社会活力具有重大意义。中共中央社会工作部整合了此前分散在不同的部门的工作。就作为国家治理基石的基层治理而言，长期以来在基层治理实践中，组织部门、政法部门、民政部门存在职责交叉重叠，党建引领基层治理和基层政权建设职责分工不够明确，影响了基层治理成效。中共中央社会工作部将统筹推进党建引领基层治理和基层政权建设。

中共中央社会工作部的“社会工作”超越了作为社会学专业术语的“社会工作”，涵盖人民信访、建议征集、行业协会商会、民营企业及两新组织和新就业群体党建工作、社会工作人才队伍建设以及基层治理等方面的内容，可以说是一个具有中国特色的社会工作范畴。在某种意义上说，更接近“社会治理”概念。

组建中共中央社会工作部，将地方经验总结提炼并上升到中央层面，有利于进一步自上而下地全面推动社会工作。与此同时，省、市、县三级党委也将组建社会工作部门，并相应划入同级党委组织部门的“两新”工委（非公有制经济组织和社会组织工作委员会）职责。这将使社会工作可以上下一贯地全面协同推进，并使地方社会工作得到更好的统筹协调。

在这次机构改革中，全国人大增设全国人大常务委员会代表工作委员会；全国政协优化界别设置，增设环境资源界，将中国共产主义青年团和中华全国青年联合会合并。

二、党政机构改革的战略规划与理论诠释

（一）机构改革的顶层设计

（1）提出国家治理现代化的总目标。党的十八届三中全会通过的《中共中央关于全面深化改革若干重大问题的决定》（以下简称《决定》）提出，“继续完善和发展中国特色社会主义制度，推进国家治理体系和治理能力现代化”。党的十九届四中全会通过的《中共中央关于坚持和完善中国特色社会主义制度 推进国家治理体系和治理能力现代化若干重大问题的决定》提出：“坚持和完善中国特色社会主义制度、推进国家治理体系和治理能力现代化的总体目标是，到我们党成立一百年时，在各方面制度

更加成熟更加定型上取得明显成效；到二〇三五年，各方面制度更加完善，基本实现国家治理体系和治理能力现代化；到新中国成立一百年时，全面实现国家治理体系和治理能力现代化，使中国特色社会主义制度更加巩固，优越性充分展现。”

（2）统筹党和国家行政机构改革。党的二十大报告及党的二十届三中全会公报指出：坚持问题导向，统筹党中央机构、全国人大机构、国务院机构、全国政协机构，统筹中央和地方，深化重点领域机构改革，推动党对社会主义现代化建设的领导在机构设置上更加科学、在职能配置上更加优化、在体制机制上更加完善、在运行管理上更加高效。

（3）理顺政府、市场与社会关系。党的十八大要求，按照建立中国特色社会主义行政体制目标，深入推进政企分开、政资分开、政事分开、政社分开，建设职能科学、结构优化、廉洁高效、人民满意的服务型政府。党的十八届三中全会的《决定》特别强调了市场在资源配置中起决定性作用与更好发挥政府作用。党的十九届三中全会通过的《中共中央关于深化党和国家机构改革的决定》指出，深化党和国家机构改革的目标是构建系统完备、科学规范、运行高效的党和国家机构职能体系。

（4）优化政府机构职能配置。党的十八大报告明确提出要深化行政体制改革，深化行政审批制度改革，继续简政放权，推动政府职能向创造良好发展环境、提供优质公共服务、维护社会公平正义转变。《中共中央关于全面深化改革若干重大问题的决定》指出要全面正确履行政府职能，进一步简政放权，深化行政审批制度改革。《中共中央关于深化党和国家机构改革的决定》聚焦调整优化政府机构职能，推动更多“放”、更好“管”、更优“服”。

（5）推进法治政府与法治国家建设。推进法治政府建设，必须坚持依法治国、依法执政、依法行政共同推进，坚持法治国家、法治政府、法治社会一体建设。党的十八届四中全会通过的《中共中央关于全面推进依法治国若干重大问题的决定》，对依法行政、建设法治政府作出了全面部署。中共中央、国务院印发了《法治政府建设实施纲要（2021—2025 年）》，确立了五年法治政府建设的总体目标，明确到 2025 年，政府行为要全面纳入法治轨道。

（二）机构改革的理论依据

公共管理涉及国家或政府组织的体制、结构、职能、过程（流程）、管理手段或管理方式以及组织与环境的关系。党政机构改革涉及改革的背景、动因、初始条件和约束因素，改革与治理的目标、进程及阶段，改革与治理的重点领域及其举措，改革与治理的效果、存在问题以及经验教训等。

政府（政治组织）、市场（经济组织）和市民社会（第三部门或社会组织）是人类社会的三种最基本的组织形式，政府是推动、控制和影响经济社会发展的主导力量。各国的实践表明，一个民主、灵活、高效和廉洁的政府，对于国家及地区经济社会发展的作用是至关重要的。而政府、市场与社会关系是现代社会中的一个基本关系，也是党政机构和职能配置的前提和基础。改革开放以来，为了适应经济社会发展以及社会结构转型的需要，我国持续进行政府机构改革和政府职能转变，调整和优化政府与市场、社会关系。例如，“放管服”改革与营商环境优化，旨在推动政府职能的根本转变，增强市场活力和社会创造力。

政府扮演公共物品和服务的生产者、提供者、安排者三种基本角色：生产者——政府亲自生产服务；提供者——政府不直接生产，但是通过政府掌握的资源（包括资金和政策）资助公共物品的生产和消费；安排者——政府通过一系列制度安排，为公共物品的消费者指派生产者，为公共物品的生产者指派消费者，以及选择服务的生产者。纵观近现代的政府职能变化及公共服务的历程，可以看到公共服务提供的理论与实践是不断发展变化的。从政府作为公共服务的唯一或主要的提供者，到公共服务的市场化和自主提供，再到公共服务提供的多方合作，是公共服务提供理论与实践发展的一条基本轨迹。

如何合理地确定并履行好国家的职能？或者说政府在经济运行中如何扮演好自己的角色？这不仅是一个理论问题，也是一个亟待解决的实践问题。现代市场经济国家或政府的作用或行为模式可以概括为五种角色——公共物品的提供者、宏观经济的调控者、外在效应的消除者、收入及财产的再分配者、市场秩序的维护者。[①]在现阶段我国政府履行五大职能——经济调节、市场监管、社会管理、公共服务和环境保护。

处理好政府和市场关系要把握好市场在资源配置中的决定性作用和更好发挥政府作用。推动政府职能向创造良好发展环境、提供优质公共服务、维护社会公平正义转变，尤其是创造公平竞争的环境与激发市场主体的活力，是当前我国政府职能履行的重中之重。这正是历次政府机构改革的核心指向。

（三）机构改革的动因

历史唯物主义告诉我们，生产力决定生产关系，经济基础决定上层建筑，技术进步与生产力发展必然引起生产关系和经济基础的变化，进而推动上层建筑核心内容的国家或政府治理的变革。也就是说，为适应变化着

---

① 陈振明．现代市场经济中的政府角色：从国际经验看转轨时期我国政府的经济职能．开放导报，1997（Z1）：22-25.

的社会经济环境，有效地履行其职能，国家或政府自身也总是处于不断的改革与调整之中。换言之，在现代公共治理的世界中，改革与发展是常态。党和国家机构职能体系是中国特色社会主义制度的重要组成部分，是国家治理体系和治理能力的重要支撑。党和国家机构属于上层建筑，必须适应经济基础的要求。经济不断发展，社会不断进步，人民生活不断改善，上层建筑就要适应新的要求不断进行改革。这是人类社会发展的一条普遍规律。机构改革是一个过程，不会一蹴而就，也不会一劳永逸，需要不断进行调整。这阐明了机构改革的必然性和必要性。

关于这次机构改革的背景及动因，《党和国家机构改革方案》作出简要说明："面对新时代新征程提出的新任务，党和国家机构设置和职能配置同全面建设社会主义现代化国家、全面推进中华民族伟大复兴的要求还不完全适应，同实现国家治理体系和治理能力现代化的要求还不完全适应，同构建高水平社会主义市场经济体制的要求还不完全适应，需要在巩固党和国家机构改革成果的基础上继续深化改革，对体制机制和机构职责进行调整和完善。"①

机构改革已成为国家治理体系和治理能力现代化的常态。我国机构改革背后的动因是什么？张成福在《公共管理学（第三版）》（中国人民大学出版社，2020年）一书中认为，推动中国政府治理变革的契机和动因在于意识形态和治国理政指导思想的变化，社会主要矛盾的变化与公民对美好生活的期待，社会主义市场经济与传统治理的困境，全球化与国际竞争的加剧，网络社会和知识经济的到来。竺乾威在《公共管理导论》（中国人民大学出版社，2019年）一书中认为，引发改革的环境因素有制度因素、技术因素以及政治、经济、文化等方面发生的变化。深层原因是国家

① 新华社．中共中央 国务院印发《党和国家机构改革方案》．(2023-03-16)[2024-12-01]．中国政府网．

想降低它管理社会的交易成本，这通常也被认为是自上而下的改革也就是强制性变革背后的动机。引发公共管理改革的内部原因有政府的组织结构不良、政府的运作过程不畅通、组织的行政文化落后等。还有一种说法：机构改革以问题为导向，主要解决效率问题，如人浮于事、组织浮肿、权责不清等，改革方式以精简人员、权责划转为主，也要解决发展问题，需要根据发展需要设立新机构，并把其他部门相关的职权集中到新机构中，同时撤销过时的机构部门。

我们可以从组织理论的角度来分析这个问题。公共组织是一个不断与其环境发生作用的开放系统，处于持续不断的变革过程之中。如乔治·弗雷德里克森（H. George Frederickson）所说，变革始终是公共管理者所面临的严峻挑战。公共组织环境是动态的，瞬息万变，难以预料，组织必须要有回应变革的能力。公共组织持续变革的主要原因在于：其一，开放使公共组织能够建立起完善的新陈代谢机制。公共组织越开放，其与组织环境的关系越密切，对社会需要越敏感，也越能提高自己的适应能力。其二，开放的公共组织具有再生功能，能够实现组织的再生产。开放的公共组织能够适应环境变化及时调整自己，通过自身适应性程序来化解外界冲突，保持组织系统稳定，提高生命力。因此，面对组织环境变化，公共组织必然要进行持续的变革。

（四）机构改革的成效

2019 年 7 月 5 日，深化党和国家机构改革总结会议在北京召开。习近平在讲话中强调，深化党和国家机构改革是对党和国家组织结构和管理体制的一次系统性、整体性重构，是贯彻落实党的十九大决策部署的一个重要举措，是全面深化改革的一个重大动作，是推进国家治理体系和治理能力现代化的一次集中行动。[①] 2023 年 2 月 21 日召开的中共中央政治局会议上，习近平总书记对深化党和国家机构改革成效做了总结，指出“党和国家机构职能实现系统性、整体性重构，为党和国家事业取得历史性成就、发生历史性变革提供了有力保障，也为继续深化党和国家机构改革积累了宝贵经验”[②]。

（1）党和国家机构实现了系统性和整体性重构。突出地表现为整体性推进中央和地方各级各类机构改革，重构性健全党的领导体系、政府治理体系、武装力量体系、群团工作体系，系统性增强党的领导力、政府执行力、武装力量战斗力、群团组织活力，适应新时代要求的党和国家机构职能体系主体框架初步建立，为完善和发展中国特色社会主义制度、推进国家治理体系和治理能力现代化提供了有力组织保障。

（2）全面重构与转变了政府职能。党的十八大以来，以习近平同志为核心的党中央高度重视“放管服”改革与营商环境优化工作，提出明确要求。我国通过全面深化改革，推进“放管服”与营商环境优化，极大激发了市场活力和社会创造力。改革扭住转变政府职能这个“牛鼻子”，简政放权、放管结合、优化服务三管齐下，中央和地方上下联动，取得明显成效。

（3）政府服务能力和水平显著提升。这突出表现在营商环境不断优化上。可以说，中国营商环境评价在世界排名的直线上升是机构改革成效的集中体现。世界银行中国局原局长马丁·芮泽（Martin Raiser）曾在受访时表示，中国为改善中小企业的国内营商环境做出了巨大努力，保持了积极的改革步伐，在多项营商环境指标上取得了令人赞许的进步。

---

① 新华社．习近平出席深化党和国家机构改革总结会议并发表重要讲话．(2019-07-05)[2024-12-01]．中国政府网．

② 新华社．中共中央政治局召开会议 决定召开二十届二中全会 中共中央总书记习近平主持会议．(2023-02-21)[2024-12-01]．中国政府网．

（4）积累了丰富的机构改革经验。例如：把深化党和国家机构改革作为推进国家治理体系和治理能力现代化的一项重要任务；坚持党的全面领导，坚持以人民为中心，坚持优化协同高效，坚持全面依法治国的原则；坚持不立不破、先立后破，坚持中央和地方一盘棋，坚持改革和法治相统一相协调，坚持把思想政治工作贯穿于改革的全过程等。

总之，这次党和国家机构改革贯彻落实党的二十大和党的二十届二中全会精神，充分彰显了以习近平同志为核心的党中央坚定不移全面深化改革、推进国家治理体系和治理能力现代化的坚强意志，为全面建设社会主义现代化国家、全面推进中华民族伟大复兴提供有力保障。这是提升国家治理效能的一次深刻变革。这次党和国家机构改革突出重点行业和领域，针对性比较强，力度比较大，涉及面比较广，触及的利益比较深，着力解决一些事关重大、社会关注的难点问题，对经济社会发展将产生重要影响。蓝图已经绘就，必须充分认识党和国家机构改革的重要性、紧迫性和艰巨性，自觉把思想和行动统一到党中央决策部署上来，坚定改革信心和决心，加强组织领导，不折不扣把机构改革任务落到实处。

“放管服”改革与营商环境优化的实践进展

深化“放管服”改革是一场牵一发而动全身的深刻变革，是推动经济社会持续健康发展的战略举措。党的十八大以来，以习近平同志为核心的党中央全面推进党和国家机构改革、国家治理的现代化以及政府治理变革。行政管理体制改革是全面深化改革的重要内容，“放管服”改革则是全面深化改革的“先手棋”与转变政府职能的“当头炮”，推进这一改革是要为各类企业创造公平竞争的环境，以激发市场主体的创造活力，建设人民满意的服务型政党。因此，有必要了解“放管服”改革与营商环境优化的实践进程与成效。

一、“放管服”改革的实践进展

党的十八大以来，党和国家持续推进“放管服”改革与营商环境优化，推动政府职能的根本转变，增强市场活力和社会创造力。党的十九大以来，国务院将继续深化“放管服”改革作为贯彻落实党的十九大精神的具体举措，多次召开会议专题研究。2016 年 5 月 9 日，国务院召开全国推进简政放权放管结合优化服务改革电视电话会议。此后，简政放权、放管结合、着力优化营商环境，激发市场主体活力成为政府工作的重中之重。

国务院连续多年把简政放权作为开年首次常务会议的议题。2019 年首次常务会议部署对标国际先进水平促进综合保税区升级，打造高水平开放新平台；决定推出便利化改革措施，解决企业反映强烈的“注销难”问题。2016—2021 年国务院连续六年召开全国推进/深化“放管服”改革电视电话会议。在 2020 年的全国深化“放管服”改革优化营商环境电视电话会议上，李克强总理强调深化“放管服”改革、优化营商环境，是激发市场主体活力和发展动力的关键之举。2021 年 6 月 2 日，国务院召开全国深化“放管服”改革着力培育和激发市场主体活力电视电话会议。李克强总理发表重要讲话，强调培育壮大市场主体，激发市场活力和社会创造力，持续推动我国经济稳中加固稳中向好。

《中华人民共和国国民经济和社会发展第十四个五年规划和 2035 年远景目标纲要》强调对加快转变政府职能作出重要部署，面对新时代新使命，必须加快转变政府职能，建设职责明确、依法行政的政府治理体系；深化简政放权、放管结合、优化服务改革，持续优化市场化法治化国际化营商环境。①

“简政放权”在 2014 年国务院列出的 19 项督查政策中位列第一。2017 年 5 月，国办开展第二阶段“放管服”改革专项督查。2018 年 9 月国务院大督查启动，深化“放管服”改革是六个重点之一。2018 年 7 月，国务院推进政府职能转变和“放管服”改革协调小组成立，其作为国务院

① 肖捷．加快转变政府职能（学习贯彻党的十九届五中全会精神）．人民日报，2020－12－03（6）．

议事协调机构。

何谓“放管服”？“放管服”指的是“简政放权、放管结合、优化服务”。作为一项“新政”，“放管服”已经成为我国政府改革与治理的核心内容。李克强总理形象地将这一项工作称为“当头炮”“先手棋”。

“放”就是放权（简政放权），核心是政府角色定位问题，是要重新界定政府、市场、社会边界和相互关系，难点是如何补缺位、纠错位、控越位，让政府归位问题，考验的是政府定力和推动改革的能力，目的是激发市场活力和社会创造力。

“管”就是监管（放管结合），核心是政府治理转型问题，行政变革要适应经济社会新常态、科学技术新进展和全面深化改革的新形势，涉及行政管理体制、部门职责、层级关系、运行机制、技术平台、制度保障等方方面面，目的是建设现代化的政府。

“服”就是服务（优化服务），核心是在“放”与“管”的深刻变革基础上形成的治理理念、治理机制、治理体系，持续提升服务能力与服务质量，改善服务绩效，提升或优化营商环境。“服”既是改革举措，也是改革目标——建设人民满意的服务型政府。

在实践中，作为改革开放的排头兵，近年来自贸区深入开展差别化探索，勇蹚“放管服”新路，推动贸易投资自由化便利化水平显著提升、市场主体加速集聚、制度创新成效明显、风险防控体系逐步完善，不断为中国经济乃至全球经济注入新活力。①

1. 行政审批制度改革

2001 年是我国行政审批制度改革全面启动之年。同年 9 月 24 日国务

---

① 李华林. 18 个自贸区开展差别化探索，闯“放管服”新路：为中国乃至全球经济注入新活力. 经济日报，2020-07-25.

院下发《国务院办公厅关于成立国务院行政审批制度改革工作领导小组的通知》（国办发〔2001〕71 号），成立行政审批制度改革工作领导小组；同年 10 月 9 日，监察部、国务院法制办、国家经济体制改革委员会、中央编办提交了《关于行政审批制度改革工作的实施意见》；同年 10 月 18 日，国务院下发《国务院批转关于行政审批制度改革工作实施意见的通知》（国发〔2001〕33 号）。

2002 年 4 月，国务院行政审批制度改革工作领导小组办公室下发了《关于对建立与社会主义市场经济体制相适应的审批制度进行课题研究的实施方案》，确定了 15 个大中城市率先开展行政审批制度改革课题研究。同年 6 月 25 日，国务院召开了行政审批制度改革工作会议。2003 年 8 月 27 日，第十届全国人民代表大会常务委员会第四次会议通过《中华人民共和国行政许可法》，标志着行政审批制度改革进入法制化轨道。2007 年 10 月 15—21 日党的十七大召开，大会报告指出要加快行政管理体制改革，减少和规范行政审批，建设服务型政府。

深化行政审批制度改革是党的十八大以来党中央、国务院部署的重要改革。深化行政审批制度改革成为转变政府职能、简政放权的重要抓手和突破口。2015 年 1 月 7 日国务院召开的 2015 年第一场常务会议，针对群众反映较多的审批“沉疴”，重点讨论规范和改进行政审批的措施，会议提出“一口受理”“限时办理”“规范办理”“透明办理”“网上办理”五个要求，用便捷、高效、透明的行政审批打造政府服务品牌。2015 年 2 月国务院印发了《关于规范国务院部门行政审批行为改进行政审批有关工作的通知》，强调加快转变政府职能，坚持依法行政，推进简政放权、放管结合，规范行政审批行为、提高审批效率，激发市场社会活力、营造公平竞争环境，减少权力寻租空间、消除滋生腐败土壤，确保行政审批在法治轨道上运行，进一步提升政府公信力和执行力，建设创新政府、廉洁政府和法治政府。2015 年 5 月 12 日，国务院组织召开全国推进简政放权放管结合职能转变工作电视电话会议，李克强总理在会上强调，行政审批制度改革是国务院机构职能转变的突破口和抓手。

2017 年 10 月 30 日召开的国务院常务会议，提出要营造有利于工业互联网蓬勃发展的环境，深化简政放权、放管结合、优化服务改革，放宽融合性产品和服务准入限制，扩大市场主体平等进入范围，实施包容审慎监管。同年 11 月 22 日的国务院常务会议，决定进一步清理规范涉企经营服务性收费，持续为企业减轻负担。2018 年开年伊始的两场国务院常务会议，更是将“放管服”改革作为重中之重。其中 1 月 3 日的国务院常务会议部署进一步优化营商环境，持续激发市场活力和社会创造力。

2. 商事登记制度改革

党的十八届二中全会明确提出，要推进工商登记制度改革。《国务院机构改革和职能转变方案》提出工商登记制度改革的三方面内容：一是将“先证后照”改为“先照后证”，二是将注册资本实缴登记制改为认缴登记制，三是放宽工商登记其他条件。

2015 年国务院办公厅发布了《关于加快推进“三证合一”登记制度改革的意见》(国办发〔2015〕50 号)，决定从 2015 年 10 月 1 日开始，在全国全面实行“三证合一、一照一码”登记模式（三证合一：营业执照、组织机构代码证、税务登记证，统一换发带有社会信用代码的新版营业执照)。

2016 年 7 月 29 日，国家工商总局、国家发展改革委等五部门联合下发通知，要求加快推进“五证合一、一照一码”改革，确保 2016 年 10 月 1 日起在全国范围内实施（五证：营业执照、组织机构代码证、社会保险登记证、税务登记证、统计登记证)。

2018年5月，中共中央办公厅、国务院办公厅印发了《关于深入推进审批服务便民化的指导意见》，推广浙江省“最多跑一次”等经验做法。党的十八大以来，各地聚焦企业和群众反映突出的办事难、办事慢，多头跑、来回跑等问题，扎实推进简政放权、放管结合、优化服务改革，探索了许多行之有效的措施办法，在方便企业和群众办事创业，有效降低制度性交易成本，加快转变政府职能和工作作风，提升政府治理能力和水平等方面取得了明显成效。为进一步推广地方典型经验、带动面上改革迈上新台阶，就深入推进审批服务便民化提出了指导性意见。

2019年11月，国务院下发《关于在自由贸易试验区开展“证照分离”改革全覆盖试点的通知》（国发〔2019〕25号），决定在全国各自由贸易试验区对所有涉企经营许可事项实行清单管理，率先开展“证照分离”改革全覆盖试点。

2021年6月，国务院印发《关于深化“证照分离”改革进一步激发市场主体发展活力的通知》，要求自2021年7月1日起，在全国范围内实施涉企经营许可事项全覆盖清单管理，对所有涉企经营许可事项按照直接取消审批、审批改为备案、实行告知承诺、优化审批服务等四种方式分类推进审批制度改革，同时在自贸试验区进一步加大改革试点力度。

地方上，吉林省2012年率先探索工商登记制度改革，在改革市场主体登记审批流程、放宽市场主体登记条件、强化市场主体后续监管等方面效果显著，逐步破解了企业在工商登记时面临的种种难题，最大限度释放了改革红利。2014年4月，《青海省人民政府关于改革工商登记制度促进全省市场主体发展的意见》颁布执行，工商登记制度改革充分贯彻“宽进+严管”原则，从12个方面改革登记制度，实现便捷高效、规范统一、宽进严管的目标，以优化营商环境，激发社会创业热情，促进经济发展，备受各界瞩目。

浙江省顺应新时代发展要求、回应人民群众期盼，在“四张清单一张网”（政府权力清单、企业投资负面清单、政府责任清单、部门专项资金管理清单和政务服务网）改革基础上，推行“最多跑一次”改革。2017年底“最多跑一次”事项覆盖80%办事事项，基本实现“最多跑一次是原则、跑多次为例外”，使人民群众得到了实实在在的获得感、幸福感、安全感。

3. 清单管理制度的建立

习近平总书记在2014年5月9日参加河南省兰考县委常委班子专题民主生活会时的讲话中指出：“要完善党内权力运行和监督机制，实行权责对应，坚决反对特权，防止滥用职权。执政党对资源的支配权力很大，应该有一个权力清单，什么权能用，什么权不能用，什么是公权，什么是私权，要分开，不能公权私用。”①

大道至简，有权不可任性。所有行政审批事项都要简化程序，明确时限，用政府权力的“减法”，换取市场活力的“乘法”。制定市场准入负面清单，公布省级政府权力清单、责任清单，切实做到法无授权不可为、法定职责必须为。地方政府对应当放给市场和社会的权力，要彻底放、不截留，对上级下放的审批事项，要接得住、管得好。

2015年3月，中共中央办公厅、国务院办公厅印发了《关于推行地方各级政府工作部门权力清单制度的指导意见》。2015年12月9日，中央全面深化改革领导小组第十九次会议审议通过了《国务院部门权力和责任清单编制试点方案》，决定推行国务院部门权力和责任清单编制试点，按照简政放权、放管结合、优化服务、转变政府职能的要求，以清单形式

---

① 中共中央党史和文献研究院．习近平关于全面从严治党论述摘编：2021年版．北京：中央文献出版社，2021：393.

列明试点部门行政权责及其依据、行使主体、运行流程等，推进行政权责依法公开，强化行政权力监督和制约，加快形成边界清晰、分工合理、权责一致、运转高效、依法保障的政府职能体系。要把约束和规范权力、服务人民作为试点工作的出发点，把社会关注度高、群众反映强烈、能够很快显现效果的重点领域或权责事项摆在优先位置，着力解决权力运行中的突出问题。2018 年底，经党中央、国务院批准，国家发展改革委、商务部发布了《市场准入负面清单（2018 年版）》。2019 年版清单在保持原有框架不变的基础上，进一步缩短了清单长度、减少了管理措施、优化了清单结构。

4. 四张清单的内涵

（1）权力清单——法无授权不可为。政府按照法定职责和“三定”方案，梳理和界定政府权力边界，并按照行权基本要素，将梳理出来的权力事项进行规范化，以列表清单形式公之于众。浙江省的权力清单管理可以说是一个典型案例。2013 年 11 月，浙江省正式启动省政府部门职权清理工作。历经半年改革，历经清权、减权、制权三个环节，浙江省机构编制委员会办公室 2014 年 6 月 11 日公布了最新统计结果：列入清理范围的 57 家省级部门“一报”共梳理出行政权力 12 333 项，经过三个阶段的审核、清理，拟取消行政权力 657 项、转移 83 项、不列入权力清单 7 295 项（主要包括宏观管理和政府内部管理事项），除了部分清理后不存在外部行政权力的部门外，拟公布权力清单的 41 家部门保留行政权力 4 298 项（含属地管理和委托下放的行政权力）。保留的行政权力数与“一报”时相比，共减少 8 035 项，精简比例达 65.15％。

（2）责任清单——法定职责必须为。以权定责，明确部门之间的职责边界；建立容错纠错机制，鼓励和保护干部创新；明确权责关系，“有权必有责、用权受监督、失责必追究”；部门责任具体化，责任追究明细化。例如，从2012年开始，广东省进行了权力清单管理的实践探索。2012年以后，全面清理精简行政审批事项，分五批共取消、转移、下放和委托实施行政审批500多项；2013年进行商事登记制度改革试点工作（深圳、珠海、东莞、顺德），新登记主体同比增幅达83.8%，远高于全省其他地区10.1%的平均增幅；2014年，广东省人大常委会法工委就《广东省行政许可监督管理条例（草案修改二稿征求意见稿）》公开征求意见，公布《广东省政府各部门行政审批事项目录》《广东省工商登记前置审批事项目录》《广东省工商登记前置改后置审批事项目录》。

（3）负面清单——法无禁止即可为。政府以清单方式明确列出禁止和限制企业投资经营的行业、领域、项目等。明确规定市场主体禁止的领域，哪些“高压线”不能碰，哪些事情不能做。在禁止事项以外，则可以自主行动，依法进行公平竞争。上海自贸区的负面清单管理制度是一个典型样本：2013年9月27日，《中国（上海）自由贸易试验区总体方案》（以下简称《方案》）正式印发，《方案》在金融、航运、商贸、专业、文化、社会等服务领域均提出具体的开放措施。《方案》的9项措施中，探索建立负面清单管理模式备受关注。2013年，佛山市顺德区公布了《企业经营审批事项目录汇编》，成为全国首份市场准入的负面清单。2014年2月，浙江省决定率先试点负面清单制，舟山群岛新区、嘉善县、海宁市、绍兴市柯桥区四地作为试点。2014年，负面清单管理被列入陕西省《政府工作报告》，并作为2014年重点工作任务。

（4）监管清单——针对问题多发领域与关键环节。厘清部门监管职责，界定政府各部门之间权力运行的界限，通过清单形式公布不同行政事项的监管主体与责任，以解决“谁来监管”“怎么监管”“标准如何”等问题。例如，2013年12月，佛山市南海区出台“监管清单”，列明政府职能部门各种审批后续监管措施，包括分级分类管理措施、黑名单管理措施；2014 年 2 月，佛山市顺德区制定《顺德区企业经营行业监管分工目录》，出台“监管清单”。

5. 政府购买社会服务

政府购买社会服务是“放管服”改革的一个重要内容。购买方式包括合同出租、公私合作、用者付费、补贴制度等。购买范围涉及养老服务、医疗服务、社区服务、教育服务、救助无家可归者等。政府购买社会服务主要着眼于削减或转移职能，实现政府职能向社会领域分权，是政府利用财政资金，采取市场化、契约化方式，面向具有专业资质的社会组织、企业、事业单位购买服务的一项重要制度安排。

运作方式如下：(1) 政府与私营机构、非营利组织签订购买服务合同；(2) 由政府提供资金，社区非营利组织承包服务，社区委员会监督服务；(3) 引入竞争机制，营利组织与非营利组织并存；(4) 采用服务承诺制。政府部门制定标准，通过投标和合约方式交由志愿者机构或者私立服务机构承担。

主要监管方式如下：(1) 政府采用分期付款，监督重点不在预算上，而在项目质量上；(2) 政府行政监督的制约和全面的信息公开机制，由一些行业协会或者自律委员会作为第三方参与管理，监督双方；(3) 规定具体的服务指标，定期进行服务质量评估。

2013 年 7 月 31 日，李克强总理主持召开国务院常务会议，研究推进政府向社会力量购买公共服务，提出将适合市场化方式提供的公共服务事项，交由具备条件、信誉良好的社会组织、机构和企业等承担。2013 年 9 月 26 日，《国务院办公厅关于政府向社会力量购买服务的指导意见》（国办发〔2013〕96 号）发布，这标志着这项工作的全面启动。2016 年 6 月，为加强对有关工作的组织领导和政策协调，国务院决定成立政府购买服务改革工作领导小组。

在地方上，2008年，广东省率先出台《关于开展政府购买社会组织服务试点工作的意见》。2014年4月30日，厦门市出台了《关于推进政府购买服务工作的实施意见》，全面推广政府购买服务试点工作，凡社会能提供的服务，各部门都应尽量通过政府购买服务交由社会力量承担。2014年1月，甘肃省出台《关于政府向社会力量购买服务的实施意见》，制定6类50款购买服务事项。2014年6月，石家庄市出台《关于政府向社会力量购买服务的实施意见》，指出在全市各公共服务领域开展试点工作，提出短期、中期、长期目标，明确购买主体和承接主体，制定19类154项购买服务事项。

二、营商环境的优化

近年来，党中央和国务院高度重视营商环境优化工作。习近平总书记在不同场合反复强调优化营商环境的重要性——“营商环境是企业生存发展的土壤”①；“投资环境就像空气，空气清新才能吸引更多外资”②；“营商环境只有更好，没有最好”③；“以优化营商环境为基础，全面深化改革”④。习近平总书记在2016年3月4日看望参加政协会议的民建、工商联界委员时，对新形势、新条件下政府官员和非公有经济人士互动交往提

---

① 中共中央宣传部，国家发展和改革委员会．习近平经济思想学习纲要．北京：人民出版社，学习出版社，2022：83.

② 习近平．习近平谈治国理政：第三卷．北京：外文出版社，2020：195.

③ 同②，第203页．

④ 新华社．习近平在东北三省考察并主持召开深入推进东北振兴座谈会．(2018-09-28)[2024-12-01]．中国政府网．

出新要求新希望，指出要构建新型政商关系，概括起来说就是“亲”“清”两个字。所谓“亲”，就是要坦荡真诚同民营企业接触交往，帮助解决实际困难；所谓“清”，就是要清白、纯洁，不能有贪心私心，不能以权谋私，不能搞权钱交易。[①] 李克强总理在2018、2019年的《政府工作报告》中分别指出：“优化营商环境就是解放生产力、提高竞争力。”“激发市场主体活力，着力优化营商环境。”

2018年8月27—28日，全国营商环境评价现场会暨优化营商环境工作推进会在京召开。此前，按照党中央、国务院部署，国家发展改革委构建了三维立体的营商环境评价体系，并选取22个城市进行了试评价。2018年对31个省份的营商环境进行调查评价；2019年，营商环境评价将拓展至直辖市、省会城市、计划单列市、部分地级市；2020年全面覆盖全国地级及以上城市。2019年10月22日，国务院公布了《优化营商环境条例》，2020年1月1日起施行。作为世界银行营商环境评价的中国样本城市，北京市、上海市以参与世界银行全球营商环境评估为契机，对标世界银行标准，进行大刀阔斧的改革，为全国的“放管服”改革、优化营商环境树立了标杆，为国内其他地区提供了可学习、可复制的宝贵经验。2019年9月3日，《国务院办公厅关于做好优化营商环境改革举措复制推广借鉴工作的通知》发布，要求全国复制推广京沪两地优化营商环境改革举措。目前地方各级政府都将优化营商环境作为政府工作重点，全国优化营商环境氛围浓厚。可见，优化营商环境已经成为我国“放管服”改革的着力点与转变政府职能的落脚点。

1. 何谓营商环境?

2001年世界银行提出加快发展各国私营部门新战略，亟需一套衡量

---

① 习近平．习近平谈治国理政：第二卷．北京：外文出版社，2017：264.

和评估各国私营部门发展环境的指标体系，即企业营商环境指标体系。为更好地实施促进各国私营部门发展的战略，世界银行成立营商小组，负责企业营商环境指标体系创建。营商小组将企业营商环境指标由 2004 年的五组发展到 2005 年的十组，并正式出版了 2004 年和 2005 年两份年度报告。

什么是营商环境？它是企业经营的全要素环境，既包括自然禀赋、劳动力和资本积累，也包括人力资本、技术进步、激励机制，还包括政治体制、司法制度、社会治安。或者说，指影响企业活动的社会要素、经济要素、政治要素和法律要素等内容，是一项涉及经济社会改革和对外开放众多领域的系统工程。换言之，一个企业创立、发展、注销整个过程中涉及的外部因素都是营商环境。企业发展资助方委员会（The Donor Committee for Enterprise Development）将营商环境定义为支配商业活动所必需的政策、法律、制度、规则等的一种复杂的融合体。

有学者指出："所谓营商环境，是指一个国家、地区经贸制度体系的法治化、国际化、便利化程度。其实质是行政监管和制度体系的开放度，以及对于经贸活动的便利性影响。"①

国家"十三五"规划纲要中提出，营商环境包括四个方面：公平竞争的市场环境、高效廉洁的政务环境、公正透明的法律政策环境和开放包容的人文环境。

2. 营商环境为何重要？

"投资环境就像空气，空气清新才能吸引更多外资。"② 习近平主席在 2018 年博鳌亚洲论坛上的这句话指出营商环境的极端重要性。营商环境

---

① 秦德君．怎样打造一流营商环境．宁波日报，2018-02-06（1）．

② 习近平．习近平谈治国理政：第三卷．北京：外文出版社，2020：195.

就是生产力，优化营商环境就是解放生产力、提升竞争力。营造法治化、国际化、便利化的营商环境，是中国进一步对外开放的重要举措，也是实现高质量发展、实现治理体系和治理能力现代化的内在要求。

在 2018 年 1 月 3 日国务院常务会议上李克强总理指出："这几年我到一些地方考察，一个最显著的变化是，许多地方负责人不再急于'要项目'，而是更多希望中央'给政策'，帮助他们破除制度障碍，优化营商环境。"过去各省都关注 GDP，而下一步有望大力营造竞相优化营商环境的浓厚氛围。地方政府把注意力转向营商环境建设，而不是直接在市场进行重大投资，可以有效提高经济发展的质量，相对于单纯增大经济发展规模来说是一种进步。①

国家发展改革委法规司负责人表示，在我国开展营商环境评价，是推动高质量发展、建设现代化经济体系的内在要求，是与国际接轨、与世界前沿对标的具体举措，是"以评促改"优化营商环境的前提。宏观目标是建立简单易行、指向明确的营商环境评价指标体系，引导地方形成优化营商环境的良性竞争。②

构建具有中国特色的营商环境评价体系，是党中央、国务院部署的重要改革任务。2018 年以来，国务院对优化营商环境工作作出了具体部署，国务院常务会议要求"借鉴国际经验，抓紧建立营商环境评价机制，逐步在全国推行"。建立系统化的营商环境指标体系有助于衡量"放管服"改革、优化营商环境成效，检验各地营商环境是否有所优化、群众办事是否更加便利、发展环境是否改善，全面准确反映营商环境的整体情况和存在

---

① 公欣．地方优化营商环境需强化问题导向 简政减税减费仍是当前重点．中国经济导报，2018-02-09（2）．

② 贺勇，李心萍．瞄准三个维度评价营商环境．人民日报，2018-08-28（10）．

的问题，是一项重要任务。[①] 作为一项开创性工作，开展营商环境评价，其意义不仅在于构建中国特色营商环境评价体系，为打造世界一流营商环境高地提供目标引领，同样在于以评促改、以评创标，通过检验营商环境是否有所优化、群众办事是否更加便利、发展环境是否改善，倒逼各地进一步扩大开放、深化“放管服”改革。[②]

世界银行报告表明，良好的营商环境会使投资率增长 0.3 个百分点，GDP 增长率提高 0.36 个百分点。另一项对 80 余个国家的研究表明，仅仅通过提高政策可预测性，就能使企业增加投资的可能性提高 30%。一个国家、一个地区打造营商环境，最终目的是聚企业、聚人心。这场没有完成时的自我革命，还只是刚刚开了个头而已。“水深则鱼悦，城强则贾兴”，自古至今，营商环境一直是重要的经济发展基础。企业之壮大，创新创业之活跃，总是离不开良好的营商环境。[③] 优化营商环境既可以降低企业成本、激发企业活力，还可以吸引优质人才、项目和投资，形成政企互动的良性循环，推动经济高质量发展。营商环境包括影响企业活动的社会要素、经济要素、政治要素和法律要素等方面，是企业赖以生存和发展的土壤，代表着一个地方的软实力和竞争力。形象地讲，优质的营商环境就像一个强大的磁场，可以吸引项目落地、凝聚企业创业、激发经济发展的内生动力。当前，我国经济已由高速增长阶段转向高质量发展阶段，高质量发展已经成为新时代发展的鲜明特征和根本要求。事实证明，大力优化营商环境，能有效吸纳、聚集更多的高端发展要素，不断增强经济创新力和竞争力，推动经济高质量发展。

---

① 李国强，马晓白．构建中国特色营商环境评价体系恰逢其时．(2018-09-26)［2024-12-01］．中国经济新闻网．

② 李斌．优化营商环境就是解放生产力（评论员观察）．人民日报，2018-09-05 (9)．

③ 公欣．地方优化营商环境需强化问题导向 简政减税减费仍是当前重点．中国经济导报，2018-02-09 (2)．

3. 理论依据：政府作用论

2014 年 5 月 26 日，中共中央政治局就使市场在资源配置中起决定性作用和更好发挥政府作用进行第十五次集体学习。习近平总书记在主持学习时指出，党的十八届三中全会提出，经济体制改革是全面深化改革的重点，核心问题是处理好政府和市场的关系，使市场在资源配置中起决定性作用，更好发挥政府作用。他强调，在市场作用和政府作用的问题上，要讲辩证法、两点论，“看不见的手”和“看得见的手”都要用好，努力形成市场作用和政府作用有机统一、相互补充、相互协调、相互促进的格局，推动经济社会持续健康发展。把市场机制能有效调节的经济活动交给市场，把政府不该管的事交给市场，让市场在所有能够发挥作用的领域都充分发挥作用，推动资源配置实现效益最大化和效率最优化，让企业和个人有更多活力和更大空间去发展经济、创造财富。①

政府的作用问题越来越成为人们关注的焦点，我们再次思考政府的一些基本问题——它的作用应该是什么？它能做什么和不能做什么？它如何将这些事情做到最好？政府如何处理好与市场、企业和社会的关系，扮演好自己的角色或履行好自身的职能，就成为至关重要的问题。

处理好政府和市场关系要把握好市场在资源配置中的决定性作用和更好发挥政府作用。推动政府职能向创造良好发展环境、提供优质公共服务、维护社会公平正义转变，尤其是创造公平竞争的环境与激发市场主体的活力，是当前我国政府职能履行的重中之重。这正是“放管服”改革与营商环境优化的核心指向。②

---

① 新华社．习近平：正确发挥市场作用和政府作用 推动经济社会持续健康发展．(2014-05-27)[2024-12-01]．中国政府网．

② 陈振明，等．公共管理学．2版．北京：中国人民大学出版社，2017.

盘和林认为，想要完成资源的最优配置，必须要发挥市场这只“看不见的手”的重要作用，根据经济学中著名的“帕累托最优”概念，市场机制是迄今为止最有效率的资源配置方式，能够使得所有资源各居其位，最大限度发挥自身的效用。然而在现实中，完全的市场竞争是很难实现的。其中，政府在市场中过多的干预，以及企业进入市场时面临的过高门槛等非市场因素，是阻碍市场竞争的关键原因。对于市场主体来说，政府部门的主要职能应该是服务企业和公众，为企业提供便利。高效、公平是市场经济的核心所在，只有通过“放管服”改革才能更好地发挥政府的服务职能，提高市场效率，实现市场公平。①

4. 营商环境评价的世行指标

世界银行经过多年探索、整理和归纳，建立了一整套衡量各国营商环境的指标体系，目前将十个重要指标纳入评价体系，分别是开办企业、申请建筑许可、获得电力供应、注册财产、获得信贷、投资者保护、缴纳税款、跨境贸易、合同执行和办理破产。当然其评价领域会动态调整，近年来又增加诸如“营商环境便利度”指标等。该体系是世界上较为完善也被广泛认可的标准。

有大量相关或相似的评价指标体系。例如，《全球竞争力调查》（由世界经济论坛 1996 开始编制）、《世界竞争力年鉴》（由瑞士管理发展研究院 1987 年开始编制）、《商业环境与企业绩效调查》（世界银行和欧洲复兴开发银行对 27 个转型国家的调查，1999 年开始）、《世界商业环境调查》（世界银行和其他几家机构 1999—2000 年对 8 个国家的调查，内容是私营企业面临的商业环境），还有世界银行的世界发展指标、世界银行的全球

---

① 盘和林．放管服成效显著 优化营商环境要再接再厉．(2019-03-08)［2024-12-01］．中国新闻网．

治理指数、联合国开发计划署的人类发展指标、哈佛大学的政府质量指标等。

营商环境指标数据的产生过程一般有四个步骤：(1) 在学术顾问指导下，收集和分析现行法律和规章。(2) 问卷要有一个严格的假设前提，以确保各国数据的可比较性。(3) 当地专家与营商团队进行多轮的互动。(4) 将初步结果提交给学者和实际工作者以进一步改进问卷和重新收集数据。

如何排名？为评估各国企业营商环境，世界银行通过对各个国家和地区的调查研究，对构成各国的企业营商环境的十个指标进行了逐项评级，得出综合排名。营商环境指数排名越高或越靠前，表明在该国从事企业经营活动条件越宽松。相反，指数排名越低或越靠后，则表明在该国从事企业经营活动越困难。

构建中国特色、国际可比的营商环境评价指标体系，可以借鉴世界银行等国际机构开展营商环境评价的方法及体系，同时需要结合我国国情进行修改和完善。宏观目标是建立简单易行、指向明确的营商环境评价指标体系，围绕办理环节简化、申报材料压减、办事时间压缩、经营成本下降、项目审批提速、群众办事方便，最大限度减环节、减材料、减时间、减成本，增加透明度，对标国内国际前沿最佳水平查找不足，引导地方形成优化营商环境的良性竞争。具体目标上，可概括为：助推改革深化，为促进政府有关部门提高监管质量和服务效率提供“好抓手”；促进合理竞争，为地方政府切实为当地企业营造宽松且有效率的营商环境提供“指挥棒”；服务引导企业，为引导企业和投资者向具有法治化、国际化、便利化营商环境的城市集聚提供“风向标”。[①]

---

① 李国强，马晓白．构建中国特色营商环境评价体系恰逢其时．(2018-09-26) [2024-12-01]．中国经济新闻网．

“国内外营商环境比较研究”课题组负责人、上海师范大学商学院刘江会教授认为，世界银行在评估营商环境时采用了一个非常窄的尺度，即主要从“营商程序便利程度”与“法律保障力度”两个维度来评估一个经济体的营商环境。当前迫切需要提出一个更宽泛的尺度，课题组从企业营商的社会环境（S指数）、市场环境（M指数）、创融环境（I指数）、法制环境（L指数）和政务效率（E指数）等五个维度构造了一个新的营商环境评价指标体系，简称营商环境SMILE（微笑）指数，为打造“国际化、法治化、便利化、规范化、电子化”的良好营商环境，提炼广受认可的中国指数、中国话语和中国标准。[①]

5. 营商环境评价的中国指标

按照党中央、国务院部署，国家发展改革委对国内外开展营商环境评价的情况进行了深入研究，在保留和丰富国际同行的评价指标基础上，融入中国改革的时代要求和地方特色，从衡量企业全生命周期、反映城市投资吸引力、体现城市高质量发展水平三个维度构建三维立体的评价指标体系：一是企业全生命周期，从企业开办到破产注销，全生命周期中可能经历的各项服务；二是城市的投资吸引力，这个维度结合了中国实际；三是城市的高质量发展，体现新阶段的发展需求，是最具中国特色的指标。

根据这套评价指标体系的指标，对22个城市进行评价。首先是政府提供相关数据，再到企业去开展问卷调查，最后形成整体意见。评价过程包括三个步骤：一是政府报送，政府总结自己的改革措施和实际进展，提供一套数据；二是提供企业样本，在一个时间段内涉及政府服务事项的企业作为样本，委托第三方从样本中再随机抽样做问卷调查；三是委托中介

---

① 王多，张炜栋．为什么说营商环境优化的“世行指标”存在缺陷，还需要增加哪三个指标更合理更科学？．(2018-06-21)［2024-12-01］．上观新闻．

机构进行评估和核验，对企业和政府提供的数据进行比对，再对数据真实性进行评估和核验，最后形成评价结果。结果显示，北京、上海领先，北京排名第一。

评价过程也是指标体系不断完善的过程，评价过程中对指标设置进行了调整，最后形成可操作、符合实际情况的标准。评价指标给出的是趋势，营商环境到底好不好，最终要看企业切身感受。换言之，营商环境是有温度的，并非可以完全被量化、冰冷的指标概括。

三、"放管服"改革与营商环境优化实践的效果评价

党的十八大以来的这一轮以理顺政府与市场和社会关系为核心，以简政放权和职能转变为着力点，以推进政府治理现代化为目标导向的政府改革已取得新进展新成效，政府治理新模式呼之欲出。2019 年，李克强总理在《政府工作报告》中这样简要总结 2018 年"放管服"改革及优化营商环境成果："国务院及地方政府机构改革顺利实施。重点领域改革迈出新的步伐，市场准入负面清单制度全面实行，简政放权、放管结合、优化服务改革力度加大，营商环境国际排名大幅上升。"① 肖捷在《完善国家行政体制》一文中指出："近年来，随着党和国家机构改革不断深化、'放管服'改革持续推进，政府职能发生深刻转变，政府管理和服务能力有了明显提升。"②

改革促使政府职能发生深刻转变。我国通过全面深化改革，推进"放管服"改革与营商环境优化，极大激发了市场活力和社会创造力。2016

---

① 李克强．政府工作报告：2019 年 3 月 5 日在第十三届全国人民代表大会第二次会议上．北京：人民出版社，2019：2.

② 肖捷．完善国家行政体制．求是，2019（22）：26－32.

年，李克强总理在首次全国推进简政放权放管结合优化服务改革电视电话会议上指出，牢牢扭住转变政府职能这个“牛鼻子”，简政放权、放管结合、优化服务三管齐下，中央和地方上下联动，取得明显成效。

政府如何处理好与市场、企业及社会的关系，扮演好自己的角色——公共物品和服务的生产者、提供者和安排者三种基本角色的选择与组合，履行好自身的职能——包括经济调节、市场监管、社会管理、公共服务、环境保护等基本职能，成为各国经济社会发展中至关重要的问题。现阶段坚持市场在资源配置中的决定性作用和更好发挥政府作用的原则，推动政府职能向创造良好发展环境、提供优质公共服务、维护社会公平正义转变，尤其是创造公平竞争的环境与激发市场主体的活力，是当前我国政府职能履行的重中之重，这也正是“放管服”改革的核心指向。

改革使得政府服务能力显著提高。这突出地表现在营商环境不断优化上。世界银行发布的《2020 年营商环境报告》显示，中国营商环境在全球 190 个经济体中排名第 31 位，中国连续第二年成为营商环境改善最显著的十个经济体之一。世界银行称赞，中国相关领域改革“令人惊叹地快速且有效”。

《人民日报》的评论员文章这样说：这几年来，无论是围绕“营造稳定公平透明的营商环境”进行改革动员，还是诸如“放管服”等改革实践，抑或是探索自由贸易区等改革突破，努力是持续性的。正如世界银行全球指标局官员所言，中国的进展中有很多是多年以来持续推进改革的结果。[①] 2018 年，国家发展改革委固定资产投资司副司长韩志峰在接受《中国经营报》记者采访时对我国营商环境改进的成效做出如下评价：“政府服务意识不断强化、方式不断创新、效率不断提高，企业开办、进出口通

① 何鼎鼎．优化营商环境，中国永不止步．(2018-11-07)[2024-12-01]．人民网．

关、不动产登记等时间大幅压缩。信用体系建设持续加快，守信联合激励和失信联合惩戒机制初步形成，信用水平明显改善。”①

我国通过全面深化改革，推进“放管服”，极大激发了市场活力和社会创造力。一是简政减税减费力度大幅提升，二是市场监管规范化透明度大幅提升，三是政务服务质量效率大幅提升，四是支持民营经济发展力度大幅提升。②

“放管服”改革在祛疴除弊、利企便民方面取得了显著成效，但也存在不少困难与问题。2016 年 7 月，国家行政学院研究员胡敏在接受《中国经济时报》记者采访时表示，政府仍然管了不少不该管的事，一些该管的却没有管或没有管住、管好。突出表现为该放的权有些还没有放、各种证照仍过多、有些权放得不对路和有些权放得不配套这四方面的问题。③

2017 年底，笔者在对福建自贸区“放管服”改革进展的调查中发现了一些亟待重视和解决的新情况、新问题，包括简政放权过程中的“错位放权”，“条块矛盾”的体制阻碍了跨部门协作，各地改革的行动偏差、标准不一，改革缺乏整体规划，相配套系统措施跟不上等。

2019 年 9 月，按照国务院第六次大督查的统一部署，16 个国务院督查组分赴 16 个省份开展实地督查。根据企业和群众通过国务院“互联网＋督查”平台等渠道反映的问题线索，督查组核查发现部分地方和单位落实深化“放管服”改革、优化营商环境政策要求不到位，仍然存在“红顶中介”“红顶协会”垄断经营、违规收费，以及“任性用权”、违规设置门槛、限制公平竞争等突出问题。④

---

① 索寒雪．发改委引入第三方评估机构 年底公布营商环境量化新机制．中国经营报，2018－09－10（2）．

② 中国特色营商环境评价指标体系初步构建．（2019－04－09）［2024－12－01］．中国政府网．

③ 吕红星．“放管服”依然存在四方面问题．中国经济时报，2016－07－06（A06）．

④ 关于国务院第六次大督查发现部分地方和单位落实深化“放管服”改革优化营商环境政策要求不到位典型问题的通报．（2019－11－12）［2024－12－01］．中国政府网．

中国不同地区的营商环境发生了明显分化。有专家表示，从近年来各地改善营商环境的做法来看，更多的是把重点放在了政策方面，即尽一切可能给投资者提供各种优惠政策、提供资金支持、提供政府补贴等，而在如何服务方面，则显得相对较弱，缺乏应有的约束机制和制约手段，形成了政策硬服务软、政策优服务差的矛盾格局，导致政策的作用难以有效发挥。①

时任国家市场监管总局登记注册局局长熊茂平说，企业办理了营业执照后还有很多行业的“小门”难以进入，还不能有效开展相关行业的经营，经初步统计，与营业执照密切相关的各行业的行政审批事项多达几百项，“准入不准营”难题依然突出，市场主体准入便利化改革还有进一步提升空间。②

党的十九届四中全会通过的《中共中央关于坚持和完善中国特色社会主义制度 推进国家治理体系和治理能力现代化若干重大问题的决定》将“放管服”改革和营商环境优化作为推进政府治理以及国家治理现代化的基本内容和改革着力点之一。“优化政府职责体系”这项任务要求：“完善政府经济调节、市场监管、社会管理、公共服务、生态环境保护等职能，实行政府权责清单制度，厘清政府和市场、政府和社会关系。深入推进简政放权、放管结合、优化服务，深化行政审批制度改革，改善营商环境，激发各类市场主体活力。”③ 这为新时代全面深化行政体制改革，推进政府治理现代化指明了方向。

打造良好的营商环境，将是我国进一步激发全社会创造力和发展活力

---

① 公欣．地方优化营商环境需强化问题导向 简政减税减费仍是当前重点．中国经济导报，2018－02－09（2）．

② 虞洪波．国务院决定开展中国营商环境评价．（2018－12－02）[2024－12－01]．杭州网．

③ 本书编写组．《中共中央关于坚持和完善中国特色社会主义制度、推进国家治理体系和治理能力现代化若干重大问题的决定》辅导读本．北京：人民出版社，2019：17.

的一个重要着力点。“放管服”改革与营商环境优化仍然任重道远，困难不少，需要下大力气，啃硬骨头，上下联动，联合攻关，以求全胜。这场改革能否顺利推进并达成目标，将影响我国经济社会的持续健康发展以及政府治理现代化的进程。

数智化时代的政府治理变革

随着当代信息通信技术以及人工智能的发展，人类社会进入了信息社会的更高阶段，即所谓的“大数据时代”“后信息社会”“后互联网时代”“数字社会”“智慧社会”“智能化时代”“（新）智能社会”“超智能社会(society 5.0)”，催生了继“新公共管理”运动之后的新一轮政府治理变革浪潮——人们称之为“数字政府”“数字治理”“维基政府”“智慧政府”“智慧治理”“政府 3.0”“数据新政”“互联网＋政务（政府）”“GovGPT”等。当前我国推进国家治理现代化，是在网络化、数据化、智能化和量子化时代（可以合称为“数智化时代”）的背景下展开的，数智化在推动国家治理或政府治理体系和治理能力现代化进程中的作用巨大，前景广阔。

一、政府治理变革的技术基础

技术进步是政府治理变革的最深刻动因。按照历史唯物主义的基本原理，生产力决定生产关系，经济基础决定上层建筑；技术是生产力中最活跃的因素，技术革新必定促进生产力的发展，并引起生产关系及经济基础的变化，进而推动包括国家或政府治理和意识形态在内的上层建筑的变革。

在人类历史发展的长河中，从语言、绘画到文字，从传统印刷媒介到现代电子媒介，每次突破都极大地改变人类的信息传播、认知和思维方式，进而改变国家或政府的治理或管理方式。

加拿大著名传播学家马歇尔·麦克卢汉（Marshall McLuhan）有一句名言："媒介即讯息。"美国著名作家尼尔·波兹曼（Neil Postman）在《娱乐至死》一书中进而提出："媒介即隐喻。"在他看来，隐喻是一种通过把某一事物和其他事物比较来揭示该事物本质的方法。每种媒介都会对文化进行创造，每种媒介都为思考、表达思想和抒发情感提供新的定位，从而创造出独特的话语符号及体系。媒介更像一种隐喻，用一种隐蔽但有力的暗示来定义现实世界。"这个媒介-隐喻的关系帮我们将这个世界进行着分类、排序、放大、缩小、着色，并且证明一切存在的理由。"[①] 例如，字母带来人与人之间对话的新形式。柏拉图已经清楚地认识到，书写带来了一次知觉革命——眼睛代替耳朵而成为语言加工的器官；语音的书写形式创造一种新的知识理念，一种关于智力、听众和后代的新认识，"文字使得大脑成为书写经历的石碑"。又如，作为14世纪人类重要发明的钟表又是如何改变人类的时间思维、时间观念及时间管理方式的呢？美国著名技术哲学家刘易斯·芒福德（Lewis Mumford）在《技术与文明》一书中对此做过分析。在他看来，钟表是一种动力装置，其"产品"是分和秒，它把时间从人类活动中分离，并且使人们相信时间是能够以精确、可计量的单位而独立存在的。钟表把时间再现为独立而精确的顺序；钟表使人变

① 波兹曼．娱乐至死．北京：中信出版社，2015：11.

成遵守时间的人、节约时间的人和依赖时间的人。

技术进步首先改变信息的传播和消费方式，进而改变社会的组织与管理方式。脸书（Facebook）的创办人马克·扎克伯格（Mark Zuckerberg）说，科学技术改变人们传播和消费信息的方式，印刷媒体和电视等发明通过提高通信效率，开启众多社会关键领域的深刻变革。它们让更多的人能够发出自己的声音，鼓励进步，改变社会组织方式，使我们更紧密地联系在一起。安东尼·汤森（Anthony Townsend）在《智慧城市》一书中指出，技术发明改变了人们的信息交流方式与城市管理的方式，有了新的技术，人们才能处理信息和进行远程通信。电报使大型工业企业的管理发生革命性的变化，也改变了城市政府的行政管理方式。另一项革命性技术——电话更是因人类交流及管理的需要而降临，“当大城市的各种组织和民族都需要这种技术时，电话便应运而生”。

技术变迁引发国家或政府治理变革。达雷尔·韦斯特（Darrell West）在《数字政府》一书中指出，从16世纪印刷术被发明，一直到电报、电话、收音机和电视机等被发明，技术创新通常被认为引发了重大革命。这些发明，如电报和电视，都被认为是加速沟通和改变政府与公民关系的新设施。例如，印刷机推动了欧洲的文艺复兴、宗教改革和科学进步，为人类社会从农耕社会向工业社会演进提供思想指导、社会基础和技术支撑；电报从根本上改变了人们的社会、政治、商业和劳资关系；电话则开启了人类信息交流的新模式，对生产和社会的影响更加全面而深刻。

数字或数据是国家或政府管理的基础。从古代的“数目字管理”到今天大数据时代的“数据治国”，这是政府依数据管理不断演化的结果。历史学家许倬云说：“从历史上看，不论在哪里，任何国家发展到可以有一个复杂文官系统管理以后，没有不依照数据来治国的，需要人口、资源、土地、财产种种的统计数字。”据有关记载，在古埃及，政府就通过人口普查来建立大型的国民数据库；古罗马人则发明户籍登记制度——这是古代政府依照数据管理的又一生动例子。1086 年的《末日审判书》对当时英国的人口、土地和财产做了前所未有的全面记载。英国的工业革命及城市化带来管理方式的变化，统计数据与分析在政府管理中变得越来越重要，社会研究的科学化尤其是人口统计学也因此诞生。根据涂子沛在《数据之巅》一书中的论述，美国的建国历程其实也是以数据为基础的——使用数据分权以及把人口普查写进宪法。

与以前的历史时期相比，网络化、数据化和智能化时代政府治理尤其是数据收集、管理和应用的深度广度及规模已不可同日而语。今天，人类社会的确走到新的临界点或“奇点”，正在步入网络化、数据化和智能化的时代。

二、数智化驱动的政府治理变革

网络化、数据化、智能化和量子化改变了我们的思维方式、生产方式、生活方式和学习方式，使人类社会生活和人类的未来发生颠覆性的变化。数智化的浪潮席卷整个世界，不仅使无人驾驶领域发生了改变，还涉及以智慧城市趋势为标志的所有物理空间（现实空间），它不但试图改变产业结构，而且对城市经济结构和社会结构具有巨大的影响。

人类社会走到了新的临界点或“奇点”，数智化引发公共部门管理尤其是政府治理方式的变革以及社会-政治领域的革新。政府应成为数智化时代的领跑者。那么，大数据和智能化时代的政府治理究竟发生了什么变化？新的治理实践模式的内容与特征又是什么？对此，人们有种种的说法及不同解释。

（1）政府的“第四次革命”。中央编译局主办的《国外理论动态》

2015 年第 4 期刊载了约翰·米克斯维特（John Micklethwait）和阿德里安·伍尔德里奇（Adrian Wooldridge）的文章《第四次革命》与《国家的国家：关于未来政府的全球性争论》。作者认为，自 17 世纪以来，西方经历了国家（政府）的三次革命，即从民族国家到自由主义国家，再到福利国家，如今正处于第四次革命的进程中，全球未来十年的主要政治挑战将是“重塑政府”，国家或政府将发生翻天覆地的变化。

（2）国家治理革命。这种观点认为大数据将引发一场国家治理的深刻革命。例如，马建堂认为，大数据是促进国家治理变革的基础性力量，大数据被用来提升治理效率、重构治理模式、破解治理难题，它将掀起“一场国家治理革命”。在国家治理领域，通过阳光政府、责任政府、智慧政府建设，大数据为解决以往的“顽疾”和“痛点”提供了强大支撑。

（3）民主政治的新时代。达雷尔·韦斯特（Darrell West）在《下一次浪潮》一书中预言，一个由数字技术驱动的社会与政治创新浪潮、一个能够改进政府绩效以及民主政治的新时代即将来临，其核心是数字技术在政府管理与公共服务领域的广泛运用。他说：“数字技术可以在许多领域满足个人和社会的需要。政府及其他公共组织可以利用数字技术的最新发明使其变得更快捷、更智能、更高效。人们能够利用数字技术提高透明度、促进公共参与和推动民主协作。而政治领袖们可以通过与私人部门的合作，推动多个政策领域的创新浪潮。”

（4）“互联网＋政务”。在当今我国“互联网＋”的信息化浪潮下，学者们谈论“互联网＋政务”“互联网＋政府”“互联网＋公共服务”“在线政府”“网上政府”等。例如，汪玉凯认为，这一次“互联网＋”信息化浪潮是以云计算、大数据、移动互联网、物联网为特征，政府催化变革，大数据为政府升维。

（5）数字政务 3.0（数字政务时代“奇点”临近）。有研究报告称数字政务 1.0 时代（电子政务时代）通过 Web 技术将政府信息数字化，数字政务 2.0 时代通过云计算、移动互联网技术将政府服务数字化，数字政务 3.0 时代通过大数据、物联网、人工智能等新技术将政府组织数字化。

（6）区块链＋政务。孟庆国认为，智能合约技术、区块链技术或许是解决跨部门数据共享的一个方案——通过智能合约明晰数据的归属方、使用方和共享交换部门的数据权责，用区块链技术记录和存储数据交换过程，其中政务服务数据管理部门充当审批、调度、协调、仲裁的角色，对不按照规则存储、维护和使用数据的部门进行责任追溯。浙江通过建设数据中台，应用区块链技术，实现跨部门政务数据共享时数据"可用不可见"。

（7）维基政府。贝丝·诺维克（Beth Noveck）在《维基政府：运用互联网技术提高政府管理能力》一书基于创建美国联邦政府的第一个社会网络革新办法——同行专利审核计划的案例经验，指出通过技术手段对公民参与的鼓励、协调以及构建，可以使政府在解决今天复杂的社会和经济问题方面变得既公开又高效。该书描述如何将这种模式应用于更广泛的公共管理领域，并为 21 世纪提供一个有关政府管理和民主政治的设想。

（8）数字时代的新治理。克里斯托弗·胡德（Christopher C. Hood）等人在《数字时代的政府工具》一书中把数字技术当作强化政府工具的利器。他们提出了由节点（nodaliti）、权威（authority）、财富（treasure）和组织（organization）四个维度构成的 NATO 分析框架，探讨数字时代政府工具及政府治理模式的新变化，并描绘出数字时代的政府治理变革的未来蓝图：一个基于网络空间识别（cyber-dection）、精准群体定位（group-targeting）和多元化信息节点（variable nodality）的新治理模式。

（9）开放（或透明）政府。数据开放是政府开放及透明的基础。丹尼尔·戈尔曼（Daniel Goleman）分析数字时代的"新透明"现象，认为我们生活在一个交流变得空前容易，也最为冷酷无情的时代。我们的经历以数字方式存储，强大的搜索引擎让网民能在几秒内从一个不断膨胀的档案库中挖出资料。例如，YouTube 改变了美国的政治演讲方式，谷歌让所有候选人都无法否认过去所做的事情以及讲过的话。涂子沛在《大数据》一书中说："通过开放数据，大数据可以成为启动透明政府的利器。"

（10）数据治国。数据治国被看作是凭借对数据的有效收集、处理和分析来治理国家，决定国家的大政方针和具体政策。涂子沛认为，在大数据时代要形成"用数据来说话、用数据来管理、用数据来决策、用数据来创新"的文化氛围，特别是在公共领域里，要推行数据治国。数据是对客观世界进行量化和记录的结果，因此，数据治国也可以理解为"用定量分析、实证研究的科学方法来治理国家"。

（11）数据新政。阿莱克斯·彭特兰（Alex Pentland）在《智慧社会：大数据与社会物理学》一书中提出所谓的"数据新政"：把公民自身数据的所有权、控制权和处置权或发布权交给公民个人。他在 2007 年的世界经济论坛首次提出"数据新政"，并付诸行动，推动了 2012 年美国《消费者隐私权利法案》与 2018 年欧盟《通用数据保护条例》制定。李国杰认为，作为公共财产的政府数据，本质上属于人民，应该在保障国家安全、个人隐私和企业商业秘密的前提下，让这些数据回到人民群众中去。

（12）智慧政府。智慧政府是指利用物联网、云计算、移动互联网、人工智能、数据挖掘、知识管理等技术的新型政府。在国家数据局成立之前，许多省市都设立了大数据管理局。

那么，数智化驱动的政府治理变革是如何实现的呢？

首先，大数据及智能化改变了人们的思维方式、认知方式和思想观念。这构成政府治理变革的认识论和方法论基础，为揭示人类集体行动的逻辑，预测人类决策与管理行为及其后果提供依据。数据本身就是客观世界存在的表现方式。古希腊的毕达哥拉斯学派认为数是世界万物的本源；在近代，实验自然科学的奠基人伽利略说过："大自然的语言是数学。"

数据化与智能化不仅是一种新技术，也是一种新的、最重要的基础设施，并且催生了一种新的认知与思维方式。可以把大数据时代的思维（方式）创新的要点归结为：一切皆可量化，数据自己发声，总体取代样本，庞杂优于精确，相关重于因果，共享创造价值。

其次，大数据及智能化增强了人类行为的可预测性。这有助于揭示人类管理及决策行为的规律性，提高了管理及决策的科学性。巴拉巴西在《爆发》一书中指出，长久以来，人们认为自然现象是可以预测的，而人类行为难以预测。预测人类的行为，在以往被认为是不可能完成的任务。过去我们没有相关数据，也没有一定的方法来探究人类的行为。

今天的大数据改变了一切，人类未来或许就掌握在大数据的手中。大数据时代产生了如此之多的电子踪迹（彭特兰形象地称之为"数字面包屑"），提供了关于人类行为的海量量化数据。人类行动的数据可以被系统地、规模化地掌控，我们的一举一动都能在某个数据库中找到线索，这让研究每个人、每个群体，甚至整个人类的习惯成为可能。

维克托·迈尔-舍恩伯格（Viktor Mayer-Schönberger）和肯尼斯·库克耶（Kenneth Cukier）在《大数据时代》一书中认为，大数据为人类的生活创造前所未有的可量化的维度，它对人类生活以及与世界交流的方式提出了挑战，正在改变人类做决定和理解现实的方式。大数据的核心就是预测，大数据时代使人类的行为的可预测性大大增强。

再次，大数据及智能化改变了政府的管理及决策的模式，使政府的体制、结构、职能、流程和方式发生革命性的变化。就组织管理体制尤其是政府管理体制模式而言，在工业社会产生的官僚制或科层制已不适应信息社会的要求而过时了。

今天，从电子政务到互联网政务、云政务等，信息通信技术及智能化平台进一步推动了组织管理体制的变革，使组织管理体制显示出网络化、扁平化、分布式、小型化、开放性以及由下而上等方面的特征。数智化可以从数据共享、内部竞争、细分服务、智能决策、创新驱动等方面改进政府绩效，引发政府治理方式的变革以及社会-政治领域的革新。

最后，数智化技术被普遍应用于政府管理或公共服务的各个领域以及社会生活的方方面面，其在公共服务各个领域的革命性变化随处可见，在公共安全、社会管理、公共交通、医疗卫生、科技教育、环境保护等领域都有广泛的应用。事实上，数据使我们改变生活变得切实可行：数据可以提升我们的生活质量，转变我们发现和解决问题的途径，更为重要的是，数据能够改变我们将解决方案付诸实施的方式。

三、ChatGPT 对政府治理的影响

2022 年 11 月人工智能公司 Open AI 的聊天机器人 ChatGPT 推出，震惊世界。ChatGPT 是深度学习、大数据、大模型的结合。2023 年 3 月 15 日凌晨，在 ChatGPT 仅仅发布四个多月并展现了惊人的实力之后，Open AI 发布了 GPT-4。GPT-4 是一个多模态大型语言模型，使用了 1.5 万亿个参数，比 GPT-3.5 增加了 10 倍，能力飞跃式提升——具有强大的识图能力，回答准确性显著提高，能够生成歌词、创意文本，实现风格变化。同时，GPT-4 的智能程度更高，在许多专业测试中表现出超过绝大多数人类的水平。

ChatGPT 和未来用该程序构建的软件工具，至少可以影响美国约 19%的工作岗位所需执行的 50%的任务。同时，80%的美国劳动力会发现，其至少 10%的工作任务在某种程度上受到 ChatGPT 的影响。受影响

最大的职业包括口译员和笔译员、诗人、词作者、公关专家、作家、数学家、报税员、区块链工程师、会计师、审计师和记者。

2023 年 3 月 16 日下午，百度创始人、董事长、CEO 李彦宏宣布文心一言正式发布。李彦宏介绍，文心一言具有文学创作、商业文案创作、多模态生成、数理逻辑推算、中文理解等能力。百度智能云面向企业客户开放文心一言 API 接口调用服务。

2023 年 3 月 16 日，微软宣布其正在将人工智能技术植入办公软件中，并将其功能命名为 Copilot。根据其官网发布的演示视频，Copilot 可以在微软的多个商业应用程序中使用，包括 Word、PowerPoint、Excel 等。据介绍，研究人员将大语言模型（LLM）的功能进行了升级和优化，它比“将 ChatGPT 直接嵌入 Microsoft 365”表现得更加强大。

2023 年 3 月 23 日，Open AI 推出了 ChatGPT 的重大升级，通过插件功能授予机器人访问第三方知识源和数据库（包括网络）的权限，从而扩展机器人的功能。其中，最吸引人的插件无疑是网络浏览插件，它允许 ChatGPT 直接检索最新新闻，从网络上提取数据以回答向它提出的各种问题。此前 ChatGPT 的知识仅限于 2021 年 9 月之前的日期、事件和人物。①

2023 年 3 月 21 日，比尔·盖茨发表《人工智能时代已经开始：人工智能与手机、互联网一样具有革命性》一文，谈 ChatGPT 和生成式人工智能对教育、医疗、生产力提升、公平等方面的影响。在他看来，人工智能是与手机和互联网一样的革命性技术，他有幸参与了个人电脑革命和互联网革命，ChatGPT 则是他一生中遇到的两次革命性技术演示之一（另一个是图形用户界面/操作系统）。随着机器学习和大量计算能力的到来，

① 南博．ChatGPT 重大更新：能联网获取新知识，可与 5000＋应用交互．(2023-03-24)[2024-12-01]．澎湃新闻．

复杂的人工智能已经成为现实，而且它们会很快变得更好。人工智能的发展与微处理器、个人电脑、互联网和手机的发明一样重要。它将改变人们工作、学习、旅行、获得医疗保健以及相互交流的方式。人工智能会提升生产力，改善生活，也会面临风险和问题，人工智能时代充满机遇和挑战。

英伟达公司 CEO 黄仁勋指出，ChatGPT 的问世标志着崭新的计算平台已经诞生，人工智能的“iPhone 时刻”已经到来；ChatGPT 是人机交互和编程的一场革命，是人类历史上最成功、增长速度最快的应用，创造了迄今为止弥合社会分歧、技术分歧的最好机会，是计算机历史上最强大的一次民主化。①

“毛毛虫从食物中提取营养，然后变成蝴蝶。人们已经提取了海量的知识精华，GPT-4 是人类的蝴蝶。”在 GPT-4 发布的第二天，深度学习之父杰弗里·辛顿（Geoffrey Hinton）发了这样一条推文。目前，还没有人能够断定这只蝴蝶将掀起多大的飓风。但可以肯定的是，这还不是一只完美的蝴蝶，整个通用人工智能世界的拼图也尚未完成，每位研究者、从业者都还有机会。

360 集团创始人周鸿祎将人工智能发展划分为三个阶段：人工智障、强人工智能、超级人工智能。周鸿祎认为，GPT-4 已经拥有超人的能力，具有真正的智能。他说：“GPT 是场新工业革命，其意义超越了互联网、iPhone 的发明。”周鸿祎表示，GPT 将成为“发电厂”，数据是“煤”，GPT 将“煤”变成“电”，输送给千行百业，所有行业都值得用 GPT 重塑一遍。未来，每个行业、企业、个人都会拥有定制化 GPT。②

---

① 邵文，黄仁勋：ChatGPT 是计算机历史上最强大的一次民主化．(2023-03-22) [2024-12-01]．澎湃新闻．

② 周鸿祎．中国大语言模型和 GPT-4 差距在两三年，GPT-6 后可能会有意识．(2023-03-25) [2024-12-01]．澎湃新闻．

通用人工智能的崛起将带来巨大的变化，其“数量级”超过世界所见识过的所有变革。旧金山创业公司朗韦公司 CEO 陈思奇说，从电到互联网，过去的技术进步引发了巨大的社会变革。“但我们现在关注的是智能本身……这是我们第一次能够自己创造智能并增加宇宙中的智能。因此，这个变化在数量级上要超过我们有史以来见识过的历次技术变革。”① 有篇文章的标题为“当 GPT-4 学会看图文，一场生产力革命已势不可挡”。②

有人提出了“GovGPT”的概念，认为从宽带网络、移动互联网到人工智能时代，从门户、搜索、社交媒体到 ChatGPT，数字政府与公众的互动形态在每个阶段都经历革命性的变化。必须注意的是，无论是门户、搜索还是社交媒体，其对政府数字化进程的改变的本质，仍然是掌握了信息源头的权威性，从传播、触达、获取与体验层面改变公众的获得感，重建政府与公众的关系。而 GovGPT 的问题在于，它将改变政府信息和服务产品的生产与应用过程，从而为政府与公众之间的互动创造巨大的可能性、真空甚至误解。在 ChatGPT 之前，我们有着对每一条信息的来源、出处、首发机构的追溯能力，但是，之后 ChatGPT 将成为我们的“最终信息来源”。ChatGPT 正在点燃人工智能时代的用户界面革命、交互方式革命与服务愿景的革命，让我们看到数字政府再次升级变革的机遇，包括在线互动、咨询答疑、办事指引、信息填报以及资料审核，我们似乎从 ChatGPT 的身上看到了一个触手可及的未来。③

---

① 澳媒文章：通用人工智能对世界的颠覆超过电或互联网．(2023-03-26)[2024-12-01]．参考消息网．

② 张倩．当 GPT-4 学会看图文，一场生产力革命已势不可挡．(2023-03-23)[2024-12-01]．机器之心．

③ 唐鹏．从 ChatGPT 到 GovGPT，数字政府的真正挑战是什么？．(2023-02-21)[2024-12-01]．数旗智酷．

随着数智化时代的来临，人工智能技术引起了人类社会各个领域的变革。学者们展开关于人工智能与公共治理变革的前沿研究。《公共管理评论》（*Public Management Review*）发表了《官员还是人工智能：人们对政府服务的偏好和感知》一文，通过联合实验来探究民众对人工智能决策与传统政府决策的偏好与感知，分析自动化、代表与公平三者的相互作用。文章认为传统的公共行政决策由公务员与民众互动，为民众提供正确的合法行动方案；而如今已有许多人在尝试运用人工智能和算法来促进公共决策和服务提供；得益于人工智能在公共服务中的应用，人工智能的可信度也在不断增强。

高奇琦认为，GPT 技术可以被看作是一场新的生产力革命，而整个世界政治经济的格局会重新调整。国家治理现代化包含秩序系统、赋权系统和创新系统三大内容。就秩序系统而言，GPT 技术的出现可能将传统的知识秩序完全打破，并重构一种新的知识权威。就赋权系统而言，GPT 技术具有极强的公民赋权效应，但同时也可能会产生“表达的庸俗化”等问题。就创新系统而言，GPT 会带来新一轮的创新革命，并可能会产生“人人皆可为学者”的图景，然而其中也蕴含了创新堕化的风险。[①]

于文轩认为 ChatGPT 可以极大地提升政府的响应性，成为政府与民众进行沟通的智能界面。它可以高效整合政府公开的信息，快速准确回复公众对政务信息的需求，节省信息的成本；可以对公众需求的大数据进行抓取和分析，为政府决策高效提供公众需求信息，在问题识别和分析上超越人的局限，提高公共政策制定的能力和水平，进行精准的公共服务提供；可以胜任政府内部公文写作、会计、财务分析和审计等程式化和模块化的工作；可以解决传统跨政府部门信息标准不一、信息通用性差等影响政府协作和整体性政府建设的“老大难”问题，极大地精简政府规模，扁

---

① 高奇琦 . GPT 技术与国家治理现代化：基于秩序、赋权与创新的框架 . 山东大学学报（哲学社会科学版），2023（5）：147 - 156.

平化政府组织结构，促进组织间信息流通和合作，极大降低政府行政成本及提升公共管理的效率和效益。ChatGPT 也给政府管理带来巨大的风险和隐患。例如使得传统的政府以密级对政府信息进行保密的形式失效；不法分子对公共服务电子平台的登录界面进行攻击，使用 ChatGPT 产生对社会有害的信息，直接和间接影响社会舆论，激化社会矛盾。①

卡尔·弗雷的（Karl Frey）《技术陷阱：从工业革命到 AI 时代，技术创新下的资本、劳动和权力》一书审视了从工业革命到人工智能时代技术进步的历史，探讨了如何从根本上改变社会成员之间经济和政治权力的分配制度。作者认为，工业革命创造了前所未有的财富与繁荣，但机械化生产也产生了一系列弊端。例如，中等薪酬的工作岗位枯竭，工资停滞不前，经济不平等现象大幅增加等。这些趋势在当前的人工智能时代也有所体现，借鉴过去的经验可以帮助我们更有效地面对当下问题和挑战。

一篇名为“为人工智能时代积极做好准备”的文章称，我们可能正站在一场技术革命浪潮的起点，必将引起第四次工业革命。虽然各国政府和市场早已为新工业革命做准备，但没有人能够清楚未来的技术爆发和革命路线，因为需要一种革命性的技术出现才能看到黎明的曙光。随着 GPT-4 的推出，人们发现它不仅能够进行视觉逻辑推理，还能处理更加复杂的指令并具有创造力，智能程度令人震撼，这仅仅是开始，人类首次感受到人工智能对就业的威胁并担忧它们智能觉醒。因此，必须为人工智能时代的到来做好准备，包括进行深刻的教育改革。②

---

① 于文轩．ChatGPT 与敏捷治理．学海，2023（2）：52－57．

② 为人工智能时代积极做好准备．21 世纪经济报道，2023－03－24（2）．

社会治理现代化的三个着力点

经济发展与社会转型必然推动政府治理变革。改革开放四十多年来，我国经济的高速发展带来了社会的快速转型，引起了政府与社会关系的深刻变化。经济的高速增长，工业化、城镇化和市场化的推进，社会结构的分化和利益团体的多元化，经济发展中长期累积起来的问题及矛盾，尤其是现实存在的区域之间、城乡之间、各行业之间、各群体之间发展及收入的不平衡，社会转型过程中新旧制度规范的更替，利益表达、协调和解决机制的不健全等因素，使得社会不稳定的风险加大。这在客观上要求政府推进社会治理变革，推动社会与经济的同步发展。

这些年来，从中央到地方，各级党委和政府在推进和谐社会建设过程中，注重社会管理体制机制改革，强化社会管理职能，开创社会管理的新局面，社会管理取得显著进展。但是，目前社会管理中仍然存在着诸多的不足、问题及困难。在管理体制方面，政府包办的管理格局尚未打破，部门分割、多头管理，规则体系建设滞后，财权与事权划分不合理。在管理职能方面，社会管理职能越位、缺位、错位问题依然突出；管理机构分散，职能协调难度大，社会管理职能的履行滞后于社会发展的需要。在运作机制方面，制度化程度较低，程序不规范，机制运行不畅，部门执行不力。在管理方式方面，政府社会管理的手段和方式较为单一。在社会管理的各个领域，存在的突出问题有：城乡居民收入差距过大的趋势明显，弱势群体的社会保障覆盖面偏小；流动人口服务管理依赖传统制度、管理体制不畅、社会服务供给不足；城市社区管理领域行政色彩较浓，社会组织发育不成熟，应急管理的体系及体制机制建设也有待加强。

社会管理作为一项系统工程，创新任务千头万绪。基层的实践表明，社会管理应重点在离百姓最近的地方创新，在管理难度最大的地方创新。相关专家认为，当前社会管理创新，正着力破解四大难题：一是社会矛盾日益复杂，正确调处考验智慧；二是利益主体日益多元，科学协调体现能力；三是服务意识关系宗旨，关键在于尊重群众；四是大家事情大家来办，形成合力事关全局。①

因此，如何处理好政府与社会的关系，推进社会治理创新，实现社会治理体系与治理能力的现代化，构建社会治理合作网络，实现由政府单一中心的社会治理结构向政府与其他社会主体合作的多元治理结构转变，维护社会的和谐稳定，提升社会服务质量及公众的满意度，增强社会发展活力，已成为当前我国改革与发展的一项中心任务。

党的十七大报告明确提出健全党委领导、政府负责、社会协同、公众参与的社会管理格局，健全基层社会管理体制；党的十八大报告提出要加快形成党委领导、政府负责、社会协同、公众参与、法治保障的社会管理体制；党的十八届三中全会通过的《中共中央关于全面深化改革若干重大问题的决定》提出创新社会治理体制，要求通过深化改革，实现从社会管

① 李柯勇，钟玉明，郭奔胜，等．社会管理创新 着力破解四大难题．(2011-02-24)[2024-12-01]．新华网．

理向社会治理的转变。党委领导、政府主导、社会参与是我国社会治理体制的基本架构，也就是说，要坚持系统治理，加强党委领导，发挥政府主导作用，鼓励和支持社会各方面的参与。党的十九大报告提出打造共建共治共享的社会治理格局，提高社会治理社会化水平。党的十九届四中全会通过的《中共中央关于坚持和完善中国特色社会主义制度 推进国家治理体系和治理能力现代化若干重大问题的决定》强调要坚持和完善共建共治共享的社会治理制度，保持社会稳定、维护国家安全，并从完善正确处理新形势下人民内部矛盾有效机制、完善社会治安防控体系、健全公共安全体制机制、构建基层社会治理新格局、完善国家安全体系五个方面来论述如何推进社会治理现代化。当前我国已进入新发展阶段，在这个新阶段，构建充满活力的社会治理共同体是坚持和完善共建共治共享的社会治理制度、推进国家治理现代化的重要内容和目标。

社会治理是一个上下互动的管理过程，主要通过多元、合作、协商、伙伴关系，确立认同和共同的目标等方式实施对社会事务的管理，是政府与社会力量通过协商合作方式组成的治理体系，是为了实现与增进公共利益，政府主体和非政府主体彼此合作，在相互依存的环境中分享公共权力、共同管理社会事务的过程。社会治理所依赖的一个重要机制是合作网络。这是“社会治理”区别于“社会管理”的重要之点。

社会治理涉及治理主体、治理结构、治理方式、治理能力，包括社会治理的体制、机制、职能、流程和工具等内容。因此，社会治理创新涉及改革管理体制机制、转变管理职能、再造管理流程、改进管理方式等方面，需要构建“上传下达、中间连通、下传上达”，多层次、多元化的协商共治的社会治理新格局，推动社会管理从政府的单一主体向政府主导、社会组织、社区、公众等多元主体之间的协作治理的转变。

尽管社会治理包含广泛而丰富的内容，其范围及边界难以准确界定，但是我们可以将社会治理划分为三个基本维度——社会控制、社会服务和激发社会活力。它们既是有效社会治理的三个主要因素，也是推进社会治理现代化的三个着力点。

作为社会治理的第一个维度，社会控制是指处理社会问题，化解社会矛盾，保障公共安全，维护社会稳定。控制社会问题，维护社会的安全稳定，这是治国理政的第一要务，也是经济社会持续健康发展的基本前提。相关研究表明，在现代化的起飞时期，伴随经济的高速增长与社会快速转型，社会问题涌现，社会矛盾与冲突加剧，社会稳定风险加大，突发性事件高发。同时，一个国家或地区的居民收入达到中等水平，是社会经济发展的关键阶段。在这一时期，经济容易失调，社会容易失序，心理容易失衡，社会规范需要调整或重建。如果社会问题得不到及时处理，社会矛盾与冲突得不到有效控制，就容易陷入所谓的“中等收入陷阱”之中，经济发展就会停滞甚至倒退，社会就会长期处于混乱状态（表现为贫富分化、就业困难、腐败多发、服务短缺、社会动荡、信仰缺失等），国家迟迟不能进入高收入国家行列。因而这一时期社会管理或社会治理中对社会问题与矛盾的处理以及对社会风险的防控就显得特别重要。

要有效控制社会问题、矛盾和冲突，维护社会的安全稳定，就需要提升政府的社会控制能力，塑造能够应对风险社会挑战的政府功能体系，创新社会问题预警机制、社会利益表达机制和社会矛盾调解机制；改变传统管、控、压、罚的“刚性”维稳的方式，运用对话、沟通、协商、协调等“柔性”的治理方式；对影响社会稳定的问题进行监控，减少社会稳定风险；有效化解社会矛盾与冲突，解决各种社会突出问题，例如征地拆迁补偿、医患冲突、劳资纠纷、环境“邻避”以及贫富差距、社会犯罪、道德失范等问题。

作为社会治理的第二个维度，社会服务是指回应社会需求，提升社会服务质量，增进社会福祉，提高民众的幸福感或满意度。社会服务（或公共服务）以满足公众基本需求为主要目的、以公益性为主要特征、以公共资源为主要支撑、以公共管理为主要手段，其内容主要包括“学有所教、劳有所得、病有所医、老有所养、住有所居”所涉及的教育、就业、医疗、社会保障、住房等方面。国内外各种调查和民意测验表明，公众希望看到政府改善和提高为民服务的方法和质量，希望政府能够提供更优质的服务，切实有效地扩展服务的领域和范围，也希望政府提高服务能力，以较低的成本提供更多更优质的服务。在我国，随着社会经济的发展和人民生活水平的提高，解决了温饱问题的公众对社会服务或公共服务的需求呈现出不断增长的趋势，希望更多分享改革与发展带来的好处，不仅对公共服务的种类和数量要求越来越多，而且对公共服务的质量要求也越来越高。中国特色社会主义已进入新时代，“人民日益增长的美好生活需要和不平衡不充分的发展之间的矛盾”成为我国社会的主要矛盾，我国经济社会发展不平衡不充分的问题显现，大量涉及人民切身利益的重要问题有待及时充分有效的解决，政府服务的能力与人民群众日益增长的服务需求存在差距。

社会服务要从民众的需求和感受出发，把改善人民生活、增进社会福祉和人民幸福作为社会治理的基本目标。为人民服务，让人民过上幸福生活是党的宗旨。习近平总书记在十八届中共中央政治局常委同中外记者见面时强调：“人民对美好生活的向往，就是我们的奋斗目标。”[①] 近年来，党和国家反复强调让发展成果更多更公平惠及全体人民，不断增强人民群众的获得感、幸福感、安全感。这就要求各级党委和政府积极回应社会的需求，充分反映人民群众的利益、愿望与要求，推进基本公共服务体系建

---

① 谢环驰．习近平在十八届中共中央政治局常委同中外记者见面时强调 人民对美好生活的向往就是我们的奋斗目标．人民日报，2012-11-16（4）．

设，实现基本公共服务体系均等化，着力解决教育、就业、医疗、社保、住房、环境保护、公共安全等民生领域问题；改进社会服务或公共服务的提供机制与方式，重塑政府在公共服务中的角色，主要扮演公共服务“安排者”和“提供者”角色，承担起财政筹措、业务监督和绩效评估的责任，推广政府购买社会服务；建立健全服务的绩效评估体系，形成约束和激励机制；创新社会服务评价机制、社会服务质量改进机制和社会服务质量监督机制；把幸福感、获得感和安全感确立为社会服务质量的重要目标，开发基于幸福感的社会服务质量评价系统，构建社会服务质量的指标体系（如幸福感、生活质量指数、公共安全指数等），提升社会服务的质量。要通过社会服务的持续改善，不断提高政府的公信力以及人民群众的获得感、幸福感和安全感。

激发社会活力是社会治理的第三个维度。新中国成立七十多年来，中国共产党人在社会管理或社会治理中，始终坚持以人民为中心的理念，充分发挥广大人民群众的积极性、主动性、创造性，把人民利益放在高于一切的位置。改革开放特别是党的十八大以来，党和政府推动社会治理变革。多元或多主体的社会治理，建立政府与社会的平等合作伙伴关系，提高社会自治与自我服务能力，已成为当代社会管理发展变化的一个基本趋势。在新时代及新发展阶段，人民群众对民主与法治以及自然环境、社会风气和政治生态等方面有更高期待，对公民应有的知情权、参与权、表达权、监督权等有更高的要求，希望更多地参与社会治理和公共事务。

社会主体的广泛参与，是我国社会治理的题中之义。鼓励和支持社会参与的目的在于充分发挥人民群众的首创精神，激发社会活力，让每个人都能发挥、有机会、能提升、实现自我。习近平总书记反复强调：要尊重人民主体地位，发挥群众首创精神，使全社会的发展活力充分释放，激发社会的活力和市场的活力，让每一个人既是改革的受益者，又是改革的积极参与者，充分地发挥活力、创造力。在新时代及新发展阶段，必须尊重公民的权利和主体性地位，充分发挥人民群众的积极性、主动性和创造性，通过多主体的协商合作，激活社会活力。

我国的社会治理必须处理好政府与社会的关系，充分发挥非政府的社会主体的作用，着力打造充满活力的社会治理共同体。党和政府要通过自身的引导，调动包括社会组织、社区、家庭和公民个人等在内的各种社会力量参与社会治理以及社会建设的积极性，推动党委领导、政府主导、社会参与的社会治理新格局的形成与运行，达成政府与社会的协商共治。这就需要建立合理的平等对话、沟通机制，开辟多种平等对话渠道，完善协商机制、对话机制、评价机制及反馈机制，实现充分沟通，建立相互信任关系；建立科学的合作机制，在其中，政府（命令机制或合法权威）、市场或企业（市场的竞争机制）和非营利组织（社群的网络机制或共同价值观和信仰）以及社会公众形成一个各种治理主体之间优势互补、互相依赖、互相协调的合作网络；建立有效的激励机制，以调动各种社会主体的积极性，使共同治理有序且充满活力；建立有社会主体共同参与的多元监督机制及监督体系。尤其是要大力培育和发展社会组织，推进社区建设。积极鼓励各种非政府、非营利性的民间组织、社区组织、公益组织以及利益团体等介于政府和营利性私人企业之间的所谓社会组织（“第三部门”）参与社会治理，增强整个社会的自组织性。推进社区建设的要点之一是还权于社区，重新配置管理权力，将原属于政府的部分权力下放给社区，赋予社区内部事务决策权、社区财务自主权；社区能办的事情自己办，提高社区自治与自我服务能力。

社会治理的这三个基本维度——社会控制、社会服务与激发社会活力——是密切联系、相互依存、相互促进的。社会控制促成社会稳定，社会服务满足民众需求并提升生活满意度，社会参与激发社会活力，促进社区自治、社会自主管理和人的自我实现。这三者一起保障有效社会治理，推动社会发展，增进社会福利（社会福祉）或人民幸福。按照美国学者詹姆斯·米奇利（James Midgleg）的说法，社会福利（或社会福祉）状况应包括三个要素：第一，社会问题得到控制的程度；第二，需求得到满足的程度；第三，改善机会得到提供的程度。这三个要素适应于个人、家庭、群体、社区和整个社会。这三个方面——控制社会问题、满足需求和提供改善机会——以复杂的方式共同满足需求，从而达成一种社会福利状况。①

总之，我国的社会治理必须坚持和完善共建共治共享的社会治理制度，在社会控制、社会服务与激发社会活力这三个基本维度下大功夫。由此构建起充满活力的社会治理共同体以及新的社会治理体系，提高社会治理能力，形成新的社会利益整合、社会冲突化解和社会秩序维持机制，维护社会公平与正义，协调经济与社会，推动社会主义和谐社会建设，实现经济社会的全面可持续发展，让人民群众过上幸福美好生活。

① 米奇利．社会发展：社会福利视角下的发展观．上海：格致出版社，2009：17－18.

风险社会与公共治理

习近平总书记指出，“世界百年未有之大变局加速演进”[①]，而“我国已开启全面建设社会主义现代化国家新征程”[②]。党的十九届五中全会公报指出，全党要统筹中华民族伟大复兴战略全局和世界百年未有之大变局。全球大变局与我国发展阶段、环境和条件变化，国家治理及全球治理呈现新态势新场景新方位、面临新挑战新机遇，这向公共治理提出了一系列需要加以研究和解决的重大理论与实践新课题。必须适应高风险社会中公共治理的实践需求，推进公共治理学科的转型与发展，夯实学科的理论基础并凸显中国特色。

一、全球（高）风险社会的来临

当代全球已进入风险社会，应急管理（或危机管理）是国家治理及全

① 习近平．习近平在亚太经合组织第二十七次领导人非正式会议上的讲话．北京：人民出版社，2020：1.

② 习近平．习近平书信选集：第一卷．北京：中央文献出版社，2022：323.

球治理的一个重大理论与实践课题。当今世界面临着各种各样的风险——自然风险、技术风险和制度性风险等。1986年，乌尔里希·贝克（Ulrich Beck）在《风险社会》一书中认为除了自然风险之外，当代人类社会面临的技术风险日益凸显。安东尼·吉登斯（Antheny Gidelens）则提出制度性风险概念，认为现代风险本质上是一种人为制造的制度性风险。与自然风险不同，技术风险和制度性风险都是由人类行为造成的。随着网络化、数据化和智能化时代的来临，包括网络安全在内的各种新安全威胁和风险增加。

当今世界范围内自然环境恶化，气候变化、物种减少、资源枯竭等问题剧增，环境突发事件频发，自然灾害加剧，出现了一系列重大危机，如“非典”疫情、印度洋海啸、汶川地震、埃博拉疫情、新冠疫情等。非传统领域的公共安全风险挑战加大。随着网络化、数据化和智能化时代的来临，包括网络安全在内的各种新安全威胁和风险增加。

中国迈进了高风险社会。21世纪的头几年，我国因自然灾害、事故灾难、公共卫生和社会安全等突发事件每年造成的非正常死亡人数超过20万。我国公共安全形势严峻：一是重大自然灾害频率高、分布广、损失大，二是重特大事故频发，三是公共卫生事件严重威胁人民群众生命和健康。中国是世界上受自然灾害影响最为严重的国家之一，潜在的环境危机随时可能爆发。我国每年受灾害影响的人口大体在2亿左右，约占全国人口的1/7。

习近平总书记指出：“我国是世界上自然灾害最为严重的国家之一，灾害种类多，分布地域广，发生频率高，造成损失重，这是一个基本国情。同时，我国各类事故隐患和安全风险交织叠加、易发多发，影响公共安全的因素日益增多。”①

---

① 习近平在中央政治局第十九次集体学习时强调 充分发挥我国应急管理体系特色和优势 积极推进我国应急管理体系和能力现代化．人民日报，2019-12-01（1）．

联合国秘书长古特雷斯在一次线上会议中表示，新冠疫情改变了世界，正在成为国际和平与安全的游戏规则改变者，世界正进入一个动荡和不稳定的新阶段。新冠疫情是一场全球性健康危机，不仅暴露了人类固有的脆弱性，也正在加剧各种不满，破坏社会凝聚力并导致冲突升级，同时催化恐怖主义和暴力极端主义的扩散。[①]

联合国减少灾害风险办公室消息称，新冠疫情证明了国际科学界多年来所认识到的一点：在一个日益相互依存的世界中，我们的生活方式，我们的选择意味着各种风险以复杂的方式交织在一起，并会蔓延到各个社区、社会，甚至经济体，从而导致具有系统性和关联性的灾害。健康危机考验人类在面对具有不确定性和不断升级的灾害时的合作、学习和适应能力。[②]

二、增强公共治理的风险观念

新冠疫情改变了世界，人类社会的转折点来得如此突然，让人始料未及。疫情防控是对我国国家治理及应急管理的一次“大考”，也充分说明了增强公共治理中的风险观念和忧患意识以及应急管理的极端重要性。

2018 年 1 月，习近平总书记在学习贯彻党的十九大精神专题研讨班开班式的讲话中列举了 8 个方面 16 个具体风险，提出要像对待“非典”那样的重大传染性疾病一样，时刻保持警惕、严密防范。[③] 2019 年 1 月 21 日，习近平在省部级主要领导干部坚持底线思维着力防范化解重大风险专

① 新华社．联合国秘书长：新冠疫情正改变世界 国际社会应保持警觉．株洲日报，2020－09－04（B4）．

② 新冠肺炎疫情给人类带来了重新思考风险的机遇．（2020－07－07）［2024－12－01］．国家应急广播网．

③ 钟华论．办好发展和安全两件大事．（2022－09－19）［2024－12－01］．新华网．

题研讨班的讲话中强调，要深刻认识和准确把握外部环境的深刻变化和我国改革发展稳定面临的新情况新问题新挑战，坚持底线思维，增强忧患意识，提高防控能力，着力防范化解重大风险。[①] 2019 年 11 月 29 日，习近平在中央政治局第十九次集体学习时强调，应急管理是国家治理体系和治理能力的重要组成部分，要积极推进我国应急管理体系和能力现代化。[②] 2020 年 3 月 10 日，习近平在武汉考察新冠肺炎疫情防控工作，谈到如何补齐治理体系和治理能力短板时指出要树立“全周期管理”意识。[③] 2020 年 8 月 24 日，他在经济社会领域专家座谈会上的讲话中说：“今后一个时期，我们将面对更多逆风逆水的外部环境，必须做好应对一系列新的风险挑战的准备。”[④] 2020 年 9 月 8 日，习近平在全国抗击新冠肺炎疫情表彰大会上的讲话中强调，坚持底线思维、增强忧患意识，有效防范和化解前进道路上的各种风险。[⑤]

这次疫情凸显了公共治理及公共决策中的风险识别与防范、危机预警与应急决策的重大而紧迫的实践需求。联合国减少灾害风险办公室和国际科学理事会认为，在抗击新冠疫情并维持人类健康的战斗中，在战“疫”和复原力方面所作的选择将决定实现“2030 年可持续发展议程”以及其后各项目标取得的进展，这是一个难得的机会，必须从被动保护转向积极预防。[⑥]

今天，不确定性、脆弱性、风险社会、危机和应急管理一类的概念与

---

① 中共中央党史和文献研究院．习近平关于防范风险挑战、应对突发事件论述摘编．北京：中央文献出版社，2020：19.

② 习近平在中央政治局第十九次集体学习时强调 充分发挥我国应急管理体系特色和优势 积极推进我国应急管理体系和能力现代化．人民日报，2019－12－01（1）．

③ 习近平．在湖北省考察新冠肺炎疫情防控工作时的讲话．求是，2020（7）：4－11.

④ 习近平．习近平重要讲话单行本：2020 年合订本．北京：人民出版社，2021：73.

⑤ 同④，第 116 页．

⑥ 新冠肺炎疫情给人类带来了重新思考风险的机遇．（2020－07－07）［2024－12－01］．国家应急广播网．

主题在公共治理研究中的地位和重要性与日俱增；底线思维、忧患意识与风险观念必须贯穿到公共治理的全过程；逆境中的政策制定与执行、风险防控与应急管理已成为常规或常态化的决策和管理方式，而不仅仅是非常态时期之所需。

新冠疫情成为应急管理学科大发展的契机和推动力。响应习近平总书记关于“大力培养应急管理人才，加强应急管理学科建设”[①] 的号召，2020 年疫情发生后国务院学位委员会在公共管理一级学科中设立了应急管理二级学科博士点和硕士点，20 所“双一流”高校（包括厦门大学、北京大学、清华大学、浙江大学、华南理工大学、复旦大学、南京大学、山东大学、四川大学、中南大学、西安交通大学等学校）成为首批试办单位，完成了培养方案的论证，当年招生[②]；公共管理硕士专业学位（MPA）增设应急管理研究方向；教育部在当年的“长江学者”特聘教授聘任中设立“应急管理”特别岗位；一大批研究项目（例如国家自然科学基金和国家社会科学基金的应急管理专项项目和年度项目）确定以及“十四五”时期的重大研究计划或重大项目拟定；一批新的研究与教学机构成立，还有海量的论著和咨询报告问世。这标志着应急管理的科学研究、知识应用与人才培养迎来新的历史机遇，进入新的发展阶段，并呈现出繁荣的景象。

三、拓展公共治理的研究视野

中国特色社会主义进入新时代，经济社会进入新发展阶段。新发展阶

---

① 中共中央党史和文献研究院．习近平关于防范风险挑战、应对突发事件论述摘编．北京：中央文献出版社，2020：201.

② 作为试点单位之一，厦门大学公共事务学院率先完成了应急管理二级学科设置论证，提出了一个探索性方案，设立了危机预警与应急决策、应急公共服务管理、风险规制与应急管理、跨界应急管理协作四个研究方向。

段及新发展格局意味着新任务和新课题。习近平在经济社会领域专家座谈会上的讲话中提出的六大时代新课题，是公共治理和公共政策研究的最重大最重要的课题。

新冠疫情改变了人们的生产、生活、工作和学习方式，促使人类再度反思人与自然关系、绿色发展与生命价值、生态环境与生活方式的改变、公共价值与美好生活、民生改善与公共服务一类的事关人类生存和社会生活的重大问题，并催生新的发展理念，促使衡量发展的标准由 GDP（国内生产总值）向 GNH（国民幸福指数）以及 GEP（生态系统生产总值或生态系统服务价值）转变。① “创新、协调、绿色、开放、共享”是我国的新发展理念，党的十九届五中全会指出要促进经济社发展全面绿色转型，建设人与自然和谐共生的现代化。

有报道称：科学家认为突如其来的疫情无意间给全球减排带来了正增长，新冠疫情可能是实现绿色经济转型的最后一个机会；英国等几个欧洲国家均给出了应对气候变化问题的“后新冠时代”路线图，主要思路是“这可能是最后一个机会来实现绿色的增长或者绿色经济转型，以帮助我们实现一个零碳排放的社会”。②

2021 年 3 月 15 日召开的中央财经委员会第九次会议强调，实现碳达峰、碳中和是一场广泛而深刻的经济社会系统性变革，要把碳达峰、碳中和纳入生态文明建设整体布局，拿出抓铁有痕的劲头，如期实现 2030 年

---

① 深圳市政府新闻办于 2021 年 3 月 23 日在市政府新闻发布厅举行新闻发布会，介绍该市 GEP 核算制度体系建设的情况。深圳市生态环境局副局长张亚立在会上表示，目前深圳建立的“1＋3”GEP 核算制度体系是全国第一个完整的生态系统生产总值核算制度体系，GEP 是指生态系统为人类福祉和经济社会可持续发展提供的最终产品与服务价值的总和，包括物质产品价值、调节服务价值和文化服务价值三部分。

② 科学家：新冠疫情可能是最后一个机会来实现绿色经济转型．（2020－09－01）［2024－12－01］．新浪新闻．

前碳达峰、2060年前碳中和的目标。“碳达峰”与“碳中和”是当前公共治理与公共政策实践的关键词，值得我们高度关注。

人们的美好生活及幸福感要靠高质量的公共服务供给来保障。“十四五”时期进一步改善民生，提供高质量的公共服务。新发展阶段必须关注人与自然关系、生活方式改变以及“公共服务与美好生活”一类的宏大话题，加强对公共服务重大实践课题的研究与解决。

社会主义的根本目标是实现共同富裕，实现人的自由而全面的发展。党的十九届五中全会将全体人民共同富裕取得更为明显的实质性进展确立为2035年基本实现社会主义现代化的远景目标之一，共同富裕正从理想转变为现实。脱贫攻坚战全面胜利之后，如何乘势而上，夯实推动共同富裕的制度基础？这是笔者2021年发表的一篇文章的主题[①]。在地方如何推进社会主义现代化？2035年基本实现现代化的路径与标准是什么？这是目前我们正在调研与思考的问题。

从治理技术或治理方式的角度看，数字治理或数据治理代表着公共治理变革与发展的基本方向，治理的数字化转型是公共治理研究的一个重中之重。这也是笔者这几年所关注和强调的一点。[②] 世界银行发布的《2021年世界发展报告》的主题正是数据治理，题目是“让数据创造更好生活”。这是首篇专门聚焦数据对发展所起作用的世界发展报告，其诞生之时正当新冠疫情肆虐，对全球经济造成严重破坏，使得全球数据不平等的问题突显出来。该报告称“当今数据的空前增长和无所不在显示着数据革命正在改变世界”，报告力求回答两大问题：一是如何通过数据来更好地推进发展目标；二是需要做出何种数据治理安排来支持以安全、道德和

---

① 陈振明，李德国．夯实推动共同富裕的制度基础．国家治理，2021（Z4）：55－59.

② 陈振明．实现治理数字化和智能化转型．国家治理，2020（3）：20－24；陈振明．政府治理变革的技术基础：大数据与智能化时代的政府改革述评．行政论坛，2015，22（6）：1－9.

可靠的方式生成和使用数据，同时让数据公平地造福于所有人。报告对数据治理的进展做出评估，指出了数据治理中激励机制错位、数据系统不兼容、数据滥用以及基本的信任缺失等问题，并提出了思考与解决这些问题的框架。

中国应急管理体系现代化

2003年"非典"疫情之后，我国开始了现代化应急体系建设的历程。2020年暴发的新冠疫情是新中国成立以来最严重的一次公共卫生事件，是对应急管理体系及国家治理体系的一次严峻考验。正如习近平总书记指出的："这次新冠肺炎疫情防控，是对治理体系和治理能力的一次大考，既有经验，也有教训。"[①]"在这场波澜壮阔的抗疫斗争中，我们积累了重要经验，收获了深刻启示。"[②]回顾中国应急管理体系建设的历程，认真全面分析和总结新冠疫情防控中我国应急管理及国家治理"大考"的经验教训，对于在"后疫情时代"完善我国应急管理以及国家治理体系，提升应急管理及国家治理能力，具有十分重要的意义。

---

① 习近平．在湖北省考察新冠肺炎疫情防控工作时的讲话//中共中央党史和文献研究院．十九大以来重要文献选编（中）．北京：中央文献出版社，2021：473.

② 习近平．在全国抗击新冠肺炎疫情表彰大会上的讲话//中共中央党史和文献研究院．十九大以来重要文献选编（中）．北京：中央文献出版社，2021：691.

一、应急管理体系的建立

中国应急管理或危机管理具有深厚的历史渊源，新中国成立之后在这一领域取得了巨大成就并积累了丰富的经验。而我国正式的应急管理体系建设是 2003 年“非典”疫情发生之后才真正开始的。

（一）渊源与契机

自然灾难和社会危机总是会发生的，在任何时代，政府都需要处理灾难或危机问题。我国古训有：“居安思危，思则有备，有备无患。”（《左传·襄公上》）“是故君子安而不忘危，存而不忘亡，治而不忘乱，是以身安而国家可保也。”（《易经·系辞下传》）“事至而后虑者谓之后，后则事不举。患至而后虑者谓之困，困则祸不可御。”（《荀子·大略》）

“公共危机”概念首次出现在新中国的政府文件中可以追溯到 20 世纪 80 年代中期。1984 年，在大亚湾核电站的选址和施工过程中，由于当地居民对核能不了解而引起恐惧，发生多起群体性事件。后来，国务院将此类事件定性为公共危机，并且提出了解决公共危机的两条建议：一是做好疏导解释，二是出台危机处理的意见。

2003 年之前，我国尚未建设正式的应急管理体系，仅存在原有党政管理体系的自然延伸。作为一种自觉的、综合的应急管理实践是 2003 年“非典”疫情暴发之后才开始起步的。2003 年“非典”疫情暴发之后，完善危机管理体系、提高危机应对能力成为我国政府改革与治理的一个重点。“非典”疫情之后，党中央、国务院提出了加快应急管理体系建设的重大课题。2003 年之后我国应急管理工作主要围绕“一案三制”（“一案”

指应急预案，“三制”指应急管理的体制、机制和法制）来展开。

（二）建设的历程

下面是我国应急管理体系建设的一些重要的时间节点和事项（大事记）。

2003 年：起步。2003 年 5 月 7 日，国务院第七次常务会议审议通过了《突发公共卫生事件应急条例》；同年 10 月召开的党的十六届三中全会提出“提高公共卫生服务水平和突发性公共卫生事件应急能力”；同年 12 月，国务院办公厅成立应急预案工作小组。

2004 年：应急预案编制。2004 年 4 月 6 日，国务院办公厅印发《国务院有关部门制定和修订突发公共事件应急预案框架指南》。同年 5 月 22 日，国务院办公厅印发《省（区、市）人民政府突发公共事件应急预案框架指南》。同年 9 月，党的十六届四中全会明确提出：要建立健全社会预警体系，形成统一指挥、功能齐全、反应灵敏、运转高效的应急机制。

2005 年：全面推进“一案三制”工作。2005 年 4 月 17 日，国务院下发《国家突发公共事件总体应急预案》。作为全国应急预案体系的总纲，该文件明确了各类突发公共事件分级分类和预案框架体系（应急预案体系包括六个方面：突发公共事件总体应急预案、突发公共事件专项应急预案、突发公共事件部门应急预案、突发公共事件地方应急预案、企事业单位根据有关法律法规制定的应急预案、重大活动主办单位制定的应急预案）。同年 12 月国务院成立应急管理机构，即国务院应急办（国务院总值班室）。

2006 年：加强应急管理能力建设。2006 年 3 月 14 日十届全国人大四次会议审议通过的《中华人民共和国国民经济和社会发展第十一个五年规划纲要》首次将应急管理列入国家国民经济和社会发展规划。2006 年 10 月 11 日党的十六届六中全会通过的《中共中央关于构建社会主义和谐社会若干重大问题的决定》指出："完善应急管理体制机制，有效应对各种风险。"

2007 年：应急管理法制化建设取得新进展。2007 年 8 月 30 日，第十届全国人民代表大会常务委员会第二十九次会议通过《中华人民共和国突发事件应对法》(共七章：总则、预防与应急准备、监测与预警、应急处置与救援、事后恢复与重建、法律责任、附则)。党的十七大报告提出要完善突发事件应急管理机制。

2013 年：2013 年 10 月 25 日国务院办公厅印发《突发事件应急预案管理办法》，以规范突发事件应急预案管理，增强应急预案的针对性、实用性和可操作性。《突发事件应急预案管理办法》共九章 34 条，明确应急预案按照制定主体划分，分为政府及其部门应急预案、单位和基层组织应急预案两大类。其中，政府及其部门应急预案由各级人民政府及其部门制定，包括总体应急预案、专项应急预案、部门应急预案等。单位和基层组织应急预案由机关、企业、事业单位、社会团体和居委会、村委会等法人和基层组织制定，侧重明确应急响应责任人、风险隐患监测、信息报告、预警响应、应急处置、人员疏散撤离组织和路线、可调用或可请求援助的应急资源情况及如何实施等，体现自救互救、信息报告和先期处置等特点。

2018 年：2018 年 4 月 16 日应急管理部正式成立，这是我国应急管理系统建设的一大标志性事件，旨在加强、优化、统筹国家应急能力建设，构建统一指挥、专常兼备、反应灵敏、上下联动的应急管理体系和应急能力。应急管理部整合了 11 个部门的 13 项应急救援职责和 5 个国家指挥协调机构的职责，并组建了综合性消防救援队伍，公安消防部队和武警森林部队 20 万官兵整体转制。

2019 年：2019 年 11 月 5 日，党的十九届四中全会通过《中共中央关于坚持和完善中国特色社会主义制度 推进国家治理体系和治理能力现代化若干重大问题的决定》，强调健全公共安全体制机制，提高防范抵御国家安全风险能力。指出要完善和落实安全生产责任和管理制度，建立公共安全隐患排查和安全预防控制体系；构建统一指挥、专常兼备、反应灵敏、上下联动的应急管理体制，优化国家应急管理能力体系建设，提高防灾减灾救灾能力；加强和改进食品药品安全监管制度，保障人民身体健康和生命安全。

（三）体系的形成

经过多年建设，我国基本形成中国特色应急管理体系。2019 年 9 月 18 日，时任应急管理部副部长孙华山在国新办举行的新闻发布会上介绍，我国已基本形成中国特色应急管理体系，累计颁布实施突发事件应对法、安全生产法等 70 多部应急管理事业法律法规，发布了《中共中央 国务院关于推进安全生产领域改革发展的意见》《中共中央 国务院关于推进防灾减灾救灾体制机制改革的意见》，制定了 550 余万件应急预案，形成了应对特别重大灾害“1 个响应总册＋15 个分灾种手册＋7 个保障机制”的应急工作体系，探索形成了“扁平化”组织指挥体系、防范救援救灾“一体化”运作体系。

应急管理坚持以人民为中心的发展思想，坚持生命至上、安全第一，确立发展决不能以牺牲安全为代价的安全发展理念。坚持以防为主、防抗救相结合，常态救灾和非常态救灾相统一，努力实现从注重灾后救助向注重灾前预防转变、从应对单一灾种向综合减灾转变、从减少灾害损失向减轻灾害风险转变，确立了自然灾害防治理念。

应急管理部与32个部门和单位建立了会商研判和协同响应机制，与军委联合参谋部建立了军地应急救援联动机制，探索形成了一套行之有效的抢险救援技战术打法，显著提升了攻坚克难的应急能力，有力有序有效应对了一系列超强台风、严重洪涝灾害、重大堰塞湖、重大森林火灾、特大山体滑坡和严重地震灾害。

我国创造性地建立了安全生产党政同责、一岗双责、齐抓共管、失职追责的责任体系，以及部门“三个必须”的监管责任（管行业必须管安全、管业务必须管安全、管生产经营必须管安全）、企业“五个到位”（责任、投入、培训、管理、应急）的主体责任等制度化工作机制，持续不断深化重点行业领域专项整治。[①]

二、应急管理的“中考”与“大考”

如果将2003年看作我国应急管理的“入学考”或“小考年”的话，那么，2008年可以说是我国应急管理的“中考年”，2020年当然就是“大考年”。

（一）应急管理的“中考”

2008年，基于“一案三制”的国家应急管理体系经受了汶川地震和南方雨雪冰冻灾害等重大灾害性事件的严峻考验，充分显示中国应急管理建设的成效。“2008年我们成功应对南方部分地区低温雨雪冰冻和四川汶

① 蔡岩红．我国基本形成中国特色应急管理体系．（2019－09－19）［2024－12－01］．中国青年网．

川特大地震等突发事件，取得了重大胜利。”[①] 2008 年 10 月 8 日胡锦涛在全国抗震救灾总结表彰大会上提出“伟大抗震救灾精神”。他指出汶川地震抗震救灾是中国历史上救援速度最快、动员范围最广、投入最大的抗震救灾斗争，最大限度挽救了受灾群众生命、最大限度降低了造成的损失；要弘扬“万众一心，众志成城，不畏艰险，百折不挠，以人为本，尊重科学”的伟大抗震救灾精神。

灾后，从中央到地方针对应对突发事件及应急管理存在的问题与不足进行反思，并提出要在建立健全应急管理的体制、机制和法制上下大功夫，包括建立起统一指挥、反应灵敏、协调有序、运转高效的应急管理机制，完善应急预案体系，加强机构队伍建设和培训演练工作；健全投入保障机制，提高物资装备水平；健全监测预警网络，全面落实防控措施等。

应急管理中存在的主要问题与不足：一是突发事件应急管理中的部门分割、条块分割、分兵把守、各自为战的问题突出，应对突发事件的责任不够明确，统一、协调、灵敏的应对机制尚未形成。二是应对突发事件存在“重救轻防”，缺乏风险管理意识；许多行政机关应对突发事件的能力不强，危机意识不强，依法可以采取的应急处置措施不够充分、有力。三是应急管理的各环节，包括突发事件的预防与应急准备、监测与预警、应急处置与救援等的体制、机制不完善，法制建设也有待加强。四是应对突发事件的政治动员能力强，社会动员能力弱，社会广泛参与应对工作的机制还不健全，尚未形成由政府、企业和社会共同参与的网络状的应急管理体系。五是社会警觉性较差，市民缺乏自救、救护的防灾意识，公众自救与互救能力不强，危机意识有待提高。

汶川地震后提出的推进应急管理工作的措施：第一，强化应急管理基

① 马凯．落实科学发展观 推进应急管理工作．求是，2009（3）：8－11.

础能力建设，包括重要基础设施抗灾能力建设、安全生产基础能力建设、公共卫生保障体系建设和社会安全基础能力建设。第二，全方位推进应急管理体制机制建设，要按照在党中央、国务院统一领导下综合协调、分类管理、分级负责、属地管理为主的总体要求，进一步理顺应急管理体制，积极推进应急管理工作常态化，完善应急决策机制，建立强有力的应急管理组织体系。第三，进一步推进应急管理法律和预案体系建设。要进一步研究完善有关突发事件应对方面的法律法规，并抓紧制定各项配套规定，完善突发事件分级、预防、应急准备、监测预警、信息发布等具体制度，进一步完善应急预案体系。第四，健全应急管理保障体系。加强应急队伍建设，加大应急管理资金投入力度，加强应急物资的储备和管理，推进应急管理平台建设，提高应急决策指挥的有效性和针对性。第五，提高全社会风险防范意识和灾害应对能力。加强应急知识宣传教育，加强对各级干部应急管理知识能力的教育培训以及企业应急管理培训等。①

（二）应急管理的“大考”

作为新中国成立以来最严重的一次公共卫生事件，新冠疫情是对我国应急管理体系和能力的一次“大考”。全国抗击新冠肺炎疫情表彰大会于2020年9月8日上午在北京人民大会堂隆重举行，习近平总书记发表重要讲话，强调抗击新冠肺炎疫情斗争取得重大战略成果，充分展现了中国共产党领导和我国社会主义制度的显著优势，充分展现了中国人民和中华民族的伟大力量，充分展现了中华文明的深厚底蕴，充分展现了中国负责任大国的自觉担当，极大增强了全党全国各族人民的自信心和自豪感、凝

① 马凯．落实科学发展观 推进应急管理工作．求是，2009（3）：8－11.

聚力和向心力，必将激励我们在新时代新征程上披荆斩棘、奋勇前进。习近平总结了抗疫斗争的六条基本经验："中国共产党所具有的无比坚强的领导力，是风雨来袭时中国人民最可靠的主心骨。""中国人民所具有的不屈不挠的意志力，是战胜前进道路上一切艰难险阻的力量源泉。""中国特色社会主义制度所具有的显著优势，是抵御风险挑战、提高国家治理效能的根本保证。""新中国成立以来所积累的坚实国力，是从容应对惊涛骇浪的深厚底气。""社会主义核心价值观、中华优秀传统文化所具有的强大精神动力，是凝聚人心、汇聚民力的强大力量。""构建人类命运共同体所具有的广泛感召力，是应对人类共同挑战、建设更加繁荣美好世界的人间正道。"习近平总书记用20个字概括伟大抗疫精神——"生命至上、举国同心、舍生忘死、尊重科学、命运与共"①。

疫情防控彰显了中国特色社会主义制度和国家治理体系的巨大优越性，特别是集中力量办大事的制度优势与党的领导制度优势，展现出我国强大的国家动员能力和政策执行力以及中国人民的意志力、凝聚力、战斗力和行动力。习近平总书记指出："中国人民在疫情防控中展现的中国力量、中国精神、中国效率，展现的负责任大国形象，得到国际社会高度赞誉。"② 2020年2月29日公开发布的《中国-世界卫生组织新型冠状病毒肺炎联合考察报告》指出，此次抗疫，中国采取了历史上最勇敢、最灵活、最积极的防控措施。"我一生中从未见过这样的动员。"世界卫生组织总干事谭德塞对中国在抗疫中采取的措施给予高度评价，他称赞中国采取的很多防控措施远远超出应对突发事件的相关要求，为各国防疫工作设立了新标杆。而美国抗疫失败的根源在于美国的体制和美国的价值观。

---

① 习近平．在全国抗击新冠肺炎疫情表彰大会上的讲话//中共中央党史和文献研究院．十九大以来重要文献选编（中）．北京：中央文献出版社，2021：691-693.

② 习近平．在统筹推进新冠肺炎疫情防控和经济社会发展工作部署会议上的讲话//中共中央党史和文献研究院．十九大以来重要文献选编（中）．北京：中央文献出版社，2021：433.

疫情“大考”也暴露了国家治理体系和治理能力尤其是应急管理体系和能力的一些短板、漏洞和弱项：风险、危机和忧患意识及底线思维欠缺，重大疫情防控体制机制不健全，应对重大突发公共卫生事件的能力尤其是预防预警和先期处置能力不足，公共卫生体系及城市治理体系、城乡基层治理体系、国家储备体系、关键物资生产能力布局不完善，生物安全、公共医疗基础设施和医疗卫生人才队伍建设滞后等。因此，习近平总书记强调要“加快补齐治理体系的短板弱项，为保障人民生命安全和身体健康夯实制度保障”[①]。

疫情“大考”对新发展阶段的应急管理以及国家治理提出了一系列需要深入思考和解决的问题。单就应急管理而言，如何增强风险意识和危机意识以及“全周期管理”的意识？如何加强应急管理的制度、体制和机制建设尤其是如何完善统一指挥、上下联动的应急管理体制？如何建立强有力的综合指挥体系？如何处理好应急管理中的条块关系？如何动员市场和社会各方积极参与应对？如何建立健全应急管理的预警预报系统以及疾病预防控制体系？如何消除包括健康风险在内的公共安全风险并提升国家生物安全防御能力？如何强化应急管理中的法治保障和科技支撑？如何系统梳理国家储备体系漏洞，科学调整储备的品类、规模、结构，提升储备效能？如何优化关键物资生产能力布局，做到关键时刻拿得出、调得快、用得上？如何迅速综合各方的资源以应对需求高峰？如何更好应对处置突发性事件及应急管理中的舆情？等等。

就国家治理层面而言，如何夯实国家治理的制度基础与强化制度执行力？如何深化国家治理的体制、机制、流程和方式的改革？如何完善城市治理体系、城乡基层治理体系？如何推进国家治理的数字化智能化转型？

---

① 习近平．在全国抗击新冠肺炎疫情表彰大会上的讲话//中共中央党史和文献研究院．十九大以来重要文献选编（中）．北京：中央文献出版社，2021：695.

如何更好处理国家与社会（或政府、市场和社会关系），保证治理主体之间的高效协作，在制度上明晰各方权责，在技术上实现信息、人员、资金和物资的有效对接？这些问题的解决将大大提升我国应急管理以及国家治理现代化的水平。

北京大学俞可平教授认为，每一次人类的重大灾难，都是对国家制度和国家治理能力的考验；面对每一次人类的重大灾难，制度和人性的优劣都会得以充分暴露；每一次人类的重大灾难也都必然对国家治理产生深刻影响，并促使国家制度和国家治理的进一步改革。首先，国家治理体系面临重大改革；其次，国家公共权力将在一定程度得以重构；再次，国家治理评价标准需要进行调整；最后，地方治理和社会治理将变得更加重要。

三、应急管理体系的完善

这次疫情“大考”，中国应急管理体系存在条块分割、信息沟通不畅、资源难以整合、协调力度不够、重复建设等问题。薛澜认为，国家应急管理体系建设涉及各层级政府、各有关部门和社会各个方面，而且自然灾害、事故灾难、公共卫生事件、社会安全事件等各类突发事件的关联性、耦合性越来越强，这给构建新时代国家应急管理体系带来了巨大挑战。一是如何从制度建设上解决“防”与“救”的问题。如何在有专门应急管理部门的同时保留合适的专业部门的应对能力，是值得深入研究的问题。还要加强风险防范工作，化解或减缓各种风险及其危害，从而大大降低应急救援的压力和损失。二是如何解决“上”与“下”的问题。应急管理部门上下级之间属于业务指导关系，使得上级部门对下级部门指挥权威不足，难以满足“上下联动”的应急管理体制和灾害事故的高效协同应对要求。三是如何解决“开”与“闭”的问题。应急管理体系现代化建设需要摈弃闭门建设的思路，推动政府部门之间的开放和应急管理体系建设的开放尤其是数据开放共享，还要解决各种应急资源和能力建设中的部门分割、低水平重复建设以及专业化部门管理与属地化区域管理之间协调不足的问题。[①]

强化应急预案的制定与实施，这是应急管理的一个关键环节。习近平总书记强调“要加强应急预案管理，健全应急预案体系，落实各环节责任和措施”[②]。这充分说明了“一案三制”重要性，凸显预案承载——应急体制、机制和法制等功能。应急及风险管理要做到事前防范、事中控制、事后反思的全周期闭环管理。全周期风险管理最重要的是做到事前防范，做到源头治理、早期控制。这正是应急预案重要性之所在。

应急管理法治化建设是应急管理体系与能力现代化的一个基本维度。习近平总书记反复强调应急管理法治化建设的重要性。他在主持中共十九届中央政治局第十九次集体学习时指出：“坚持依法管理，运用法治思维和法治方式提高应急管理的法治化、规范化水平，系统梳理和修订应急管理相关法律法规，抓紧研究制定应急管理、自然灾害防治、应急救援组织、国家消防救援人员、危险化学品安全等方面的法律法规，加强安全生产监管执法工作。”[③] 他在中央全面依法治国委员会第三次会议上指出：“要在党中央集中统一领导下，始终把人民群众生命安全和身体健康放在第一位，从立法、执法、司法、守法各环节发力，全面提高依法防控、依法治理能力，为疫情防控工作提供有力法治保障。”他强调“疫情防控越

① 薛澜．学习四中全会《决定》精神，推进国家应急管理体系和能力现代化．公共管理评论，2019（3）：33－40.

② 新华社．习近平主持中央政治局第十九次集体学习．（2019－11－30）［2024－12－01］．人民网．

③ 习近平：充分发挥我国应急管理体系特色和优势 积极推进我国应急管理体系和能力现代化．（2019－11－30）［2024－12－01］．新华网．

是到最吃劲的时候，越要坚持依法防控，在法治轨道上统筹推进各项防控工作，保障疫情防控工作顺利开展”①。必须加强包括疫情防治在内的应急管理的法治化建设。

针对疫情防控中出现的一些偏离依法防控和依法治理轨道的现象，笔者强调运用法治思维及法治方式，全面提高依法防控、依法治理能力；正理平治使国泰民安，目无法纪则祸国殃民；以“正理平治”之道还“天下安定”之序，以“法治”之本作应急执法标尺。法治思维要体现在客观现实、主观现实、互为现实以及虚拟现实等层面，并切实做到“享有平等待遇”“保证人格尊严”“重视个人隐私”。应急执法不仅是当下对疫情的抗击，更是对今后政治、经济和社会风险的防控。②

针对中国这次抗疫期间出现的应急法律制度的短板，中国政法大学应急管理法律与政策研究基地主任林鸿潮说：“疫情过后，要尽快完善中国的应急法律制度，既为政府采取应急措施提供法治保障，也要对政府权力进行规制。政府应当按照法律规定，知道什么时候应当采取什么级别的行动。同时，政府应当依法实施管控措施，既要及时采取行动，又不能越界侵犯公民的合法权益。”③

清华大学沈群红副教授认为，应对传染病疫情等突发公共卫生事件，我国有基本齐备的法律规制，如《中华人民共和国传染病防治法》《中华人民共和国突发事件应对法》《中华人民共和国国境卫生检疫法》《中华人民共和国野生动物保护法》，以及《突发公共卫生事件应急条例》《群体性

① 习近平主持召开中央全面依法治国委员会第三次会议强调全面提高依法防控依法治理能力为疫情防控提供有力法治保障．(2020－02－06)［2024－12－01］．人民网．

② 陈振明．“正理平治”：疫情防控的法治逻辑：从“扩大化”“污名化”“去隐私化”现象说起．人民论坛，2020 (5)：48－50.

③ 蒲晓磊．专家建议：完善应急法律制度提升应急管理法治化水平．(2020－02－25)［2024－12－01］．中国新闻网．

不明原因疾病应急处置方案》等。但实际上，从野生动物的管控，到疫情的发现、报告、应对和处置，鲜见有依据上述法律法规的相关举措，主要是因为该领域法律规制缺乏刚性约束。刚性约束不强，会导致法律无法有效规范各方行为，引致各方推诿。①

面对疫情，公众需要政府公开什么样的信息？疫情时期政府应依法公开哪些信息？如何处理公布涉疫个人信息保护和公众健康权、知情权之间的平衡？中国社会科学院法学研究所吕艳滨研究员认为，各地政府的疫情信息公开关键要有需求导向，群众需要什么就公开什么，而不是拘泥于固定的法律条文。群众有需求，政府有回应，这才是好的政府治理。“公开患者的一些信息对于加强防控有必要，如感染的途径、救治的效果，但必须以切实保障当事人隐私为前提，除非当事人自己允许披露更多信息。”②

面对迫切的需要，《中华人民共和国突发事件应对法》（以下简称《突发事件应对法》）紧急启动修订。2020 年 5 月下旬召开的全国两会上，多位全国人大代表、政协委员也呼吁加快修改《突发事件应对法》，并对疫情中呈现出的突发事件信息上报、公民生命财产权保护、应急管理中公民知情权保障、行政应急权的规制、应急法律衔接以及紧急状态启动等问题提出具体修改建议。2024 年 6 月 28 日，第十四届全国人民代表大会常务委员会第十次会议修订通过《突发事件应对法》，自 2024 年 11 月 1 日起施行。

总之，当代全球已进入高风险社会阶段，应急管理或危机管理成为国家治理及全球治理的重大而紧迫的问题。应急管理或危机管理能力是国家管理的核心能力，也是衡量国家治理水平的一项最重要的指标。必须坚定不移推进改革与创新，加速我国应急管理体系与能力现代化的实现。正如

① 中国公卫体系八问：已到刮骨疗伤时．（2020－03－14）［2024－12－01］．第一财经．

② 吕艳滨研究员接受中青报采访：政府该如何公开疫情信息．中国青年报，2020－02－07（1）．

习近平总书记所指出的："应急管理是国家治理体系和治理能力的重要组成部分，承担防范化解重大安全风险、及时应对处置各类灾害事故的重要职责，担负保护人民群众生命财产安全和维护社会稳定的重要使命。要发挥我国应急管理体系的特色和优势，借鉴国外应急管理有益做法，积极推进我国应急管理体系和能力现代化。"[①]

---

① 习近平：充分发挥我国应急管理体系特色和优势 积极推进我国应急管理体系和能力现代化. (2019-11-30)［2024-12-01］. 新华网.

作为国家治理现代化目标指向的高效能治理

党的十九届四中全会通过的《中共中央关于坚持和完善中国特色社会主义制度 推进国家治理体系和治理能力现代化若干重大问题的决定》强调“将制度优势转化为治理效能”。2020年5月22日，习近平总书记在参加内蒙古代表团审议时提出了“高效能治理”的命题，强调“要研究谋划中长期战略任务和战略布局，有针对性地部署对高质量发展、高效能治理具有牵引性的重大规划、重大改革、重大政策，在应对危机中掌握工作主动权、打好发展主动仗”[①]。这与他一向重视治理效能与效能建设的思想一脉相承，彰显了国家治理现代化进程中提升治理效能，以高效能治理推动高质量发展的极端重要性。《中华人民共和国国民经济和社会发展第十四个五年规划和2035年远景目标纲要》则将“国家治理效能得到新提升”确定为“十四五”时期我国经济社会发展的一个主要目标。可以说，“高

① 谢环驰．习近平在参加内蒙古代表团审议时强调 坚持人民至上 不断造福人民 把以人民为中心的发展思想落实到各项决策部署和实际工作之中．人民日报，2020-05-23（1）．

效能治理”是我国国家治理现代化的基本目标指向，也是国家治理现代化“中国方案”的一个鲜明特征与显著优势。

一、治理的效能标准为何重要

如何衡量国家或政府的好坏与治理质量的高低？这是公共治理的一个重大理论与实践课题，也是一个自古以来争论不休且尚未真正解决的难题。历史上有各种各样的描述“良好治理”或“善治”的术语，从古代柏拉图的“理想国”、孔子的“大同”“小康”以及后人的“治世”“盛世”，到近代托马斯·莫尔的“乌托邦”和培根的“新大西岛”，再到现当代的“好国家”“好政府”“善治”等。还有其他描述治理状况的术语，例如，“最小国家”“守夜人国家”与“有限政府”、“强国家”与“弱国家”、“强政府”与“弱政府”、“大政府”与“小政府”、“高效政府”与“无效政府”、“好政府”与“坏政府”、“好国家”与“坏国家”、“成功国家”与“失败国家”以及“治理失灵”和“治理赤字”等。

效率、效能（有效性）、绩效是管理或治理的基本价值标准，贯穿于公共管理或公共治理理论与实践发展的始终。传统公共行政学主张以效率原则作为行政管理的最高标准。在公共行政学的倡导者看来，行政管理追求的目标就是行政效率，通过对行政现象的研究，可以推出行政管理的若干基本原则，如统一指挥、协调控制、功能部门化等，这些原则为有效的行政管理提供准则，而其中最重要的就是效率标准，即以最小的投入获得最大的效果，所有的管理原则都可以概括或归结为“效率标准”。传统公共行政学因过分推崇效率标准、忽视公平等标准而受到包括新公共行政学派在内的后起学派的学者们的广泛批评。“新公共管理”被人们描述为一场追求“3E”的管理主义运动，它某种程度上回归到公共行政学注重效率的传统，实现了研究焦点由机构、过程和程序向项目、结果和绩效的转移，促进了绩效评估或绩效管理成为当代公共管理学的一个核心主题，而改进公共服务质量和提高公共部门绩效成为当代公共管理改革的一项根本任务。

当下效能或有效性成为衡量全球公共治理尤其是国家或政府治理质量与水平的基本尺度，这与人们对国家或政府在经济社会中作用的反思密切相关。在相当长时期，西方新自由主义推崇市场机制而贬低甚至否认政府或国家作用，这在美国里根和英国撒切尔夫人执政时期表现得淋漓尽致，里根在首次总统就职演说中宣称“政府不是解决问题的办法而是问题本身”。世界银行发布的《1997 年世界发展报告：变革世界中的政府》开篇指出，当今政府的作用问题越来越成为人们关注的焦点。“在世界各地，政府正在成为人们注目的中心。全球经济具有深远意义的发展使我们再次思考政府的一些基本问题：它的作用应该是什么，它能做什么和不能做什么，以及如何最好地做这些事情。”[①] 该报告提出了“高效的政府”概念——指的是具有较高组织效能、效率、适应性以及创新能力的政府，认为高效的政府对于物品和服务的供给以及规则和制度至关重要，市场的繁荣、人们的健康和幸福也依赖于这种政府。《联合国千年发展目标》《2030 年可持续发展议程》强调政府能力与有效治理的重要性，要求各国政府通过自身职能的履行，特别是通过治理改革，提升机构能力，有效制定和实施公共政策来实现经济和社会的可持续发展，满足公众日益增长的公共服务需求。

国家或政府能力、治理有效性以及善治成为当代社会科学尤其是政治学和公共管理学的流行话语。例如，在政治学领域，塞缪尔·亨廷顿

---

① 世界银行．1997 年世界发展报告：变革世界中的政府．北京：中国财政经济出版社，1997：1.

(Samuel Huntington) 的《变化社会中的政治秩序》一书开篇指出："各国之间最重要的政治分野，不在于它们政府的形式，而在于它们政府的有效程度。有的国家政通人和，具有合法性、组织性、有效性和稳定性，另一些国家在政治上则缺乏这些素质。这两类国家之间差异比民主国家和独裁国家的差异更大。"[①] 这表明他试图超越国家或政府分类的传统观点，提出政府有效性概念并强调有效政府与无效政府划分的重要性和意义。

亨廷顿的学生弗朗西斯·福山在许多论著中论及治理有效性、善治标准以及政治秩序和国家能力问题。在他看来，政治秩序发展有三大结构要素：有效统治（国家能力）、法治和问责制。他区分"成功国家"与"失败国家"，认为软弱无能国家或失败国家已经成为当今世界许多严重问题的根源，而改善弱国家的治理能力、增进合法性以及制度强化就成了当务之急。新冠疫情发生后，他分析各国尤其是中美应对疫情的不同做法与结果，认为应对疫情表现好坏的关键不在于政体类型，而在于国家能力、社会信任和领导能力，而这正是中国成功而美国失败的原因所在。

福山在《什么是治理》一文中则专门讨论了如何衡量治理有效性或"善治"（良好的治理）的标准问题，提出了四个方面的评价尺度：(1) 程序衡量（procedural measures）——官员的行为符合既定的规则；(2) 能力衡量（capacity measures）——国家汲取社会资源的能力；(3) 产出衡量（output measures）——国家治理所显现的效果；(4) 官僚机构自主性衡量（measures of bureaucratic autonomy）——政府机构独立、自主、灵活执行政策的程度。他以官僚自主性为横坐标，国家治理能力为纵坐标，将不同的国家摆在了同一个治理坐标体系中加以比较。[②]

近三十年来，"治理质量"（"政府质量"）或"善治"的研究与评价成

---

① 亨廷顿．变化社会中的政治秩序．北京：生活·读书·新知三联书店，1989：1.

② 邵梓捷．福山的新声音：什么是治理？．中国青年报，2013-12-23 (2)．

为全球性的热门话题。哈佛大学的罗伯特·罗特伯格（Robert Rotberg）说：善治已经成为除教育、医疗、就业之外公众最关心的问题，我们需要有一个有效的方法来衡量善治的结果。哥本哈根共识中心的比约恩·隆伯格（Bjorn Lomborg）认为，善治是民众所希望看到的结果，但是如何达到真正的善治则成为所有国家都需要面对的问题，现在评估一个国家的治理成效比帮助其解决问题更关键。[①] 有国内学者评论说，20 世纪 90 年代末以来国际学术界开始关注政府质量，并从中解构了政府质量的概念、测评及影响因素等，“政府质量日益成为衡量‘善政’的重要标准”。[②]不同的机构及学者开发出衡量国家或政府的好坏与治理质量高低的形形色色的指数或指标体系，如世界银行的世界治理指数、世界银行的营商环境指数、哈佛大学的政府质量指标、世界正义工程的法治指数、好国家指数、失败国家指数等。在我国，也有各种各样的政府治理指数或政府绩效评估以及国家治理指标体系的建构及其应用（近年来，营商环境评价、社会治理质量评价和公共服务质量评价成了新的关注点），公共部门或政府绩效管理已成长为公共管理学科中一个重要的主题或分支领域。

二、高效能治理的独特规定性

中国共产党领导人民在国家治理现代化的道路上不断求索，积累了丰富经验、取得了重大成果，实现了“中国之治”——政通人和、经济发展、社会安定、民族团结，与世界上一些国家和地区不断出现乱局对照鲜明，并形成了国家治理现代化的“中国方案”“中国智慧”“中国经验”。

---

① 赵琪．为避免国家治理落入盲目的陷阱各国治理改革要力求切实可行．(2015-07-06)[2024-12-01]．中国社会科学网．

② 聂平平，万苏春．国外政府质量研究：话语阐释、测评指标与研究困境．国外社会科学，2018 (5)：75-83.

作为国家治理现代化的基本目标导向，高效能治理是国家治理体系和治理能力现代化的必然要求，彰显了国家治理现代化“中国方案”“中国智慧”“中国经验”的鲜明特征与显著优势。

何谓国家治理体系和治理能力现代化？习近平总书记在党的十八届三中全会第二次全体会议上的讲话中做出高度概括：“国家治理体系是在党领导下管理国家的制度体系，包括经济、政治、文化、社会、生态文明和党的建设等各领域体制机制、法律法规安排，也就是一整套紧密相连、相互协调的国家制度；国家治理能力则是运用国家制度管理社会各方面事务的能力，包括改革发展稳定、内政外交国防、治党治国治军等各个方面。国家治理体系和治理能力是一个有机整体，相辅相成，有了好的国家治理体系才能提高治理能力，提高国家治理能力才能充分发挥国家治理体系的效能。”①

如何理解“高效能治理”？“有效性”“效能”“绩效”是相近的概念。“高效能”可以一般地界定为获得好的结果或取得成功，因而实现高效能治理的国家或政府可以称为“成功国家”或“有效政府”，也可以说是达成了“善治”。任剑涛等认为，国家治理绩效指的是一个国家在资源动员、政策制定与执行、市场与社会响应之后显示的治理结果。如果符合人们的预期，甚至接近某种规范状态，便被评价为善治。②“高效能治理”应该是一个以结果为导向的综合评价标准，既包括效率、节约、效率和效益价值尺度，也包括民主、公平、正义和回应性的价值尺度，超越了公共管理学上所谓的“管理主义”和“民主主义”之争。

治理的有效与无效、高效能与低效能、成功国家与失败国家、有效政府与无效政府相对存在。高效治理要防止治理失灵，弥补治理赤字，避免

① 习近平．切实把思想统一到党的十八届三中全会精神上来．求是，2014 (1)：3－6.
② 任剑涛，朱丹．意识形态与国家治理绩效．学海，2018 (2)：72－81.

陷入治理陷阱，克服低效治理和平庸治理。燕继荣认为，高效能治理，就是要看治理的有效性，看制度完善不完善，是否能够切实解决治理中遇到的问题和麻烦；就是要在推进国家治理体系和治理能力现代化的过程中，切实发挥好中国特色社会主义制度的优势，让治理既能保障国家长治久安的需要，又能满足人民群众对美好生活的期待，把制度优势转化为实实在在的治理效能。①

作为国家治理现代化目标指向的高效能治理具有一系列的独特规定性。

首先，高效能治理具有深厚的历史根源和现实基础。正如习近平总书记所指出的，一个国家的治理体系和治理能力是与这个国家的历史传承和文化传统密切相关的。解决中国的问题只能在中国大地上探寻适合自己的道路和办法②；我国今天的国家治理体系，是在我国历史传承、文化传统、经济社会发展的基础上长期发展、渐进改进、内生性演化的结果③。国家治理现代化“中国方案”以高效能治理为目标定位，是在吸取古今中外治乱兴衰的经验教训，适应转型发展实践以及治理现代化现实需要的基础上形成的，是扎根中国历史文化传统、立足现实国情和适应全球趋势的合理选择，并经历了实践检验，具有显著优势，充满生机活力。

其次，高效能治理凸显“以人民为中心”的公共价值取向。社会主义民主政治的本质和核心是人民当家作主。“发展社会主义民主政治，是推进国家治理体系和治理能力现代化的题中应有之义。”④ 增进人民福祉、促进

---

① 李自强．以高效能治理推动高质量发展．(2020－06－10)［2024－12－01］．中央纪委国家监委网站．

② 习近平在中共中央政治局第十八次集体学习时强调 牢记历史经验历史教训历史警示 为国家治理能力现代化提供有益借鉴．人民日报，2014－10－14 (1)．

③ 李学仁．习近平在省部级主要领导干部学习贯彻十八届三中全会精神全面深化改革专题研讨班开班式上发表重要讲话强调 完善和发展中国特色社会主义制度 推进国家治理体系和治理能力现代化．人民日报，2014－02－18 (1)．

④ 习近平．在庆祝全国人民代表大会成立 60 周年大会上的讲话，北京：人民出版社，2014：20.

社会公平正义、全面进步和人的全面发展，这是高效能国家治理的价值选择。习近平总书记在广西考察时深情地对村民说："让人民生活幸福是国之大者。"[①] 以人民为中心，始终把人民利益摆在至高无上的地位，多谋民生之利、多解民生之忧，发展的根本目的是增进民生福祉，不断增强人民的获得感、幸福感、安全感，把人民获得感作为"试金石"，把人民的支持作为"发动机"，不断推进全体人民共同富裕，这是以习近平同志为核心的党中央的鲜明执政品格与政策风格，也是高效能治理的必然要求。

再次，高效能治理以中国特色社会主义制度作为基础。习近平总书记指出："我们治国理政的本根，就是中国共产党的领导和我国社会主义制度。"[②] 国家制度和国家治理之间的关系在于：国家制度是国家治理的前提、基础和本根，即"制度是起根本性、全局性、长远性作用的"[③]；而国家治理体系和治理能力是一个国家的制度和制度执行能力的集中体现与实现方式，"两者相辅相成，单靠哪一个治理国家都不行"[④]。作为党和人民在长期实践探索中形成的科学制度体系，中国特色社会主义制度是我国国家治理一切工作和活动展开的依据。只有构建起系统完备、科学规范、运行有效的制度体系，才能真正实现国家制度优势转化为国家治理效能。

最后，高效能治理以强大的国家（治理）能力为保障。具备强大的国家动员能力和政策执行力以及人民的意志力、凝聚力、战斗力和行动力，能够集中力量办大事、最大限度整合资源、聚焦最大公约数、形成最大同心圆以及选贤任能、唯才是举的选人用人方略，这是"中国之制"与"中

---

① 谢环驰，鞠鹏．习近平在广西考察时强调 解放思想深化改革凝心聚力担当实干 建设新时代中国特色社会主义壮美广西．人民日报，2021-04-28（1）．

② 习近平．习近平谈治国理政：第三卷．北京：外文出版社，2020：165-166．

③ 中共中央文献研究室．习近平关于全面深化改革论述摘编．北京：中央文献出版社，2014：28．

④ 中共中央文献研究室．习近平关于协调推进"四个全面"战略布局论述摘编．北京：中央文献出版社，2015：81

国之治”的显著优势。国家制度及治理体系优势能否转化为国家治理效能的关键在于治理能力尤其是制度和政策执行力。新中国成立七十多年来，特别是党的十八大以来，中国共产党人在制度和政策的抓落实、促成效方面取得了巨大的成就。高效决策和执行力被视为中国模式或中国之治的一大特点与优势。例如，福山认为中国政治制度的特性使它拥有高效决策功能，高效的决策力是中国模式下的独特优势。在缅甸政治家吴梭貌看来，高效的决策和落实是中国国家制度和国家治理的一个显著特点与优势，一旦制定决策，便能立刻推动实施，正是高效的决策和落实，保证了中国改革开放以来经济的高速稳定增长。[①]

三、提升国家治理的整体效能

党的十九届四中全会通过的决定对如何坚持和完善中国特色社会主义制度、推进国家治理体系和治理能力现代化做出战略部署，提出了实现国家治理现代化的三阶段或三步走的目标任务——到 2021 年（第一个百年），制度体系更加成熟更加定型；到 2035 年；基本实现国家治理体系和治理能力现代化；到 2049 年（第二个百年），全面实现国家治理体系和治理能力现代化。“十四五”规划纲要则明确将“国家治理效能得到新提升”作为这一时段经济社会发展的一个主要目标。在新时代及新发展阶段，必须下大力气加快国家治理现代化的步伐，提升国家治理的整体效能。

习近平总书记对于当前我国国家治理体系和治理能力以及治理效能的现状做了深刻分析和评价，认为我国的国家治理体系和治理能力总体上是好的，是适应我国国情和发展要求的，但还有许多亟待改进的地方，制度

① 鹿铖．中国的发展得益于高效决策和落实：缅甸政界、学界热议中共十九届四中全会．光明日报，2019－11－04（12）．

还没有达到更加成熟更加定型的要求，有些方面甚至成为制约我们发展和稳定的重要因素。因此，必须适应国家现代化总进程，提高党科学执政、民主执政、依法执政水平，提高国家机构履职能力，提高人民群众依法管理国家事务、经济社会文化事务、自身事务的能力，实现党、国家、社会各项事务治理制度化、规范化、程序化，不断提高运用中国特色社会主义制度有效治理国家的能力。

那么，如何提升国家治理的整体效能，实现高效能治理的目标呢？一是夯实国家治理的制度基础。要加强制度建设，推进制度创新，坚持党的全面领导制度，完善中国特色社会主义制度体系，这是把制度优势转化为治理效能的前提条件。例如在政府管理领域，要深化行政体制改革以及经济、社会、文化、生态等管理领域的体制机制改革，完善国家行政体制，优化政府的组织结构与职责体系，创新行政管理方式，扩大人民的有序参与及监督，建设人民满意的服务型政府。

二是强化制度和政策执行力。把制度优势转化为国家治理效能的关键在于强化制度和政策执行力。习近平总书记反复强调“制度的生命力在于执行”，“一分部署，九分落实”，“狠抓落实”。这既是习近平总书记一贯的思想论点，也是他一贯的工作作风。必须以解决制度和政策执行中的问题为导向，从执行主体能力强化、执行体制机制改革、执行过程环节协调、执行工具或技术改进等方面入手，消除影响制度和政策有效执行的体制性、机制性、保障性障碍，打通制度和政策执行的“最后一公里”；加强对制度和政策执行的监督，加大制度和政策执行的监督检查力度，切实提升制度和政策执行力。

三是着力固根基、扬优势、补短板、强弱项。新冠疫情防控是对国家治理体系和治理能力的一次“集中检验”、一次“大考”，既有经验也有教训。疫情防控既彰显了中国特色社会主义制度和国家治理体系的巨大优越性，也暴露出国家治理体系和治理能力的一些短板、漏洞和弱项以及体制机制方面存在的不足。必须认真分析和总结这次“大考”的经验教训，着力固根基、扬优势，加快补齐国家治理体系的短板弱项，完善国家治理体系，提升国家治理能力和治理效能。

四是改进治理方式。以“五治”（政治引领、法治保障、德治教化、自治强基、智治支撑）推进国家治理方式现代化[①]，加强系统治理、依法治理、综合治理、源头治理，始终坚持党的领导、人民当家作主、依法治国的有机统一，实现党、国家、社会各项事务治理制度化、规范化、程序化。

我国已开启全面建设社会主义现代化国家新征程。我们必须响应习近平总书记的号召，面对新形势新任务，既要立足当前，又要放眼长远，有针对性部署对高质量发展、高效能治理具有牵引性的重大规划、重大改革、重大政策，让“中国之制”与“中国之治”形成更为有力的支撑。我们要在新发展阶段尤其是“十四五”时期，让制度体系更加成熟更加定型，使治理能力和治理效能显著提升，以高效能治理引领高质量发展和高品质生活。

① 陈一新．“五治”是推进国家治理现代化的基本方式．求是，2020（3）：25－32.

加强共同富裕的制度建设

共同富裕是中国特色社会主义的根本原则。党的十九届五中全会公报强调“扎实推动共同富裕，不断增强人民群众获得感、幸福感、安全感，促进人的全面发展和社会全面进步”，并将全体人民共同富裕取得更为明显的实质性进展确立为到 2035 年基本实现社会主义现代化远景目标之一。在新时代，必须加强共同富裕的制度建设，夯实制度基础，完善制度体系，提升制度执行力，扎实推进共同富裕，不断开创新时代中国特色社会主义事业新局面，并为实现联合国《2030 年可持续发展议程》提出的在全球消除贫困、饥饿与不平等目标做出更大的贡献。

一、推进共同富裕是中国共产党人的历史使命，也是中国的世界担当

纵观历史，财富的生产和分配是理解人类悲欢离合、国家兴衰存亡的关键线索。近现代以来的民族国家建构，无一不把消除贫困、促进人与人之间的相对平等视为最重要的政治议程之一。英国在 17 世纪之初颁布了

历史上第一部专门的济贫法——《伊丽莎白济贫法》，此后通过持续的社会立法率先迈入了福利国家行列。德国在19世纪率先制定和实施社会保险法，社会保障制度逐渐成为现代国家文明的重要标志之一。不过，由于客观社会选择和制度内在缺陷等原因，各国消除贫困、推动社会平等的效果各异。根据世界银行2018年的数据，全球仍有将近一半的人口生活在贫困线以下。牛津贫困与人类发展中心（OPHI）应用多维贫困指标体系测算出全球105个国家中有13亿人生活在严重多维贫困中。

诚然，发达资本主义国家通过社会福利制度建设在一定程度上缓解了社会矛盾，推动了社会平等，但“资本主义积累的绝对的、一般的规律”——“无产阶级贫困规律”却始终无法改变，“在一极是财富的积累，同时在另一极，即在把自己的产品作为资本主义来生产的阶级方面，是贫困、劳动折磨、受奴役、无知、粗野和道德堕落的积累”[①]。对此，法国经济学家托马斯·皮凯蒂（Thomas Piketty）通过大量的数据验证了欧美发达国家的贫富差距问题，指出近几十年来，不平等现象已经扩大且将变得更加严重，发达国家面临着倒退回“承袭制资本主义”的危险。[②]

新中国成立七十多年来，党和政府领导全国人民在共同富裕道路上开展了人类历史上史无前例的探索，共同富裕正从理想转变为现实，向世界展现了社会主义制度的优越性。毛泽东在新中国成立之前就强调，“必须将贫雇农的利益和贫农团的带头作用，放在第一位”[③]。邓小平在推动改革开放过程中指出，“共同富裕，我们从改革一开始就讲，将来有一天要成为中心课题”[④]。习近平在宁德工作时期就提倡“弱鸟可望先飞，至贫

---

① 中共中央马克思恩格斯列宁斯大林著作编译局．马克思恩格斯选集：第二卷．2版．北京：人民出版社，1995：259.

② 皮凯蒂．21世纪资本论．北京：中信出版社，2014：387-388.

③ 毛泽东．毛泽东选集：第四卷．2版．北京：人民出版社，1991：1268.

④ 邓小平．邓小平文选：第三卷．北京：人民出版社，1993：364.

可能先富”的新观念，探索开放和扶贫彼此融合、双管齐下的政策体系。[①]

党的十八大以来，以习近平同志为核心的党中央把促进全体人民共同富裕摆在更加重要的位置，把共同富裕提升至制度体系建设的更高层面。习近平总书记反复强调，“人民对美好生活的向往，就是我们的奋斗目标”，“带领人民创造美好生活，是我们党始终不渝的奋斗目标”。党的十九大全面系统地谋划了从全面建成小康社会迈向基本实现全体人民共同富裕的战略举措，把全体人民共同富裕作为全面建成社会主义现代化强国的重要内容进行了系统谋划和精细部署。正是在历代中国共产党人艰辛卓绝的奋斗之下，持续的高速经济增长和大规模的贫困减少，成为“二战”以来发展中国家在赶超型发展战略驱动下实现公平与效率协调发展的极为少见的案例。[②]

在当今世界，不断加剧的不平等所带来的国家治理风险正在加大。2020 年一场突如其来的全球新冠疫情，使人们真切地感受到了“不确定性时代”与“高风险社会”的来临及其严重后果。疫情的发生，在相当大程度上改变了人们的生产、工作、生活和学习方式，使得全球失业、贫困与不平等一类的问题越发严峻，凸显了经济增长、公共卫生、民生改善与就业等领域的重大而紧迫的实践需求。2020 年 9 月联合国贸发会议所公布的《2020 年贸易与发展报告——从全球疫情到共同富裕：避免另一次失去的十年》指出：“新冠疫情清楚地展现了 2008 年全球金融危机之后没有解决的一系列问题——不断加剧的不平等、难以持续的债务和严重的环境破坏。如果没有根本的政策转变和国家层面的有效协调，那么我们就会

---

① 习近平．摆脱贫困．福州：福建人民出版社，1992：97－98.

② 李小云，徐进．消除贫困：中国扶贫新实践的社会学研究．社会学研究，2020，35（6）：20－43.

像 2008 年金融危机之后一样，迅速回到危机前的状态，走向另一次失去的十年。”

2016 年 1 月 1 日正式启动的联合国《2030 年可持续发展议程》提出了全球可持续发展的 17 个目标以及 169 个子目标，是一整套旨在消除贫困、保护地球、确保所有人共享繁荣的全球性目标，描绘了一张旨在结束全球贫困、让所有人分享繁荣并拥有体面工作、过上美好生活的路线图。该议程第 3 条强调到 2030 年的这一段时间内，在世界各地消除贫困与饥饿。习近平总书记多次强调各国应加强团结协作，共同落实《2030 年可持续发展议程》，并指出，“各国人民对美好生活的向往，谁都无法阻挡”，“提高人民生活水平是各国政府的首要任务”。[①] 消除贫困和不平等是一项全球性的事业，中国必须为全人类做出更大的贡献。

二、以更强烈的大国担当精神，夯实共同富裕的制度基础

习近平总书记强调，中国共产党人的初心和使命，就是为中国人民谋幸福，为中华民族谋复兴。全面建成小康社会，决战决胜脱贫攻坚，不仅是我们自己的事，也是彰显负责任大国担当的体现。在新时代与新发展阶段，必须持续加强制度建设，完善制度体系，强化制度执行力，在新发展格局中推进国家治理体系和治理能力现代化，实现可持续、包容和持久的经济增长，不断增强人民的获得感、幸福感、安全感，加速实现全体人民的共同富裕，为全球国家提供统筹兼顾公平与效率的制度样本。以下我们分别从区域发展、收入分配和公共服务三个方面来探讨扎实推进共同富裕的制度着力点。

---

① 习近平在第二十三届圣彼得堡国际经济论坛全会上的致辞. (2019-06-08) [2024-12-01]. 人民网.

（一）构建区域发展的制度基础设施

我国历来重视横向联合、山海协作和对口支援。1986 年习近平在厦门发表主题为“发展横向联系，加快特区建设”的讲话，探索区域性联合机制。在福建、浙江工作时期，习近平大力推动“山海协作”工程，提出并实施新型城市化、城乡一体化、长三角一体化等一系列促进区域协调发展的重大举措。党的十八大以来，我国实施了京津冀协同发展、长江经济带发展、粤港澳大湾区建设、长三角一体化发展等一系列区域发展重大战略，区域协调发展呈现良好态势。但是，客观地说，我国发展不平衡不充分的问题依然突出，城乡区域发展不平衡是我国扎实推动共同富裕必须要下大力气解决的问题。

目前，我国正在构建双循环发展新格局，这为解决区域不平衡问题提供了新的契机。要以促进落后地区经济发展为目标，制定差异化的区域发展目标和战略重点。要在扶贫政策基础之上，将落后地区的基础设施、公共资源、生态系统、人力资本、历史文化等纳入战略性区域发展规划之中，通盘考虑，整体提升。要建立更加有效的区域协调发展新机制，探索设立较高层次的专门性区域协调机构，打破区域间的行政壁垒，形成区域统筹发展的常态化机制，通过强有力的协调机制从外部整合更多的资源去改善落后地区的基础设施、经济基础和公共服务。探索产业与人力并重的区域发展模式，突出人力资本作为落后地区经济发展的核心要素，保护和提升落后地区的区域人才储备，积极鼓励大学生、农民工等返乡创业，支持落后地区留住本地高校毕业的大学生。完善政府间财政转移支付机制，强化落后地区的公共服务财政供给能力，推进基本公共服务的区域均等化。建立更高质量的城乡融合发展体制机制和政策体系，统筹推进都市圈建设、新型城镇化和乡村振兴，推进乡村分类特色化发展，打造城乡深度融合的圈层发展体系。

值得注意的是，区域发展战略的作用是围绕发展目标，充分调动落后区域的发展积极性，使之更有效率地利用内生和外生的机会。现代区域发展经济学表明，“当地经济发展的外生要素不能取代内生要素，但可以帮助后者发挥作用。如果当地缺乏发展潜力或者潜力很弱，那么即使外部干预力度很大，也无法发生实质性的变化”[①]。因此，要避免过度依赖物质基础设施投资打乱已有的地域生产综合体。正如习近平指出的，寄希望于上重大项目，一下子抱个“金娃娃”，想法不切合实际。正确的路子是：从本地实际出发，充分利用好现有的条件，扎扎实实抓好农业和其他基础设施，实现逐步发展。[②]

（二）深化收入分配制度改革，强化社会保障兜底功能

收入分配是保障和改善民生、实现发展成果由人民共享最重要最直接的方式。习近平总书记在党的十八届三中全会第二次全体会议上指出：“‘蛋糕’不断做大了，同时还要把‘蛋糕’分好。”[③] 目前，我国已经拥有全球规模最大、最具成长性的中等收入群体，为 21 世纪中叶基本实现共同富裕，全面建成社会主义现代化强国奠定了扎实基础。要围绕公平与效率的关系，继续“做大蛋糕”，通过更加灵活、有效的分配制度调动各种要素所有者的积极性和创造性，落实以增加知识价值为导向的分配政策，持续提高劳动收入占国民收入的比重。例如，推动按需经济发展，壮

---

① 马丁内斯-维斯奎泽，瓦利恩考特．区域发展的公共政策．北京：经济科学出版社，2013：229.

② 习近平．摆脱贫困．福州：福建人民出版社，1992：69-70.

③ 习近平．切实把思想统一到党的十八届三中全会精神上来．求是，2014 (1)：3-6.

大灵活就业的劳动力大军，拓展中低收入群体提升收入的途径。也要着力通过反垄断、防止资本无序扩张、调节过高收入等积极措施，形成合理的社会财富分配体系，为缩小收入分配差距建立制度基础。还要积极构建促进就业的反贫困政策体系，推进公益性岗位开发和可持续性发展，建立低保与促进就业联动机制。

在再分配环节上，要强化社会保障对困难群众的兜底功能。按照兜底线、织密网、建机制的要求，以社会救助、社会保险、社会福利等制度为主体，全面建成多层次社会保障体系。着力打造“弱有所扶”的大救助模式，把社会救助范围从绝对贫困群体拓展到相对贫困群体，建立以最低生活保障为基础，相对贫困群体临时救助为补充，社会力量充分参与的社会救助制度体系。加强农村低保与扶贫开发政策的有效衔接，切实发挥农村低保制度的兜底保障功能。缩小职工医保、城乡居民医保在筹资模式、保障待遇等方面的差异，逐步实现医保基金的省级统筹，推动基本医疗保障制度向保障范围更广、均等化水平更高的国民健康保障制度转型。加大失业保险援企稳岗政策力度，充分发挥失业保险“保生活、防失业、促就业”的作用。大力优化儿童福利、未成年人保护、精神卫生和基本殡葬等社会福利服务设施的空间布局和保障水平。强化残疾预防和残疾人康复工作，保障残疾人就业权利，构建残疾人康复、教育、就业一体化服务体系。

（三）完善公共服务体系，提升个体追求美好生活的可行能力

“现代再分配是基于权利的逻辑，以及人人都可获得基本公共服务的平等原则。”[①] 在某种意义上，现代国家建构的过程，就是将平等的权利

① 皮凯蒂 . 21 世纪资本论 . 北京：中信出版社，2014：493.

从政治领域、经济领域逐渐延伸到教育、医疗和养老等公共服务领域的过程。各国政府已将解决收入差距、分配不公问题更多地转向公共服务，把教育、医疗等公共服务公平作为促进发展机会、防止结构性阶层固化的重要手段。共同富裕并不寻求实现收入上的平等分配，而是让更多的人具备追求美好生活的可行能力。正如约翰·加尔布雷思（John Galbraith）所指出的，美好生活是可行的社会而非完美无缺的社会，是一个所有人都能过上有价值生活的社会。[①] 社会主义的根本目标是实现共同富裕，但征途是星辰大海——实现人的自由而全面的发展。

因此，应该从提升个体追求美好生活的可行能力角度，完善公共服务体系，夯实共同富裕的微观基础。在制度建构层面上，要加强“获得足以维持生计的收入，拥有工作，获得健康服务，拥有能够满足基本需要的住房”[②] 等一系列积极社会权利的制度建构，实现社会权利保障从少到多、从浅入深的制度完善。要依法加强和规范公共服务，使政府能够根据发展阶段的变化及时加强公共服务立法工作，使发展成果更多更公平地惠及全体人民。

实践操作层面：一方面要加大高质量公共服务的充分供给，努力实现更高程度的幼有所育、学有所教、劳有所得、病有所医、老有所养、住有所居、弱有所扶，为人民群众实现高品质生活提供更充分条件。要制定相关法规与标准，出台 0～3 岁社会化托育服务发展的政策举措。增加优质教育资源供给，在提高质量、促进公平上下功夫，努力办好人民群众满意的教育。扩大优质医疗供给，构建整合型医疗服务体系，为民众提供系统化、连续性、全方位的卫生健康服务。统筹城乡公共文化资源配置，推动文化事业赋能发展。扩大养老服务供给，建立多层次供给体系，繁荣养老

① 加尔布雷思．美好生活：人类议程．南京：江苏人民出版社，2009：2-4.

② 伊辛，特纳．公民权研究手册．杭州：浙江人民出版社，2007：97.

供给业态，满足多样化的养老服务需求。另一方面要推动基本公共服务的平衡供给，实施一系列城乡公共服务融合发展工程，建立教育扶贫、健康扶贫、就业扶贫的长效机制，大力提升落后地区的基本公共服务能力。推动城乡公共服务制度一体化设计，加强沿海地区与内陆山区之间公共服务一体化建设。

总之，扎实推进共同富裕既要加强对国家治理急需的制度、满足人民对美好生活新期待必备的制度进行研究和部署，建立完善的制度体系，又要狠抓落实，强化制度执行力，大力提倡“马上就办”的工作精神，将惠民富民、共同富裕的制度和政策体系落实到“最后一公里”。要在高质量发展考核指标体系中，强化共同富裕的目标追求和责任追究。要加强科技赋能，用先进的技术手段将群众对改善民生的美好期待迅速、便捷地转换为现实图景。

夯实现代化建设的人才基础

党的二十大报告提出“强化现代化建设人才支撑”，对深入实施新时代人才强国战略作出了新的部署，人才强国战略及其实施站到了新的历史起点上。因此，聚焦中国式现代化背景下的人才战略研究以及公共治理的学科及专业发展，对于全面推进现代化国家建设、深入实施人才强国战略具有重要意义。

一、时代最强音：中国式现代化与现代化国家建设

实现社会主义现代化是中国共产党人始终不渝的奋斗目标和全国各族人民的共同愿望。自党的十八大开始，中国特色社会主义进入新时代；习近平总书记的“七一”重要讲话向全世界庄严宣告我国开启全面建设社会主义现代化国家新征程；党的十九届六中全会通过的《中共中央关于党的百年奋斗重大成就和历史经验的决议》提出“以中国式现代化推进中华民族伟大复兴”的第二个百年奋斗目标；党的二十大报告重申了这一宏伟

目标，指出“从现在起，中国共产党的中心任务就是团结带领全国各族人民全面建成社会主义现代化强国、实现第二个百年奋斗目标，以中国式现代化全面推进中华民族伟大复兴”。

党的二十大报告第五部分以“实施科教兴国战略，强化现代化建设人才支撑”为题，将教育、科技、人才以及创新提到更加重要的位置，并加以系统化论述与一体化部署。报告指出：教育、科技、人才是全面建设社会主义现代化国家的基础性、战略性支撑；必须坚持科技是第一生产力，人才是第一资源，创新是第一动力，深入实施科教兴国战略、人才强国战略、创新驱动发展战略。党的二十大报告还将“建成教育强国、科技强国、人才强国”列为面向2035年我国发展的总体目标，并部署了办好人民满意的教育、完善科技创新体系、加快实施创新驱动发展战略、深入实施人才强国战略四项基本任务。这些重大战略议题，明确了中国式现代化或现代化国家建设基础性支撑性战略的内涵、地位和作用，提出了新要求新任务，指明了发展方向与实现路径。这需要我们加以认真学习领会、深入研讨阐释、全面贯彻落实。

二、为现代化国家建设提供强有力的人才支撑

人力资源是国家发展的第一资源，人才强国是国家治理的基本方略。习近平总书记指出，“发展是第一要务、人才是第一资源、创新是第一动力”①，“人才越来越成为推动经济社会发展的战略性资源”②，“人才资源作为经济社会发展第一资源的特征和作用更加明显，人才竞争已经成为综

---

① 习近平．在深圳经济特区建立40周年庆祝大会上的讲话．北京：人民出版社，2020：7.

② 习近平．做党和人民满意的好老师：同北京师范大学师生代表座谈时的讲话．北京：人民出版社，2014：3.

合国力竞争的核心”[①]，“人才是衡量一个国家综合国力的重要指标”[②]。习近平总书记要求“牢固确立人才引领发展的战略地位，全面聚集人才，着力夯实创新发展人才基础”[③]。

千秋基业，人才为本。党的十八大以来，以习近平同志为核心的党中央站在党和国家事业发展全局的战略高度，就做好人才工作、实施人才强国战略作出了一系列重要论述，明确了人才强国战略的含义、地位和作用，阐明了人才强国战略的指导思想、根本原则和基本要求，人才战略的制定、实施与评价，人才工作的具体任务和战略抓手——人才的培养、引进、使用和评价，人才市场体系建设，人才激励和保障、高层次人才队伍建设及创新性人才培养等一系列的重大理论与实践问题，形成系统的人才观及人才战略观。这对于推进现代化国家建设以及中国式现代化的实现具有重大的理论与实践意义和深远的历史意义。

功以才成，业由才广。党的十八大以来，以习近平同志为核心的党中央坚持党管干部、党管人才原则，强调人才是第一资源，作出实施人才优先发展战略及人才强国战略的重大部署，有力地推动了人才工作的全面发展与人才队伍快速壮大，各类人才各得其所、各司所长，人才资源对经济社会发展的基础性战略性地位不断增强，为党和国家事业取得历史性成就、发生历史性变革以及推动我国迈上全面建设社会主义现代化国家新征程提供了强有力的人才支撑。

“深入实施人才强国战略”“强化现代化建设人才支撑”成为中国式现代化的一个重大理论与实践课题，属于国家及地方的重大战略需求领域以

① 在欧美同学会成立100周年庆祝大会上的讲话（2013年10月21日）．人民日报，2013-10-22（2）．

② 同①．

③ 习近平．在中国科学院第十九次院士大会、中国工程院第十四次院士大会上的讲话．北京：人民出版社，2018：18．

及国家治理研究的前沿主题。“研究阐释党的二十大精神国家社会科学基金重大项目”的招标选题中列出了人才战略研究的两个选题：加快建设世界重要人才中心和创新高地研究，强化现代化建设人才支撑的实现路径与对策研究。这些重大课题有待学术界展开深入研讨。

三、以国家治理现代化引领社会主义现代化强国建设

国以才立，政以才治，业以才兴。党的二十大报告强调坚持教育优先发展，加快建设教育强国，坚持为党育人、为国育才，全面提高人才自主培养质量，着力造就拔尖创新人才。这就对教育在全面建设社会主义现代化国家中的支撑作用，建设教育强国，培养高质量创新型人才提出了更高的要求。

国家治理现代化被称为“第五个现代化”，对社会主义现代化强国建设具有引领作用。公共治理（公共管理与政治学）属于国家治理或治国理政之学，是一个典型的跨学科、交叉学科与综合性及应用性的领域，大量学科为公共治理的研究提供了科学理论和方法基础。随着网络化、数字化、智能化、量子化，以及“第四范式”“融合科学”“开放科学”时代的到来与数智化驱动的社会科学新革命的“奇点”临近，公共治理的研究范式、知识体系和人才培养模式正在发生深刻改变。

针对迅速变化着的中国和全球公共治理的理论与实践，必须立足现实，植根历史，着眼问题，直面中国与全球公共治理的新场景、新实践和新趋势，拓展公共管理的学科视野与主题，强化公共治理的科学基础，构建中国公共治理的自主知识体系，展现公共治理的新知识图景，彰显公共治理的时代内涵与中国特色。必须推进作为交叉学科和新文科的公共治理学科和专业建设以及人才培养模式改革，全面提升人才培养质量，夯实国

家治理现代化的人才基础。因此，有必要围绕“公共治理学科专业建设”“公共治理的实践进展及趋势”“全面提高中国公共治理人才自主培养质量”等课题加以讨论。

四、以人才战略创新研究助推人才强国战略深入实施

党的二十大报告强调深入实施人才强国战略，凸显了当前加强人才战略与政策研究的重要性、必要性和紧迫性，为人才战略与政策研究这一交叉学科领域的发展提供了新场景、新机遇和新动力，也提出了新挑战、新要求和新课题。必须高度重视并大力推进这一交叉学科发展，以高质量的人才战略和政策研究成果助力人才强国战略的深入实施，服务国家和地方的重大实践需求。

人才战略创新研究，应凸显交叉学科的特点与优势。如厦门大学公共政策研究院和公共事务学院，一直重视人力资源、人才战略、人才政策的研究，尤其是将人才发展战略作为交叉学科领域设置。其人才发展战略与政策研究以公共管理、公共政策、工商管理、政治学、教育学、领导学、预测学、战略研究和人力资源等相关学科为基础，突出人才战略的制定、实施与评价，干部人事制度改革，国际人才的流动和引进等方向或主题的研究。

人才战略创新研究，应坚持以问题为导向，重视实践应用，为党和政府提供决策参考。具体课题如高层次人才发展战略实施效果评估的方法、指标体系构建与应用，人才战略有效执行的影响因素与强化，创新型科技人才队伍建设的战略与策略，地方“十四五”时期人力资源发展战略与政策，地方宣传干部与人才队伍建设发展规划，基于产业发展需求的城市人力资源适配策略，地方人力资源协同发展，地方人才流动及其影响因素，

人才政策执行的理论建构与实践应用，人才政策实施效果评价，人才住房政策实施评价与优化，公共服务动机与公务员情绪劳动，公务员使命效价与工作热情关系，高校高层次引进人才质量的地区差异，“一带一路”人才发展，国际人才发展比较等。

在中国式现代化的新场景之下，教育、科技、人才工作必将大有可为、大有作为。教育系统是科技和人才的集聚地，教育是科技创新和人才培养的基础工程。作为国家治理人才培养的重要学科专业之一，中国公共管理学必须担负起新时代新征程的使命，直面公共治理的现实实践，主动回应新时代和新征程的新需求，研究和解决包括人才发展战略在内公共治理的重大而复杂问题，推动中国公共治理学科的转型与自主知识体系构建，全面提高中国公共治理人才自主培养质量，为中国式现代化以及国家治理现代化做出应有的贡献。

第三篇 学科前沿与知识体系

导言：中国特色公共管理学发展的目标和方向

中国特色公共管理学建设必须顺应新时代我国发展的现实需要和当代哲学社会科学及管理科学的发展趋势，立足本土、挖掘传统、展望世界，提炼总结我国公共管理的实践经验，从基本概念、基本命题入手，进一步推动中国特色公共管理理论与实践对接，遵循“实践—话语—理论—学科”的学术发展路径，全面建构具有中国特色、中国风格、中国气派的中国特色公共管理学。

坚持以马克思主义为指导。习近平同志指出：“坚持以马克思主义为指导，是当代中国哲学社会科学区别于其他哲学社会科学的根本标志，必须旗帜鲜明加以坚持。”[①] 历史和现实都已证明，马克思主义是科学的理论，迄今依然具有强大生命力。建构中国特色公共管理学，要始终坚持马克思主义的指导地位，以习近平新时代中国特色社会主义思想这一马克思主义中国化最新成果为指引，进一步明确中国特色公共管理学的世界观、

① 习近平．在哲学社会科学工作座谈会上的讲话．北京：人民出版社，2016：8.

方法论和理论基础、理论架构、核心观点。

立足中国实践，坚持问题导向。建构中国特色公共管理学，要做好对改革开放四十多年来特别是党的十八大以来党中央治国理政实践取得的创新经验的研究、总结和提炼工作，丰富中国特色公共管理学的理论内涵。在研究和解决重大现实问题中推进学科话语体系构建与理论创新，用中国话语讲述中国故事，用基于实践的理论创新成果指导新的公共管理实践。

坚持古为今用、推陈出新。习近平同志指出："优秀传统文化是一个国家、一个民族传承和发展的根本，如果丢掉了，就割断了精神命脉。我们要善于把弘扬优秀传统文化和发展现实文化有机统一起来，紧密结合起来，在继承中发展，在发展中继承……在学习、研究、应用传统文化时坚持古为今用、推陈出新，结合新的实践和时代要求进行正确取舍。"① 要按照古为今用、推陈出新的原则，对中国历代治国理政的历史传统及思想遗产加以审视和取舍，推动其创造性转化和创新性发展，使其成为建构中国特色公共管理学的思想资源。

秉持中国特色、世界视野。建构中国特色公共管理学，需要积极借鉴国外公共管理研究的有益成果。同时应认识到，坚持中国特色是建构中国特色公共管理学的本质要求和生命力所在。因此，既要突出中国特色，坚持中国立场，发出中国声音，解决中国问题，又要具备全球视野，密切关注国际公共管理研究前沿，积极探索重大国际问题，提高中国特色公共管理学的国际化程度和国际影响力。

---

① 习近平．在纪念孔子诞辰2565周年国际学术研讨会暨国际儒学联合会第五届会员大会开幕会上的讲话．北京：人民出版社，2014：11.

公共治理自主知识体系构建的方法论思考

2022 年 4 月 25 日，习近平总书记在中国人民大学考察调研时指出，加快构建中国特色哲学社会科学，归根结底是建构中国自主的知识体系。要以中国为观照、以时代为观照，立足中国实际，解决中国问题，不断推动中华优秀传统文化创造性转化、创新性发展，不断推进知识创新、理论创新、方法创新，使中国特色哲学社会科学真正屹立于世界学术之林。这为建构中国自主的知识体系指明了方向。当前推进中国自主的公共管理知识体系构建，需要重视方法或途径问题，促进方法自觉，强化科学基础，凸显中国特色。

一、方法论基础

公共治理的知识生成与体系构建有其方法论基础。知识体系构建（知识的生成及其系统化）是学科发展的首要目标和基本任务，是否具有相对完善的知识体系是衡量一个学科或研究领域是否成熟的一个重要标准。知识的生成（概念、话语和理论的创造）与知识的系统化可以说是知识体系构建的两个主要维度或环节。就公共治理领域而言，人类在漫长的历史发展与治国理政的实践中，积累了丰富的治理经验和思想资源。作为一个正式学科的公共行政学诞生一百多年来，学者们试图从不同的视角将相关知识有机地组织起来，使其系统化，构建知识体系，并形成学术传统及理论范式。

自主知识体系构建的方法论涉及科学知识增长、科学研究的程序（观察、实验、问题和假说、发现与辩护及解释等），科学研究方法及其合理性，科学推理（归纳、演绎、类比、归纳-演绎、假设-验证、逆推或溯因、合情推理等）。包括公共治理在内的社会科学研究必须遵循科学研究的一般方法、程序与规范。因此，需要对科学认识论、科学方法论或科学价值论有所了解。自主知识体系构建还涉及知识为何可能和如何可能的问题，需要关注知识的起源与演化及其动因，知识的本质、分类和功能，知识的构成因素和形成条件，知识的内容与形式，知识与科学，知识与信念（知识证成），求知与理由等。

任何一个学科及学派都需要在已有概念、理论和方法成果的基础上建立知识体系或学说。科学的本来含义就是条理化或系统化的知识。知识体系构建涉及基本假定、逻辑起点、理论推演（论证或证明）以及采用的体系建构方法（即叙述方法）。学科的知识体系构建的方法是多种多样的，包括演绎法，归纳法，逻辑与历史一致的方法，由抽象上升到具体的方法，系统论、演化论及系统发生学的方法等。

就知识体系而言，目前公共治理学科本身的成熟程度尤其是科学化程度不高，因而其知识体系的构建无论在国外还是在国内并没有真正成熟的样本。在公共行政学发祥地的美国，公共行政学的知识体系尤其是教学理论体系（教科书的体系）五花八门。我国一些相关教科书存在篇章结构松散，各种概念、理论和方法之间缺乏严密的逻辑联系等问题。因此，当前需要从方法论的视角审视公共治理自主知识体系如何构建的问题。

二、知识类型辨别

在漫长的历史长河中，人类积累起极为丰富的知识，包括科学知识。知识类型与内容的辨别对于包括公共治理学科在内的人文社会科学自主知识体系构建具有重要的方法论启示。

知识分类有不同的视角和观点。有几种影响广泛的知识分类二分法观点：汉斯-格奥尔格·伽达默尔（Hans-Georg Gadamer）将自然科学和实践经验两类知识加以区分——前者满足的是人类控制的旨趣，后者源自人们在生活中的积累，满足的是人类理解的旨趣。卡尔·波兰尼（Karl Polanyi）将人类知识分为显性知识与隐性知识两类——前者可以明确表述，属于格式化的符号系统；后者只能意会不能言传，属于非格式化的意念系统（或可以说是生活经验或生存智慧）。克利福德·格尔茨（Clifford Geertz）认为人类知识包含地方性知识和普遍性知识（或全球性知识）两种，地方性知识不仅包含地方性、局域性意义，还涉及知识生成和辩护的特定语境。

公共治理知识的类型多样，内容丰富。基于当代知识论尤其是卡尔-奥托·阿佩尔（Karl-Otto Apel）和尤尔根·哈贝马斯（Jürgen Habermas）等人的知识-旨趣说，并参考杰伊·怀特（Jay White）和盖·亚当斯（Guy Adams）在《公共行政研究：对理论与实践的反思》一书中的观点，可以将公共治理的研究途径及知识增长分为三类，即解释性（实证性）研究、诠释性（历史-解释）研究和批判性（辩证-批判）研究。解释性研究通过基于解释的预测尝试控制社会事件；诠释性研究寻求对社会事件和人为事件的理解，努力扩展我们生活的意义；批判性研究则质疑我们的信念和行为的效力，以促进我们自我发展。因此，公共治理的知识形成与积累及理论发展应该以多种方式进行，包括假设检验、案例研究、比较分析、行政和政策过程分析、资料（内容）分析以及对该领域的整体或部分的历史诠释（历史研究）、演绎论证、哲学批判和对行政经验的个人反思。此外，直接的、亲自参与的知识同样重要。

公共管理学或公共行政学与主流社会科学有所区别。后者往往被认为是经验科学或基础研究；前者被认为是一门实践性和应用性的学科，与法律、教育、管理、规划、建筑等学科相似。其实，公共管理学或公共行政学既是学科，又是实践和专业。实践性、经验性和地方性知识是公共治理知识的基本构成部分，实践推理则是它的一个显著特征。这正是目前中国公共治理自主知识体系构建需要特别加以重视的方面。

理论与实践及职业之间的密切相关意味着需要一套专门的研究问题和适合于解决问题的研究设计。麦克尔·巴泽雷在《公共管理：以设计为导向的专业学科》一书中借鉴了赫伯特·西蒙在《人工科学》一书中提出的"设计科学"的观点，将"以设计为导向的专业学科"的公共管理学与"跨学科研究领域"或作为一门社会科学学科的公共行政学做出区分，并论证"以设计为导向的专业学科"何以成立。学科与专业以及基础研究与应用研究的相对分离，为我们理解我国公共治理领域研究生培养新目录中的学术型学位（"公共管理学"一级学科）与专业学位（"公共管理"一级学科）的区别提供了某种学理上的依据。

三、体系构建方向

基于上述的方法论思考，推进公共治理自主知识体系构建需要特别重视如下两个方面：

一是夯实公共治理的科学理论与方法基础。公共治理自主知识体系构建需要关注科学技术发展趋势及其前沿进展，尤其是科学方法论、数据科学、脑科学、生命科学、认知科学、神经心理学、量子理论、信息通信技术、智能化技术及虚拟技术等领域的最新进展，从当代科技发展及其知识与方法中汲取营养，引入新的研究途径、研究方法和分析技术，强化自身的科学理论与方法论基础。与此同时，需要具备跨界意识与广阔的知识视野，注重学科交叉与知识融合。公共治理学科核心主题是人类的集体行动、冲突与合作、选择或决策、管理或执行之类的问题。这是许多学科共同关注的主题，在不同学科中人类已经积累了丰富的知识，必须将这些知识有机融合到公共治理的知识体系之中。

二是拓展本土化知识或实践性知识。要“以中国为观照、以时代为观照，立足中国实际，解决中国问题”，扎根中国大地，强化问题导向，以研究和解决国家和地方的重大公共政策与治理的复杂问题为依归，服务于中国式现代化尤其是国家治理及地方治理现代化的重大需求；要重视古今中外公共管理实践及其经验尤其是我国治国理政的历史传统与经验的研究，总结和提炼党中央在治国理政实践中所形成的具有时代特色、实践特色和民族特色的公共治理思想；要树立全球视野，促进中国场景、中国话语与中国特色的公共治理学科的构建与发展以及知识增长。

总之，作为一个典型的跨学科，交叉学科，具有综合性、实践性及应用性的研究领域，公共治理一方面以科学的理论和方法作为依据，必须关注科学技术发展趋势与前沿进展尤其是当下科学研究范式的转变，强化学科交叉与知识融合，夯实本学科的科学理论和方法论基础；另一方面，公共治理自身包含着丰富的知识内容，实践性、经验性和地方性知识是其重要组成部分，需要加强本土化研究，丰富实践性知识内容。简言之，强化科学基础与凸显中国特色是公共治理自主知识体系构建的两个基本方向。

公共管理学的知识增长与方法自觉

如果公共管理学要增加其科学性或学术性，成为一门成熟的学科，避免学科身份危机的话，那么研究者就必须朝着理论构建和学术创新的道路前进，把公共管理学的知识增长和方法自觉作为首要任务。

一、公共管理学的“大问题”

学科定位与知识增长是公共管理学的重大基础理论问题（即所谓的“大问题”）。公共管理学是当代社会科学及管理科学的一个重要学科，它以公共部门的管理或公共事务管理为研究对象，其前身是传统的公共行政学。自20世纪70年代以来，国外公共管理的实践发生了深刻的变化，出现了声势浩大的公共部门改革或政府改革浪潮。这场改革既改变了公共部门管理的实践模式，也改变了公共部门管理的理论形态和知识体系；最近二十多年，又出现以公共服务为核心的公共管理研究的新知识形态。较之于传统的公共行政学，今天的公共部门管理研究领域无论是学科基础、研究视野、理论主题、学科分支，还是学科框架、研究方法和知识体系等，都出现了新的变化。

与传统公共行政学一脉相承，公共管理学要研究作为公共事务管理主体的公共组织，特别是政府组织的结构、功能及其与环境的关系，研究公共管理活动的过程及其环节（如组织、决策、沟通、协调、监控、评估等）。然而，作为一种新的学科“范式”，公共管理学的研究更注重如何应用人类所创造的各种科学知识及方法来解决公共事务的管理问题，以促进政府及其他公共组织更有效地提供公共物品或公共服务。英国行政学家克里斯托弗·胡德（Christopher Hood）所说：“公共管理，这门国家的艺术，大致可以定义为如何设计和提供公共服务和政府行政的具体工作。”① 从这个意义上说，从静态的政治组织结构和制度研究导向动态的公共服务需求与供给问题，正是传统公共行政学向公共管理学变革的重要标志之一。

如果说传统公共行政学把抽象的官僚制行为与结构作为研究焦点的话，公共管理学则把关注点放在满足公众的服务需求上，寻求有效的公共管理方式来提供广泛而优质的公共服务。美国行政学者文森特·奥斯特罗姆（Vincent Ostrom）指出：“作为传统公共行政理论的核心概念，官僚制结构是必要的，但它对于富有生产力、富有回应性的公共服务经济并不是充分的。正因如此，政治经济学家已把公益物品和服务的供给看成公共行政的核心组织性概念，研究如何超越特定政府管辖的限制，通过协作行为来共同提供特定的公益物品和服务。”②

公共管理学把关注点放在满足公众的服务需求上，寻求有效的公共管理方式来提供广泛而优质的公共服务。其目标是促进政府及其他公共组织

---

① 胡德．国家的艺术．上海：上海人民出版社，2004：3.
② 奥斯特罗姆．美国公共行政的思想危机．上海：上海三联书店，1999：26－27.

更有效地提供公共物品或公共服务。因此，公共管理学也就可以被界定为一门研究公共组织尤其是政府如何与其他社会组织合作而有效地提供公共物品与公共服务的学问。

判断一个学科及研究范式成熟程度的基本依据或主要标准是学科范围和边界的确定程度、学科知识的增长或累积情况、研究方法的适用性和独特性程度、学科社会建制的相对完善程度。用这些标准来衡量，公共管理学（公共行政学）尽管早已是一个独立的研究领域，但还不能满足主流社会科学所要求的标准，很难说已成为一个成熟的学科［或托马斯·库恩（Thomas Kuhn）所说的“常规科学”］。由于不能充分满足这些评价标准，其百余年的历史发展几乎一直伴随着学科身份与合法性问题的争论，并屡屡出现学科的身份危机或认同危机。

迄今为止，无论在国内还是在国外，学科定位与性质模糊一直困扰着公共管理学或公共行政学的研究。詹姆斯·费斯勒（James Fesler）在公共行政与社会科学中认为，研究者被强求在基础研究和应用研究之间选择、在理论建构和数据收集与分析之间选择、在处方性和描述性之间选择、在通过临床进行“真正的行政学”研究和通过社会心理实验室进行非行政学体外研究之间选择。而学科范围和主题过于宽泛使得公共管理学的研究呈现出分散而庞杂的图景，缺乏主导性的分析框架，无法建立起一个为多数人所接受的累积性知识基础。克里斯托弗·胡德在《国家的艺术》一书中提到，虽然近些年来公共管理引起了大量的讨论，在世界上有许多关于“范式转变”的谈论，但是还没有形成关于分析公共管理的普遍同意或接受的基本知识。

公共管理学的科学研究由于不能发展出可以与自然科学及主流社会科学（经济学、政治学、社会学和心理学）相媲美的积累性知识体系而屡受批评。“大量的公共事务和行政的研究都在当代问题中跳来跳去，无视过去的经验和研究，这导致了今天积累的成果大部分都是乱七八糟的大杂烩。”[①] 大量的研究及成果被判定为前科学的，只是对问题或变量所作的概念界定或描绘，并未对假设进行检验；许多研究是问题导向或实践导向的，是“应用性的”而非“基础性的”，往往囿于对政策或行政经验的描述，因而对学科知识的积累没有贡献。造成这种状况的一个基本原因是缺乏严谨的研究方法，尤其是对经验-实证研究方法的应用不足。理查德·鲍克斯（Richard Box）说过：“除了缺乏方法严谨性外，公共行政研究不能识别出对该领域最为重要的中心议题。”

二、公共管理学的知识增长

中国公共管理学的建构必须明晰学科边界，引入多样化的研究方法，形成严谨规范的研究范式，加强理论建构并促进知识增长。

（一）为公共管理学“划界”

应厘清公共管理的学科性质，限定研究范围，梳理核心的研究领域和提炼重要主题。

公共管理学（公共行政学）是跨学科而又分散的知识领域，许多学科为其发展做出贡献。其要成为真正独立的学科而不是政治学、经济学等学科的附庸，需要发展出自己的严谨的研究方式。因此，必须弄清公共管理学与相近学科的关系，聚焦本学科的核心问题，梳理出的基本的研究领域或分支学科，并提出值得研究的科学问题。

① 怀特，亚当斯．公共行政研究：对理论与实践的反思．北京：清华大学出版社，2005：X.

有学者认为，有两个核心议题贯穿该学科发展历史的始终：一是公私部门的异同以及公共行政区别于工商管理的特点，二是政治与行政的分界。以这两个问题为焦点，可以把该学科的知识集中起来；搞清楚这两个问题也有助于确定该学科与前述相邻学科的边界。同时，要梳理并划分公共管理学的主题领域或分支学科，提炼出重要的科学问题，并加强对这些分支学科及重要主题的研究。聚焦并推进这些主题领域的研究，必将大大夯实公共管理学科的知识基础。

（二）促进公共管理的知识增长

中国公共管理学应立足于我国及当代世界的公共管理实践的研究，着力进行理论建构和学术创新，形成中国学派与中国风格，促进公共管理知识的增长和积累。有许多种理解公共管理和公共政策的方式，因而也就存在多种知识增长及理论建构的途径，包括解释性（实证性）研究、诠释性（历史-解释）研究和批判性（辩证-批判）研究。

这个三分法来源于哈贝马斯的知识论。哈贝马斯在《知识与兴趣》[①]一书中指出，人类的认识与旨趣（或译为兴趣）有三种类型，即经验-分析的科学中包含的是技术的旨趣，历史-解释的科学中包含的是实践的旨趣，批判性社会科学中包含的是解放的旨趣。显然，哈贝马斯对前两种类型的研究持否定态度，认为它们导致了认识和行动或理论与实践的分裂，阻碍了人类的自由解放。他所推崇和倡导的是批判性研究及解放旨趣。

（1）解释性研究。解释性研究遵循实证主义的哲学传统，自然科学和主流社会科学都是典型的解释性研究。它的逻辑一般是一种线性的逻辑，

① 哈贝马斯．知识与兴趣．上海：学林出版社，1999.

其遵循演绎-法则模式和归纳-概率模式。解释性研究的主要功能是解释与预测，它试图建构能够解释和预测自然和社会事件的理论，其最终目的就是控制自然事件和社会事件。

（2）诠释性研究。诠释性研究以现象学、诠释学和语言分析哲学的哲学传统为根基。诠释的逻辑是循环的，即意义产生于对整体与部分之间关系和模式的认知。诠释性研究试图理解行为者赋予其社会情境的意义、赋予自身行为的意义及赋予他人行为的意义，它寻求对社会事件和人为事件的理解，努力拓展我们生活的意义，能够让我们更好地理解社会环境中行动者的言行。

（3）批判性研究。批判性研究是现象学传统及批判性社会理论的一部分。批判性研究的逻辑是自我反省——联系某一物体、人或社会情境来思考自身的思想和行为的能力。它试图改变人们的信仰和行为，希望通过使人们认识到信仰和行为的无意识决定因素来满足人们的需要和需求。①

说到底，解释性研究、诠释性研究和批判性研究是社会科学知识以及公共管理知识理性构建的实践活动。杰伊·怀特指出："公共行政研究所存在的三种研究模式或知识增长的途径：解释性研究、诠释性研究和批判性研究。解释性研究、诠释性研究和批判性知识的理性就是伯恩斯坦所说的，选择、审议、诠释审慎权衡与运用'普遍规则'，甚至是对这些标准中相关的和最重要的部分所产生的合理争执。结论是理性构建在根本上是解释性、诠释性和批判性研究中的实践活动。"②

公共管理学或公共行政学需要不同类型的研究。首先，应该认识到，解释性研究、诠释性研究和批判性研究同等重要，不能有所偏废。正如怀

① 颜海娜，蔡立辉．公共行政学研究方法：问题与反思．公共管理学报，2008，5（4）：109-115.

② 怀特，亚当斯．公共行政研究：对理论与实践的反思．北京：清华大学出版社，2005：46.

特指出的，解释性或实证性研究固然重要，但诠释性研究和批判性研究也同等重要，“诠释和批判应该被看作是公共行政知识增长的合法贡献者，公共行政学的大量知识正是这样得以发展的”[①]。其次，公共管理学或公共行政学的研究应该大力鼓励自由探索。用盖・亚当斯的话来说：“公共行政领域需要真正自由开放的探究，这种真正自由开放的探究不仅仅包括所谓的定性方法，也包括诠释和批判传统。”[②] 最后，公共管理学或公共行政学的研究应该重视实践经验的分析总结。玛丽・施密特（Marie Schmidt）认为，与科学的研究（通过演绎、理论检验和受控制的实验进行的研究）不同，直接的、亲自参与的知识类型对公共管理学或公共行政学的研究同样十分重要，“所有的知识种类和来源没有孰优孰劣，它们仅仅是感知并组织我们对丰富和复杂现实的有限理解的不同方式”[③]。

当前，要注重后学科时代以及知识融合范式下的公共管理研究。近现代人文社会科学学科走过从整体（或总体）到分化或专门化的历程——从政治经济学、精神科学（道德哲学）和国家学（官房学）到统计学、经济学、政治学、社会学、人类学、（新）史学等。而当代人文社会科学发展则由专门化向整体化演变——知识产生方式由学科导向转入问题导向，跨学科、交叉学科和综合性研究以及知识融合与学科统一成为主导趋势，进入所谓的“后学科时代”。公共管理是一个典型的跨学科、交叉学科与综合性的专业领域，必须关注后学科时代的人文社会科学发展的这一新趋势。

公共管理是一个重大理论与实践领域，而中国特色社会主义新时代亟需公共管理以及公共政策的创新研究。处于国家治理转型时代的中国公共

---

① 怀特，亚当斯．公共行政研究：对理论与实践的反思．北京：清华大学出版社，2005：47.
② 同①，第 33 页．
③ 同①，第 187 页．

管理学科有大量的理论与实践问题需要研究。当前对如下主题领域需要给予更多关注：国家治理与国家制度、公共政策分析、公共组织理论、政府工具研究、公共服务管理、社会治理与社会组织、应急管理（危机管理）、全球治理与国际合作、公共管理的研究方法尤其是大数据方法和智能化技术等。

三、公共管理学的方法自觉

方法自觉与引入多元化研究方法属于推动公共管理学知识增长的基本途径。《公共行政研究：对理论与实践的反思》一书探讨公共行政学的学科“身份”和地位问题，特别是从方法论构建的角度讨论如何实现公共行政知识增长，分析美国 20 世纪 90 年代以前公共管理领域研究的现状及存在的问题，并评估公共行政博士论文的质量。该书认为，研究方法的差距是造成公共行政学的知识及其应用与其他学科存在显著差距的根本原因。在该书中，盖·亚当斯指出，技术理性导致了公共行政持续的非时间性，即忽视和贬低历史及背景的倾向，窄化了公共行政的研究途径，加重了对公共行政合法性的质疑。因此，公共行政学的研究不仅需要定性方法，也非常需要批判性的、以历史为基础的研究方法。格列高利·丹勒克（Gregory Daneke）对逻辑实证主义进行批判，认为定量研究和定性研究应走向平等和整合的“高阶系统理论”；理查德·鲍克斯则指出，在没有对其他实践导向的领域如法律、规划和工商管理进行对比的情况下，得出公共行政学劣于主流社会科学的结论无疑是草率而不充分的。

当代社会科学研究方法论及社会科学哲学研究已经摆脱现代主义、实证主义或经验主义的束缚，进入了后现代主义、后实证主义或后经验主义的时代，各种不同类型研究方法论、方法及分析技术精彩纷呈，共同推动当代社会科学不断地向前发展。科学哲学学者殷杰认为，当代西方的社会科学哲学及社会科学研究方法论有实证主义、解释主义、批判主义和后经验主义四种主要流派，并出现了如下四大转向[①]：

（1）逻辑转向。不同于孔德为代表的实证主义对经验的狭隘关注，新实证主义引入逻辑的维度，在逻辑的和经验的维度之间做出了非常明确的区别。

（2）语言转向。语言转向与逻辑转向密切相关，它以语言的本质、意义、理解以及交流为焦点，把语言本身提升到哲学基本问题的地位。

（3）历史-文化转向。科学不再是实证主义意义上的纯粹自足的理性体系，而成为由社会和历史所建构起来的文化的人造物。历史-文化转向进一步加强了作为一种自我解释、自主的社会科学模式的出现。

（4）知识转向。历史-文化转向诱发了出现于 20 世纪末的知识转向，它是一种认知的或认识论的转向，本质上是朝向社会科学话语中知识的一种转向——反实证主义、知识的语境化和知识的不确定性。

目前我国公共管理研究存在的一个突出问题是严谨研究方法的缺乏。针对这一问题，应该加强公共管理研究方法论的探索，尤其是加强对经验研究或实证分析方法及技术的研究、引进和应用，补好经验-分析方法及技术这一课。必须引入多样化的定性和定量的研究方法及分析技术，包括从问题或假说的提出到理论的形成、检验和发展的整个研究过程所使用的基本方法及技术；注意借鉴并应用当代科学方法论（如系统分析）和数学、统计学、经济学、社会学和政治学等学科所发展起来的、行之有效的定性和定量分析方法以及计算机技术，奠定公共管理实证研究的方法论基础。

---

① 殷杰．当代西方的社会科学哲学研究现状、趋势和意义．中国社会科学，2006（3）：26－38.

在强调实证研究重要性的同时，必须看到其内在局限性，并注意引入多样化的研究途径与方法。实证研究以技术理性（或工具理性）为基础，或者说，它本身就是一种技术理性。按照法兰克福学派特别是马尔库塞和哈贝马斯的看法，技术理性或工具理性的基本特征如下：其是在技术、理性和逻辑的基础上形成的；以自然科学的模式来衡量知识，尤其是以定量化、形式化作为知识标准；把世界理解为工具，关心的是实用目的；将事实与价值严格区分。因而，技术理性是一种单面性或肯定性的思维方式。① 在盖·亚当斯看来，技术理性是一种思考方式和生活方式，它强调科学分析和对科学进步的信念。技术理性的信仰系统导致社会科学和公共行政学中持久的非时间性；它忽视和贬低历史及背景的倾向，窄化了公共行政的研究途径，加重了对公共行政合法性的质疑。

当前要特别注意大数据时代来临及其所引起的思维方式与认知方式带来的革命性变化。大数据时代人类行为的可预测性大大增强。巴拉巴西在《爆发》一书中指出：在大数据时代，人类行动的数据终于可以被系统地、规模化地掌控了，研究和预测人类的行为变为可能，大数据时代产生如此多的电子踪迹让研究每个人、每个群体，甚至整个人类的习惯成为可能。② 这对于以人类集体行动以及决策与管理行为作为研究对象的公共管理学将产生极为深刻的影响。

MIT 人类动力学实验室主任彭特兰等人致力于建立一门基于大数据的人类行为计算的科学——计算社会科学（或社会物理学）。他说："近年来，社会科学持续经历着一场数字革命，其标志就是正在兴起的计算社会科学。"③ 2009 年，他和同事在《科学》发表了关于计算社会科学的论文。

---

① 陈振明．法兰克福学派与科学技术哲学．北京：中国人民大学出版社，1992：51－52.
② 巴拉巴西．爆发．北京：中国人民大学出版社，2012：13.
③ 彭特兰．智慧社会：大数据与社会物理学．杭州：浙江人民出版社，2015：77.

他将社会物理学定义为大数据与社会科学理论的结合，研究思想或想法的交换如何驱动人类行为——人们如何合作以发现、选择和学习策略并协调行动。[①]

总之，应该倡导公共管理研究多元化方法论，引入多元化的研究方法及分析技术。有许多种研究与理解公共管理与公共政策的方式方法，公共管理的理论建构与知识增长应该以多种方式方法进行，包括假设检验、案例研究、比较分析、行政和政策过程分析、资料（内容）分析、数据分析与建模、实验研究以及对该领域的整体或部分的历史诠释（历史研究）、演绎论证、哲学批判和对行政经验的个人反思等。[②]

① 彭特兰．智慧社会：大数据与社会物理学．杭州：浙江人民出版社，2015：17.

② 怀特，亚当斯．公共行政研究：对理论与实践的反思．北京：清华大学出版社，2005：16.

中国式现代化与公共治理研究

党的二十大吹响了向中国式现代化挺进的战斗号角。习近平总书记在省部级主要领导干部“学习习近平总书记重要讲话精神，迎接党的二十大”专题研讨班上强调，在新中国成立特别是改革开放以来的长期探索和实践基础上，经过党的十八大以来在理论和实践上的创新突破，我们成功推进和拓展了中国式现代化。中国式现代化，是中国共产党领导的社会主义现代化，既有各国现代化的共同特征，更有基于自己国情的中国特色。

中国为了实现民族独立、国家富强和人民幸福，近代以来的许多仁人志士不懈奋斗，努力探索中国的现代化道路。直到新中国成立，才真正开启了现代化的进程。1954 年的第一届全国人民代表大会第一次会议就提出要实现工业、农业、交通运输和国防的现代化；1964 年的第三届全国人民代表大会第一次会议提出要全面实现农业、工业、国防和科学技术的现代化。自党的十八大开始，中国特色社会主义进入新时代；习近平总书记在庆祝中国共产党成立 100 周年大会上的重要讲话向全世界庄严宣告我国开启全面建设社会主义现代化国家新征程；党的十九届六中全会通过的

《中共中央关于党的百年奋斗重大成就和历史经验的决议》提出了“以中国式现代化推进中华民族伟大复兴”的第二个百年奋斗目标；党的二十大报告重申了这一宏伟目标，指出“从现在起，中国共产党的中心任务就是团结带领全国各族人民全面建成社会主义现代化强国、实现第二个百年奋斗目标，以中国式现代化全面推进中华民族伟大复兴”。

从实践上看，自18世纪60年代开始，现代化（近代化）逐步成为人类社会发展的主旋律（开始于第一次工业革命），是一场萨缪尔·亨廷顿所说的“革命的、复杂的、系统的、长期的、阶段性的、同质化的、不可逆转的和进步的”历史进程与实践运动，它引发了人类社会从传统到现代及后现代的转变，其内容和影响遍及经济、社会、政治、思想、文化、生态等人类生活的方方面面。

从理论上看，作为一个学术主题领域，现代化研究在第二次世界大战后首先在西方尤其是美国兴起，逐步成为国际学术界的热门研究话题甚至成为“显学”。现代化几乎成为当代学术尤其是人文社会科学的各学科的共有主题，哲学、史学、经济学、社会学、政治学、心理学、文化研究无一例外。当代西方人文社科领域的名家们多涉及现代化、全球化（现代化的一种拓展）和发展研究。20世纪80—90年代，我国学界的现代化研究曾一度兴盛，代表性学者如罗荣渠、何传启等。

据考证，英文的“modernization”一词出现在18世纪中期。中文的“现代化”一词出现于20世纪初。在相当长时间里“现代化”只是一个普通词，从20世纪开始尤其是二战后，“现代化”成为一个流行话语和学术概念。今天，现代化研究涉及一系列关键词，如现代化、现代性、后现代化、后现代性、现代主义、后现代主义、全球化、工业化、后工业化、技术革命、工业革命、产业革命、网络化、数字化、智能化等。

何谓现代化？现代化研究有不同流派，定义多种多样。在罗荣渠看来，现代化作为一个世界性的历史过程，是指人类社会从工业革命以来所经历的一场急剧变革；狭义而言，现代化指落后国家迅速赶上先进工业国家水平和适应现代世界环境的发展过程。何传启认为：现代化是 18 世纪工业革命以来的一个客观现象，是人类发展的世界前沿以及达到和保持世界前沿的行为和过程。

莱因哈特·本迪克斯（Reinhard Bendix）把现代化理解为一种社会变迁的类型，它起始于英国工业革命和政治性的法国大革命。亨廷顿认为，现代化是一个多层面的进程，它涉及人类思想和行为所有领域里的变革。阿历克斯·英格尔斯（Alex Inkeles）把现代化看作是一种心理态度、价值观和思想的改变过程，是一种精神现象或一种心理状态，提出“现代化的关键是人的现代化”这一著名观点，将现代化过程视为“传统人”向“现代人”转变的过程，并由此勾勒出现代人 12 个方面的特征。

中国式现代化既有各国现代化的共同特征，更有基于自己国情的鲜明特色。一方面，它以中国优秀的文化传统和价值观为内核，是在中国的现实场景与历史演进中进行的现代化；另一方面，它也是在全球背景下推进的现代化，参考借鉴全人类的现代化发展经验与优秀的文化成果。中国式现代化不仅属于中国，而且属于世界；它为人类实现现代化提供了新的选择。最终的目标是人的现代化，实现人的自由发展。

中国哲学社会科学必须回应时代精神呼唤与国家重大战略需求。一方面，要紧密跟踪当代科学技术发展的新趋势尤其是科学方法论的新进展与研究范式的转移，跟踪社会科学发展的新趋势，关注其研究途径及其焦点变化，引入新研究方法与分析技术，拓展新研究方向或新主题领域，夯实社会科学的科学基础；另一方面，社会科学自身包含着丰富的知识内容，实践性、经验性和地方性知识是其重要组成部分，需要加强本土化研究，凸显中国特色。要深入学习贯彻习近平总书记在中国人民大学考察时重要讲话精神，以中国为观照、以时代为观照，立足中国实际，解决中国问题，不断推动中华优秀传统文化创造性转化、创新性发展，不断推进知识创新、理论创新、方法创新。建构中国自主的哲学社会科学知识体系，提升哲学社会科学人才自主培养质量。

中国式现代化新征程为哲学社会科学的发展提供了新场景、新机遇和新动力，也提出了新目标、新要求和新任务，特别是提出了一系列需要加以研究与解决的重大理论与实践课题。全国哲学社会科学工作办公室公布了“研究阐释党的二十大精神国家社会科学基金重大项目”的116个招标选题。在中国人民大学举行的《公共管理与政策评论》2022年度论坛上，笔者在发言中谈及中国式现代化研究值得关注的若干问题，包括中国式现代化的时代特征与技术基础，比较现代化研究（中西、区域与国别的比较），全面建设现代化国家的教育、人才和科技战略支撑及其协同，地方现代化的实现路径、措施与测度，以国家治理现代化引领社会主义现代化国家建设等。

在2022年12月在厦门大学中国式现代化研究院、公共事务学院、公共政策研究院、《厦门大学学报》（哲学社会科学版）联合举办的“理解中国式现代化：学科交叉视角”学术研讨会上，笔者做了题为“中国式现代化与社会科学研究”的致辞，并强调：“这次研讨会以学习、领会和贯彻党的二十大精神为主旨，从学科交叉与知识融合的视角来诠释、理解和研究中国式现代化这一新时代新征程的最重大主题，聚焦中国式现代化的理论谱系和研究方法、中国式治理与中国式现代化、高质量发展与中国式现代化、全过程人民民主与中国式现代化、共同富裕与中国式现代化、县域和市域社会治理现代化等话题，多视角多层面阐释中国式现代化的理论内涵和精神实质，观照中国式现代化的生动实践以及地方经验。”

国家治理现代化对社会主义现代化强国建设具有引领作用。公共治理属于国家治理或治国理政之学，是一个典型的跨学科、交叉学科与综合性及应用性的领域，推进中国自主的公共管理知识体系构建以及人才自主培养，是当前中国公共治理学科发展的当务之急。在中国式现代化的背景下，公共治理领域有大量值得关注的前沿问题，例如科学方法论革命与公共治理研究转型、不确定性或高风险背景下的公共治理（尤其是系统性风险的防控）、公共治理的研究途径与自主知识体系构建、科学研究新范式与新文科专业建设以及两个公共管理（学）的分野、高效（能）治理-有效治理-治理失灵（或治理赤字）问题、大动荡大变革时代全球治理的挑战与回应（全球治理格局变化与公共物品供给赤字及气候、疫情、能源、粮食、战争与经济萧条的治理）等。

中国公共管理研究的十大前沿主题

中国特色社会主义进入了新时代，“中国之治”开辟了公共管理学发展的新境界。党的十九届四中全会通过的《中共中央关于坚持和完善中国特色社会主义制度 推进国家治理体系和治理能力现代化若干重大问题的决定》（以下简称《决定》），进一步阐明了坚持与完善中国特色国家制度，推进国家治理现代化的目标、方向和任务。这既给中国公共管理学的发展提供了新的历史机遇，注入新的活力，也对公共管理学的创新发展提出了新的挑战和更高要求。必须顺应中国与全球公共治理实践的新形势新变化，推动中国公共管理学的创新发展，构建具有中国特色的话语、理论和学科体系。下面基于2019年国内公共管理的研究动态，评说十大前沿主题，透视中国公共管理学研究的新走向与新趋势。

一、国家制度与国家治理

国家制度和国家治理是哲学社会科学的基本内容，更是公共管理学的核心主题。习近平指出，党的十八大以来，推进全面深化改革，中国特色社会主义制度日趋成熟定型，中国特色社会主义法治体系不断完善，为推动党和国家事业取得历史性成就、发生历史性变革发挥了重大作用。[①] 党的十九届四中全会通过的《决定》对国家治理的内涵与特征做出新规定，提出坚持和完善中国特色社会主义制度、推进国家治理体系和治理能力现代化三阶段的总体目标，强调 13 个方面的显著优势，明确 13 个坚持和完善。《决定》指出，我国国家治理体系和治理能力是中国特色社会主义制度及其执行能力的集中体现；中国特色社会主义制度和国家治理体系是具有强大生命力和巨大优越性的制度和治理体系；国家行政管理承担着按照党和国家决策部署推动经济社会发展、管理社会事务、服务人民群众的重大职责，必须坚持一切行政机关为人民服务、对人民负责、受人民监督，创新行政方式，提高行政效能，建设人民满意的服务型政府。

2020 年 1 月 9 日，由《光明日报》理论部、《学术月刊》编辑部、中国人民大学书报资料中心共同主办的“2019 年度中国十大学术热点”发布，“国家制度和国家治理问题研究”成为十大学术热点之一。专家点评：“国家制度和国家治理问题是马克思主义理论、政治学等学科的重要研究对象。围绕这一主题，2019 年学术理论界进行了深入探索。学者们普遍认为，中国特色社会主义制度和国家治理体系是以马克思主义为指导、植根中国大地、具有深厚中华文化根基、深得人民拥护的制度和治理体系，是实现中华民族伟大复兴的重要保障。国家治理体系是组织、实施与运作国家制度的完整系统，包含治理的制度，治理的理念、目标，治理的组织者、参与者以及治理的方法、运行方式等诸多要素。国家治理能力是运用国家制度管理国家、社会各方面事务的能力，涉及改革发展稳定、内政外

---

① 习近平．坚持、完善和发展中国特色社会主义国家制度与法律制度．求是，2019 (23)：4－8.

交国防、治党治国治军各个方面。构建系统完备、科学规范、运行有效的制度体系，把我国制度优势转化为国家治理效能，业已成为历史与当下有机融汇、理论与现实紧密结合的宏大课题，值得学术理论界持之以恒探究下去，不断推出高质量研究成果。”①

2019 年 11 月，全国哲学社会科学工作办公室围绕深入研究阐释党的十九届四中全会精神项目，列出 100 个重大项目招标课题研究方向，涉及国家制度和国家治理的方方面面问题，包括中国特色社会主义制度的本质特征，根本制度、基本制度、重要制度，我国国家制度和国家治理体系的显著优势、创新经验和世界意义等。《国家社科基金项目 2020 年度课题指南》也列出了大量有关国家制度和国家治理方面的课题。党的十九届四中全会通过的《决定》指出，我国国家治理一切工作和活动都依照中国特色社会主义制度展开。中国特色公共管理学必须高度重视国家制度和国家治理这一核心主题的研究，突出对公共管理或公共治理的制度前提、坚持党的全面领导制度、把制度优势转化为治理效能、强化制度执行力、深化行政体制改革与建设人民满意的服务型政府以及经济、政治、文化、社会、生态文明建设和党的建设等各领域的体制机制改革等一系列问题的研究。

地方治理、基层治理以及社区治理是国家治理的重要内容。就地方治理而言，作为一种制度安排，地方政府是一个国家政治和政府制度的重要组成部分。就基层治理而言，从基层政权建设、村（居）民自治等到基层治理及社区治理和乡村治理反映了我国基层管理实践模式与理论范式的变化。社区治理属于基层治理的范畴，涉及社区公共事务与社区服务的供给及其合作网络的治理。

---

① 光明日报理论部，学术月刊编辑部，中国人民大学书报资料中心．2019 年度中国十大学术热点．光明日报，2020－01－10（11）．

二、百年未有之大变局与全球治理

习近平指出："当今世界正经历百年未有之大变局……新一轮科技革命和产业变革带来的新陈代谢和激烈竞争前所未有，全球治理体系与国际形势变化的不适应、不对称前所未有。"[①] 随着全球性挑战增多，加强全球治理、推进全球治理体制变革已是大势所趋。党的十九届四中全会通过的《决定》指出："当今世界正经历百年未有之大变局，我国正处于实现中华民族伟大复兴关键时期。"今天的世界正处在大发展大变革大调整之中，人类再次站在了历史的十字路口。新中国成立以来，中华民族实现了从站起来、富起来到强起来的历史性飞跃，综合国力和国际地位不断提高，日益走近世界舞台中央，为世界和平与发展不断贡献中国智慧、中国方案和中国力量。中国始终坚持做世界和平的建设者、全球发展的贡献者、国际秩序的维护者。积极参与全球问题的解决，促进全球治理体系的变革，提供全球治理的中国方案，构建人类命运共同体，是中国公共治理的面临的重大而迫切的实践课题与理论主题。

全球治理是公共治理的题中之义。然而，中国公共管理学界对它关注不够。根据公共管理研究生教育发展调研报告的资料，除了清华大学公共管理学院等几家培养单位之外，在公共管理一级学科博士点硕士点及MPA专业学位中设立"全球治理"研究方向的院校并不多。全球治理是公共治理的最高层次，在它之下依次是国家治理、地方治理、基层治理以及社区治理。中国公共管理学的创新发展应该高度重视全球治理领域的研究，必须放眼世界，直面全球公共治理的新场景、新实践和新问题，并突

---

① 习近平在第二十三届圣彼得堡国际经济论坛全会上的致辞.（2019-06-08）[2024-12-01].人民网.

出全球治理的新理念、新思维、新范式以及全球治理体系重构、人类命运共同体构建、中国在全球治理中地位与作用、中国发展道路的世界意义等重大问题的研究与阐释，推动构建人类命运共同体的美好愿景与中华民族伟大复兴的中国梦相得益彰、交相辉映。

三、新技术革命与政府治理变革

随着当代新技术革命的展开特别是信息通信技术以及人工智能和量子技术的发展，人类社会进入了信息社会的更高阶段，正在走向网络化、数据化、智能化和量子化的新时代，即所谓的“后信息社会”“大数据时代”“数据的社会”“智能化时代”“智能社会”“超智能社会”。习近平总书记指出：“以信息技术为代表的新一轮科技和产业革命正在萌发，为经济社会发展注入了强劲动力。”① “人工智能是引领新一轮科技革命和产业变革的重要驱动力，正深刻改变着人们的生产、生活、学习方式，推动人类社会迎来人机协同、跨界融合、共创分享的智能时代。”② 网络化、数据化、智能化和量子化推动政府治理朝向数字化和智能化的迅速转型，催生了新一轮政府治理变革浪潮，迎来了“数字政府”“政府 3.0”“智能化政府”“智慧政府”“智慧治理”。

技术与政府或技术与政治历来是政治学、科学技术哲学以及科学社会学或科学、技术与社会研究的基本主题。尽管公共管理学界已有大量的这方面的研究，但是迄今为止，“技术与政府”并没有成为公共管理学的相对独立研究主题领域（已有的“电子政务”属于这个领域）。事实上，技术与政府属于公共管理学重要的基础性的分支或主题领域。根据历史唯物

① 习近平致信祝贺第四届世界互联网大会开幕.（2017-12-03）[2024-12-01].新华网.
② 习近平向国际人工智能与教育大会致贺信.光明日报，2019-05-17（1）.

主义的观点，生产力决定生产关系，经济基础决定上层建筑；技术是生产力中最活跃的因素，技术创新促进生产力的发展，引发生产关系和经济基础的变化，进而推动包括国家或政府治理和意识形态在内的上层建筑的变革。而从公共管理研究中“技术与制度”的二分法或“观念-技术-制度”的三分法中就可以领悟技术与政府研究的重要性。中国公共管理学必须重视技术与政府这一基本主题的研究，密切关注新技术革命所引发的国家或政府的体制、机构、职能、流程和管理方式的变化，尤其是网络化、数据化、智能化和量子化驱动的政府治理的数字化和智能化转型及其催生的数字化政府或智慧政府及智慧决策的新实践模式。

四、政府与市场、社会关系

政府与市场、社会关系是现代社会中的一个基本关系，也是政府机构和政府职能配置的前提和基础。改革开放以来，为了适应经济社会发展以及社会结构转型的需要，我国持续进行政府机构改革和政府职能转变，调整和优化政府与市场、社会关系。党的十八大以来，作为全面深化改革的“先手棋”和转变政府职能的“当头炮”，党和政府大力推进“放管服”改革与营商环境优化，推动政府职能的根本转变，以增强市场活力和社会创造力。现阶段我国坚持市场在资源配置中的决定性作用和更好发挥政府作用的原则，推动政府职能向创造良好发展环境、提供优质公共服务、维护社会公平正义转变。创造公平竞争的环境与激发市场主体活力和社会创造力，是政府职能履行的重中之重，这也正是“放管服”改革与营商环境优化的落脚点。

政府如何处理好与市场、社会的关系，扮演好自己的角色（如何在公共物品和公共服务的生产者、提供者和安排者三种基本角色中做出选择与组合，充分发挥自己的作用），履行经济调节、市场监管、社会管理、公共服务和环境保护等基本职能，这既是经济社会发展中至关重要的实践问题，也是社会科学及管理科学各学科尤其是公共管理学、经济学和政治学等学科共同关注的重大理论问题。作为本学科的核心内容之一，政府机构和行政体制改革与政府职能转变是公共管理学界持续关注的主题。近年来，“放管服”改革与营商环境优化成为公共管理学研究的一个焦点。例如，2019 年中国行政管理学会年会的主题就是“学习贯彻十九届四中全会精神，深化‘放管服’改革优化营商环境”；2019 年的《中国行政管理研究》杂志在第 4 期和第 7 期设专栏探讨这一话题。公共管理学需要更宽广的视野，需要加强对政府与市场、社会关系（或国家与社会关系）基本理论的研究，并总结提炼新中国成立 70 多年来尤其是改革开放 40 余年来在这一实践领域的经验，建构中国特色的政府理论及政府职能论，为公共管理学奠定更宽广更扎实的理论基础。

五、公共服务与美好生活

习近平指出：“带领人民创造美好生活，是我们党始终不渝的奋斗目标。”[①] 党的十九大报告明确新时代我国社会的主要矛盾是“人民日益增长的美好生活需要和不平衡不充分的发展之间的矛盾”。党的十九届四中全会通过的《决定》提出坚持和完善统筹城乡的民生保障制度，满足人民日益增长的美好生活需要；指出增进人民福祉、促进人的全面发展是我们党立党为公、执政为民的本质要求。回应公众对美好生活或幸福生活向往，提供高质量的公共服务，这是当代全球公共治理实践的一个发展趋

① 习近平在中国共产党第十九次全国代表大会上的报告．(2017 - 10 - 28) [2024 - 12 - 01]．人民网．

势，也是各国政府追求的基本目标和任务。正如习近平总书记所说："各国人民对美好生活的向往，谁都无法阻挡。""提高人民生活水平是各国政府的首要任务。"[①]

人民的美好生活以经济发展和民生改善作为前提，以高质量的公共服务供给作为保障。民生是人民最大的福祉，公共服务是保障和改善民生的载体，是人民获得感、幸福感和安全感的支撑。"美好生活需要"折射出人民群众对高质量公共服务供给的更高的期待，而提升人民获得感、幸福感和安全感已成为从中央到地方的一个施政重心。当前，公共服务需求的全面增长与高质量公共服务供给的不足构成公共服务与民生改善中的一个突出矛盾，是满足人民日益增长的美好生活需要的制约因素。

公共管理学必须加强对"公共服务与美好生活"这个重大理论与实践问题的研究。一方面，加强对公共服务重大实践问题，包括基本公共服务的可及性与均等化，完善惠及全民的公共服务体系，美好生活的内涵与获得感、幸福感和安全感评价，公共服务提供的体制机制和方式的改革，公共服务供给的多元主体协作，抓民生和抓发展的关系以及如何抓重点、补短板和强弱项等的研究。另一方面，必须推进公共服务的理论建构与学科建设。原有的"公共事业管理"专业内涵尚不清晰，制约了该学科领域及其人才培养的发展。在新时代，随着公共服务重要性的凸显以及事业单位分类改革的推进，需要推动本领域由"公共事业管理"向"公共服务"的范式转变，构建起公共管理学中的相对独立的"公共服务"学科专业或研究领域。

---

① 习近平在第二十三届圣彼得堡国际经济论坛全会上的致辞（全文）.（2019－06－08）[2024－12－01].新华网.

六、中国治国理政的实践经验与历史传统

新中国成立以来，中国的面貌发生了翻天覆地的变化，中国共产党人在国家治理现代化道路上不断探索，走出一条国家治理现代化的中国道路，形成国家治理现代化的中国经验。党的十八大以来，以习近平同志为核心的党中央全面推进党和国家机构改革、国家治理的现代化以及政府治理变革，进行了一系列的重大战略、政策与治理实践创新，创造了大量的新经验，形成鲜明的国家治理的执政品格与政策风格，特别是强调始终把人民利益摆在至高无上的地位，实现好、维护好、发展好最广大人民根本利益是党的一切工作的出发点和落脚点，把人民获得感、幸福感和安全感作为“试金石”。与此同时，中国的国家治理有着深厚的历史渊源和独特的文化基因。习近平总书记指出：“当代中国是历史中国的延续和发展。新时代坚持和发展中国特色社会主义，更加需要系统研究中国历史和文化，更加需要深刻把握人类发展历史规律，在对历史的深入思考中汲取智慧、走向未来。”① “不忘本来才能开辟未来，善于继承才能更好创新。对历史文化特别是先人传承下来的价值理念和道德规范，要坚持古为今用、推陈出新，有鉴别地加以对待，有扬弃地予以继承，努力用中华民族创造的一切精神财富来以文化人、以文育人。”②

中国五千年的历史中蕴含着许多治国理政的大智慧，中华民族为全人类遗留下极为丰富的治国理政的思想文化遗产。党的十八大以来，以习近平同志为核心的党中央高度重视治国理政历史经验的继承、发展、扬弃与借

---

① 习近平致中国社会科学院中国历史研究院成立的贺信．(2019 - 01 - 03)［2024 - 12 - 01］．中国政府网．

② 中央政治局进行第十三次集体学习 习近平主持．(2014 - 02 - 25)［2024 - 12 - 01］．中国政府网．

鉴。他说："我们总结分析我国历史上吏治的得失，是要加强和改进干部管理工作，为跳出历史周期率、实现党和国家事业兴旺发达、长治久安提供借鉴。"①

推进中国公共管理学理论的研究与创新，一方面，必须学习领会以习近平同志为核心的党中央在治国理政实践中所形成的具有时代特色、实践特色和民族特色的公共管理思想。习近平新时代中国特色社会主义思想中包含了极其丰富的治国理政或国家治理的思想，这是中国特色公共管理学及其创新发展的指导思想和理论基础；必须总结和提炼七十多年来特别是党的十八大以来党中央治国理政实践取得的创新经验，丰富中国特色公共管理学的理论内涵。另一方面，必须以史为鉴，究天人之际，通古今之变，高度重视古今中外公共管理实践及其经验尤其是我国治国理政的历史传统与经验的研究；坚持古为今用、推陈出新，有鉴别地加以对待，有扬弃地予以继承。习近平总书记指出，对古代的成功经验，我们要本着择其善者而从之、其不善者而去之的科学态度，牢记历史经验、牢记历史教训、牢记历史警示，为推进国家治理体系和治理能力现代化提供有益借鉴。②

七、国外公共治理的实践变化与理论进展

进入新世纪，全球公共部门管理的理论与实践发生了新变化并呈现出新趋势。公共部门尤其是政府治理变革继续深化的基本动因在于：一是全球化、信息化以及网络化、数字化和智能化，科学技术进步，新工业革

① 习近平．努力造就一支忠诚干净担当的高素质干部队伍．求是，2019（2）：4－10.

② 习近平主持中共中央政治局第十八次集体学习．（2014－10－13）［2024－12－01］．中国政府网．

命，经济社会发展，财政危机或金融危机；二是官僚体制的失效，国家（政府）与社会关系的变化，公共部门、私人部门和非营利组织共同提供公共服务的日益复杂化；三是公民对政府不满的加剧与对政府与日俱增的期望和要求。在实践中，20 世纪 70 年代末 80 年代初兴起的“新公共管理”运动所注重的财政效率和政府内部运作以及所强调的代理、竞争和选择等原则，正在被“新公共治理”所关注的国家与社会关系调整以及强调合作、谈判、参与等原则所取代。

在理论上，公共部门管理的研究途径、学科范式与理论形态也正在发生转变，出现由传统公共行政到“新公共管理”再到“新公共治理”的范式转变。在西方，继“新公共管理”之后，公共部门管理进入了所谓的“后新公共管理”“（新）公共治理”或“公共价值管理”时代，出现了诸如“（新）公共治理”“新治理”“合作治理”“网络治理”“数字化治理”“整体化治理”一类的“新”模式。其中，“公共价值管理”“（新）公共治理”和“合作治理”是三种比较有代表性的公共管理“新”理论范式或知识综合。

建构中国特色公共管理学，需要跟踪国外公共管理的理论与实践进展及其前沿，借鉴其成功的实践经验及有益的理论成果。习近平说：“我们不仅要了解中国的历史文化，还要睁眼看世界，了解世界上不同民族的历史文化，去其糟粕，取其精华，从中获得启发，为我所用。”[①] 公共管理学的发展既要突出中国特色，坚持中国立场，发出中国声音，解决中国问题；又要树立全球视野，密切关注国际公共管理研究前沿，积极探索重大全球或国际问题，加强国际交流与对话，增强中国特色公共管理学的国际影响力。

---

① 习近平．在中央党校建校 80 周年庆祝大会暨 2013 年春季学期开学典礼上的讲话．北京：人民出版社，2013：10.

八、公共管理的科学理论与方法基础

公共管理学要创新发展，学者必须关注科学技术的发展及其前沿，特别是科学方法论、数据科学、脑科学、生命科学、认知科学、神经心理学、量子理论、信息通信技术、智能化技术及虚拟技术等领域的最新进展及其理论成就，从当代科技发展及其知识与方法中汲取营养，强化自身的科学理论与方法论基础，采用新的研究途径、研究方法和分析技术。

数据化和智能化以及虚拟现实技术增强了人类行为的可预测性。今天，人类行动的数据可以被系统地、规模化地掌握，人们的行为踪迹都可以在某个数据库中找到线索，这使得研究个人、团体及全人类的行为规律成为可能。虚拟现实、现实增强等技术的日益广泛应用，标志着虚拟现实时代的来临。虚拟现实等技术的应用是管理科学的新主题。机器学习技术在社会科学中的应用也日趋广泛，它与传统分析工具结合，可以检验传统方法无法检验的假设，拓宽社会科学研究的边界。

今天，行为、实验、预测和数据驱动已成为新的认知方式、思维方式和知识增长方式，也成为公共管理与公共政策理论和实践发展的新趋势。近年来国内学界围绕这一主题举办多场研讨会，论著也明显增加。公共管理研究中必须高度重视行为、实验、模拟、预测和数据驱动与智能化技术及虚拟技术（数据挖掘、现实挖掘、虚拟现实、现实增强、机器学习、区块链等）的应用，增强公共管理研究的科学性。

九、公共管理学中的多学科知识融合

科学或知识的统一是人类追求的一个理想，跨学科、交叉学科和综合性研究的涌现以及知识融合成为当代科技进步的一个主导性趋势。当今自然科学与社会科学的界限以及定性研究与定量研究的分野日益模糊；作为心理学与公共管理学交叉的新兴学科，行为行政学采用个体行为和态度的微观视角，其理论和方法基础是心理学和实验方法，以心理学及个体行为研究的新成果为依据。

人文社会科学的知识日益交融。近现代社会科学走过从整体到分化或专门化的历程——从政治经济学、精神科学（道德哲学）和国家学（官房学）到统计学、经济学、政治学、社会学、人类学、（新）史学等。当代社会科学发展则由专门化到整体化演变——知识产生方式由学科导向转入问题导向，进入所谓的“后学科时代”。

公共管理学是一个典型的跨学科、交叉学科与综合性及应用性的领域，大量学科为公共管理的研究提供了理论与方法基础。必须倡导和推动公共管理学与其他相关学科知识的融合。该学科的核心主题是人类的集体行动、冲突与合作、选择或决策、管理或执行之类的问题。

十、中国公共管理学的转型与重构

中国特色社会主义新时代的来临，国家治理现代化的推进特别是党的十九届四中全会通过的《决定》，给中国公共管理学的发展带来了前所未有的历史性机遇。新时代改革开放和现代化建设尤其是国家治理（治国理政）现代化推进的现实实践，提出了中国公共管理学科的创新、转型与重构以及知识体系更新的历史性任务。

近年来，公共管理学科的转型与重构成为国内外学界讨论的热门话题。国外有影响的公共管理刊物探讨了这个问题。例如，《美国公共行政评论》期刊主编詹姆斯·佩里（James Perry）在该期刊 2016 年第 2 期的寄语中，提出了“公共行政学正在消失吗?”（Is public administration vanishing?）这一问题，强调必须高度关注公共行政学的未来。乔斯林·布尔贡在《国际行政科学评论》2017 年第 4 期发表的头条文章《反思、重构与重塑：面向 21 世纪》中认为影响未来治理模式的挑战性趋势正在形成，政治及国家在构建民主社会中的角色正在改变。现在是时候从一个更宽泛的视角来反思公共行政学了，公共行政学需要一种新的“统一的理论”，它将国家、公民和社会之间的动态关系视作现代社会的基本要素。

在我国，公共管理学界近年来有大量关于本学科转型与重构的讨论，举办了不少专题论坛，一系列的论著问世，观点精彩纷呈。“第四次管理革命”“数据驱动的管理与决策”“中国管理（范式）”“百年变局与管理科学”等也成为管理科学的热门话题。国家自然科学基金委员会管理科学部的“十四五”发展战略各个课题组的专家研讨与论证会自然离不开这个话题。曹仰锋在《第四次管理革命》一书中认为，管理的百年历史上发生了四次管理革命，即从科学管理、人本管理、精益管理到价值共生。

中国公共管理学的转型与重构涉及大量问题。例如，怎样把握和处理好学科发展中的学术与政治、科学和意识形态、主观与客观、事实与价值、传统与现代、本土化与国际化以及地方性与全球化等方面关系？如何凸显中国公共管理学自身的主题领域、问题意识和本土知识？如何促进中国场景、中国话语与中国特色的公共管理学科的知识增长？

总之，改革开放四十余年来，作为当代中国社会科学发展最快的学科领域之一，公共管理学在我国已经成长为一门独立的且影响力日益增强的学科，学科的地位也逐步从边缘走向中心。在中国，公共管理学可以称为治国理政或国家治理之学。必须顺应迅速变化着的中国与全球公共治理实践，立足现实，回望历史，直面中国与全球公共治理的新场景、新实践、新趋势和新问题，加强公共管理学的理论创新，拓展公共管理的学科内涵与主题，夯实公共管理的科学基础，彰显公共管理学的中国特色。

中国治国理政的历史传统与实践经验

构建中国特色公共管理学必须重视古今中外公共管理实践及其经验尤其是我国治国理政的历史传统与经验的研究，总结提炼党中央在治国理政实践中所形成的具有时代特色、实践特色和民族特色的公共管理经验与思想。

一、中国古代治国理政的思想遗产

中国是一个历史悠久的文明古国，积淀了丰富的治国理政的思想遗产。系统梳理、总结和提炼古代治国理政的思想传统，可以为推进国家治理体系和治理能力现代化，构建中国特色公共管理学提供思想资源和经验启示。

（一）治国安民思想

德法并治是中国古代的主要国家治理形式，治国理政的方方面面都离不开德治与法治的结合。在古代各种国家治理思想中，德治提出最早，论述最多，影响也最大。[①] 德治在古代治国理政中的实践应用，主要以礼治为介质。礼治是沟通道德与政治的桥梁，孔子曰："一日克己复礼，天下归仁焉。"（《论语·颜渊》）德治的外化形式就是礼治，以德治国就是以礼治国，二者具有同一性。礼，最早是指夏商周时期祭祀用的礼仪，后来发展成为一套尊卑有别的社会等级结构体系，体现为包括政治、经济、家庭、风俗习惯在内的各种典章制度和行为规范。礼是血缘社会中敬畏天地鬼神的产物，其特征是强调冥冥之中的神力和血缘的亲情。所以礼提倡天地人的相通，是基于人情的伦理道德，其核心是纲常名分和等级秩序。孔子是礼治的积极倡导者，尤其强调统治者首先要懂礼，认为"不知礼，无以立也"（《论语·尧曰》）。

法的学说主要源于法家，战国时期魏国李悝所撰的《法经》标志着法家学派的创立。法律是君主政治的统治手段，法家强调法是评判是非曲直的标准，关系到国家的兴亡。商鞅言："立法明分，而不以私害法，则治。"（《商君书》）韩非子在前人的基础上，系统地提出了法治理论，认为"法者，编著之图籍，设之于官府，而布之于百姓者也"（《韩非子》），主张法作为一种控制工具的优越性。韩非子还强调法、术、势的综合。总的来看，法家的基本主张包括：一是强调治国必须依法，旗帜鲜明地提出反对人治，认为法应当成为全体臣民的行为规范，成为惩罚犯罪行为的准绳；二是强调法的普适性，主张必须统一立法，且刑无等级，法不阿贵；三是轻罪重罚，严刑苛责，重视法的示范效应，警示民众不要轻易犯法。

"政之所兴在顺民心，政之所废在逆民心。"以民为本的民本思想是中国古代重要的治国方略和执政理念。其发源于夏商周，形成于春秋战国，

---

① 周溯源．古代思想家政治家治乱兴衰的思想论纲．上海：上海人民出版社，2009：115.

秦汉之后不断发展，如尚书的“以民为本”，春秋战国时期孔子的“仁政爱民”，孟子的“民贵君轻”，荀子的“君舟民水”，汉唐时期贾谊的“民为政本”，唐太宗的“君依于国，国依于民”，张居正的“知人安民”，乾隆的“以养民为本”等都颇具代表性。世界上没有哪一个国家有同中国一样源远流长的重民思想。[①]

上述德治思想、法治思想和民本思想作为行政原则直接指导着政治家和思想家对治国理政的建构，对重大问题的判断和态度，可以说是治国理政思想的基点，是中国古代治国理政中积累的治国安民的治道。

（二）中央与地方关系思想

中国古代强调中央集权和皇权至上的君主专制，自秦建立起来后，一直延续至封建王朝覆灭。“天下之事无大小皆决于上”，整个社会围绕以皇帝为核心的官僚集团进行运转，从中央至地方形成了一个有序的行政管理体制。

中国自古幅员辽阔且人口众多，为了落实政策，必须依靠强大有力的地方行政组织系统。要将地方力量始终置于中央的管辖之下，但又不能完全限制地方的发展。中国古代的中央与地方政府间关系思想丰富，其中有李斯废除分封制，实行郡县制；仲长统的独任制思想；贾谊的强干弱枝、本大末小、内重外轻行政组织理论；司马光适当放权地方的观点；朱元璋废除宰相制，分割相权，强化监督的思想；王夫之、康有为减少行政层级，精简机构的主张等。历代政治学家和思想家普遍认同维护中央集权，弱化地方力量，但同时为了协调发展，使地方政府保有某些自主权，履行

---

① 田广清．古代治国方略．成都：四川人民出版社，1996：28.

地方行政管理职能。在实践中，秦朝建立以后废除分封制改行郡县制，缩小地方行政区划制，防止行政区划过大而失法控制，全国分设三十郡，郡下设县，县下设乡或亭，乡下设里。此后的行政层级略有变化，但大多都是三级体制，如魏晋南北朝的州郡县三级、唐宋的道州县三级、明清的省府县三级等。

新时代中央与地方政府间关系的调整，仍然要以中央集权为根本原则，但应规避古代治国理政中对于地方管得过严、管得僵化的问题。在中央集权的基础上适当放权地方，更加强调地方的自主性，将中央和地方两个积极性调动起来，形成央地网络化互动模式。

（三）行政体制思想

古代中国的中央行政管理体制，通过明确的政治分工、严格的权力制衡、有机的协同与配合，既提高了中央机构的工作效率，又有利于平衡内部矛盾。虽然经过了三公九卿制、三省六部制、二府制、一省制和内阁制的演变，但宏观上仍是沿着发挥国家机构的统治效能，同时协调君权与相权矛盾的轨迹而不断变化发展。[①] 其实质是围绕君权的使用，向着强化君权的目标前进。[②] 在行政管理体制的变革中，君权得到空前强化，使得政治统治触碰到社会的每一个角落。在这种君主专制全能管理的模式下，任何有悖于体制的思想和行为都会被铲除。这种管理模式虽然充满着封建社会的弊病，但是在一定程度上起到了稳固社会秩序的积极作用。

---

① 张晋藩．中国古代国家治理的重心："民惟邦本，本固邦宁"．国家行政学院学报，2017（4）：32－39.

② 张晋藩．中国古代文官制度综论．中国社会科学，1989（2）：195－208.

秦汉时期属于中央集权制的初创阶段，中央行政管理体制主要采取三公九卿制。地方则推行郡县制，是为古代治理体系的雏形阶段。秦灭汉兴，在政治体制上基本是汉承秦制。至西汉中期，皇权逐步发展，相权走向低落，为皇帝服务的内廷机构尚书台参与政务，到了东汉时期已经成为了最高的行政管理机关。汉代政教合一的专制主义，构成了中国古代传统社会独特的政统。[①] 魏晋南北朝至隋唐时，三省六部制开始形成，标志着国家政权机构建设发展到了一个崭新的阶段。这种行政管理体制适应了封建社会发展的需要，虽然有细小的变动，但是大体沿用至明清，奠定了中国古代行政管理体制的框架。

唐中期以后，三省制名存实亡，权力由中书门下所取代，三省六部制开始向一省六部制演化。其中还出现过北宋的二府三司制等独特类型。这一行政改革将政务、财政、监察等权分开，大权更加集中于皇帝手中。元代正式设置中书省为最高行政机关，统辖军国大小之务，统一领导掌管具体行政事务的六部。明太祖朱元璋鉴于丞相权力过大而危及皇权的教训，于明洪武十三年（1380 年）正式将中书省和宰相制废除，一省六部制被内阁六部制所取代。由皇帝直接统率六部。六部是明朝中央最高行政机构，直接对皇帝负责，分任朝政最高一级行政机关，其职能是执行、管理、协调各项政务。通过提高六部的地位，皇帝可以更有效地指挥各部的工作，同时便于把全部权力高度集中于君主之手，皇帝正式成为拥有实权的行政首脑。清朝专门于内阁之外设置了军机处，尽管不是正式机构，但拥有发布政令的权力。六部虽然仍对行政事务负责，但是其职权被严重削弱，使得皇权的统治更加集中。

---

① 彭新武．中国古代治国要略．北京：人民出版社，2018：62.

（四）行政改革思想

敢于改革、善于改革，是古代治国理政显著的特点，在一定程度上说中国古代历史也是不断变法革新的历史。[①] 尽管历史上对于改革采用了“改良”“改制”“变法”“维新”“更化”等不同的说法，但其本质都是“改革”，只是在深度和广度上各有差别。改革意味着对原有权力配置、利益关系乃至价值观念的重新调整。为了适应社会发展的需要，中国古代政治家、思想家大胆改革，推动着社会不断向前发展。

管仲、李悝、商鞅、嬴政、刘彻、曹操、诸葛亮、李世民、王安石、朱元璋、张居正、康熙等都是中国古代较具代表的改革者，形成了丰富的改革思想。春秋战国时期的管仲、李悝、商鞅变法，使国家走上富国强兵之路，推动奴隶制社会向封建社会的转型。商鞅的奖励耕战，废除世卿世禄制，奠定了秦朝建立的政治基础。隋唐时期，开明的统治者们不断改革，如改革官制、改革户籍、改革兵制、改革法制[②]，开启了中国封建社会的鼎盛时期。王安石变法，一改北宋庞大的官僚机构官吏冗余、财政危机下积贫积弱的局面。总的来说，历史上的改革可以大致分为三大类：一是王朝建立初期建章立制的改革，如一些皇帝等对统治政策的调整；二是王朝后期为了克服各种统治弊病的变法改革，如戊戌变法等；三是统治中期富国强兵的改革，如管仲、王安石变法等。

不管是变法还是改革，都是统治者利用自身力量，革除弊政，达到自我完善的过程，是统治者主动承担历史使命，推动历史进程的积极手段。中国古代的改革治理思想表明，只有不断推动变革，推陈出新，才能不被

---

① 孙秀民．中国古代治国理政经验论要．政治学研究，2007（1）：58－63.

② 朱仁显．中国传统行政思想．福州：福建人民出版社，2000：204－205.

历史和人民所遗弃。

（五）行政监察思想

为了贯彻君主的意旨，执行各项政策，维持王朝的长治久安，官僚队伍须清廉忠诚。在专制主义社会中，不可能利用民众和舆论的力量来对官僚队伍进行监督，所以制度内的相互制衡就显得较为重要。健全的监察机关和严密的监察制度，是中国古代政治制度的一大特点，也是吏治的重要组成部分。商鞅主张设立专职的监察官员，这是古代监察思想的源头。秦统一全国后，设立了御史府，御史大夫与丞相、太尉并称三公，掌管“察举”“弹劾”之事，维护朝纲、整饬吏治，同时在地方设置了三十六个监郡御史，并建立了正式的监察制度，形成了监察体制的最初萌芽。汉朝的监察制度逐步完备，将全国分为十三个监察区（州部），各设专职监察官一人，即所常见的刺史，负责监督州部内所属各郡行政事务，形成了相对健全和独立的监察网络。至魏晋南北朝时，御史中丞已拥有震肃百僚的权威。唐朝发展了隋代的监察制度，形成一台（御史台）三院（台院、殿院、察院）的格局。宋代监察官有“闻风弹人”的权力。因此，宋后习惯上称监察官为“宪官”与“风宪官”。明朝将御史台改为都察院，监察御史直接受命于皇帝，不受其他机构支配。清朝的监察制度集历代之大成，随着君主专制的极端发展，改变了唐代以来“台”“谏”并列的体制，赋予都察院更高的职权，并承明朝设六科给事中，将其并入都察院，与十五道监察御史合并，避免了科、道分设相互扯皮的矛盾，提高了监察效能。

中国古代监察制度有效制约了官吏的违法乱纪行为，促进了政治的清明，其基本经验有三条：一是保证监察机构独立性。监察组织在不断完善的过程中，逐渐与行政分离，独立性增强，不受任何部门和官员约束，直接向最高统治者负责，同级地方官也无权干涉地方监察官员的活动。机构的独立性保证了监察官员能够独立行使监察权、弹劾权，提高监察效能，实现广泛有效的监督。二是监察职权和监察对象扩大，分权职能明确，趋向规范化。唐代的一台三院监察制度，将监察范围扩大到所有国家机关和部门。而明代的监察部门，几乎成为了无所不察、无人不纠的“天子耳目”。三是监察法律日益完善。在监察制度法律化方面，从汉代《监御史九条》《六条问事》开始，唐代的《巡察六条》，宋代的《监司互察法》，元代的《设立宪台格例》《定台纲三十六条》，明代的《巡历事例》，清代的《钦定台规》等共同构成了我国古代内容丰富、富有特色的监察法律体系，这些监察法则是发挥制度效率必不可少的外部保障，也是监察制度成熟的表现。

（六）人事管理思想

传统中国是人治社会。君主专制体制下，历代君王及其官僚在行政管理过程中，将主观意识凌驾于法律之上的现象层出不穷，使中国古代的国家治理带有明显的人治色彩。人治最大的风险在于权力使用的随意性，其作用发挥与否很大程度上取决于官吏的道德和知识水平高低。“身定、国安、天下治，必贤人。”《吕氏春秋》甚至将吏治上升到关系国家存亡、天下安危的高度来认识。在人治政治中，能否得贤、如何用贤、如何管理各级官吏成了历代政治家和思想家格外关注的问题。

古人很早就认识到人才对国家的重要性。先秦儒家、墨家极力强调任贤使能在治国理政中的作用。如墨子的“尚贤为政之本”思想。“任人当才，为政大体，与之共理，无出此途。”（《资治通鉴》）重视官吏的选拔，是治理国家的基本原则。中国古代产生过许多选拔官吏的方法，大致可以分为世袭制度、荐举制度和科举制度三类。科举制的实施使得选官权力收归中央，增强了中央集权。在选任官吏上做到唯才是用，遴选出杰出人才，对巩固封建专制统治、创造古代中国的灿烂文化起到了关键的推动作用。综合来看，古代选贤的标准同时看重应试者的道德水平和知识才能，强调“质文合一”，“德才”并举，且要求以德为先。司马光曾高度概括了德才标准，主张“取士之道，当以德行为先，其次经术，其次政事，其次艺能”（《温国文正公文集·论举选状》）。康熙深刻阐述了德的重要性，他指出：“朕意必才德兼优为佳，若止才优于德，终无补于治理耳。”（《圣祖仁皇帝圣训》）除了德行之外，知识才能同样重要。科举考试以写文章的方法来选拔人才，不仅是对应试者思想政治（时务策）水平的测验，也是对一个人思维逻辑、文字能力的检验。除此之外，古代选拔人才还强调不以表面现象取人，选才一定要透过现象看本质，要“选才考能，令实当其名，名当其实，则得举贤之道也”（《六韬·文韬》）。此外，要以众人的评说为参考。孔子曰：“众恶之，必察焉；众好之，必察焉。”（《论语·卫灵公》）选人还要全面考察。《文韬》中提出“一曰仁，二曰义，三曰忠，四曰信，五曰勇，六曰谋，是谓六守”（《六韬·文韬》）。详细说明了选择人才的指标。

（七）财政管理思想

古代政治家、思想家清楚地认识到国家财政的重要性，将财政管理视为治理国家的根本，形成了一系列的财政思想。老子提出的“俭故能广”，体现了节俭治国的财务管理思想。西汉时期，桑弘羊制定和推行了许多重要的财政措施，诸如盐铁酒专卖、均输平准制度等。[①] 南北朝时期，周朗提出“取税之法，宜计人为输，不应以赀”的以人定税思想，“农桑者，实民之命，为国之本，有一不足，则礼节不兴”的发展农业生产以增加财政收入思想，主张“禁行赐薄，不容致此”以节俭降低财政开支。[②]

儒家传统重义轻利。但北宋以来，李觏、王安石、薛季宣、陈傅良、叶适等人纷纷质疑和批评儒家传统的义利观。古代以财政为中心的财政管理思想在宋元时期非常活跃。面对“民力已竭”，范仲淹主张要增加生产者，减少消费者，同时裁减政府开支，限制奢侈品的生产和消费等。李觏明确提出“治国之实，必本于财用”，以财用问题作为治国要务；提出要“量入为出”，合理安排财政支出，提倡节俭。王安石“盖因天下之力，以生天下之财，取天下之财，以供天下之费”的理财观念也较为典型。叶适明确提出“理财与聚敛异”的观点。司马光在《论财利疏》中则明确提出要建立专业和久任的财政管理官员体系。张居正在“强公室、杜私门”的思想指导下，提出了整顿财政的主张。[③] 可见，在中国古代，财政在国家治理中的作用，主要通过赋税、财政收入与支出、国家预算、专业化管理等措施来实现。这些思想对当代中国的财政管理仍然具有借鉴意义。

总之，吸收借鉴中国古代治国理政思想所蕴含的国家治理经验和智慧，对推动当代中国国家治理现代化以及公共管理学的发展无疑具有重大的意义。党的十八大以来，以习近平同志为核心的党中央高度重视治国理政历史经验的继承、发展、扬弃与借鉴。例如，在治国安民方面，2016 年 1 月 18 日，习近平总书记在省部级主要领导干部学习贯彻党的十八届五中全会精神专题研讨班上的讲话中引用“治国有常，而利民为

---

① 葛荃．中国古代行政管理思想史．天津：天津人民出版社，2016：187.

② 同①，第 248 页．

③ 同①，第 398 页．

本”来强调要重民生[①]；2016年10月21日，习近平总书记在纪念红军长征胜利80周年大会上的讲话中引用“水能载舟，亦能覆舟”来强调要得民心[②]。再如，在人事管理方面，2018年5月2日，习近平总书记在北京大学师生座谈会上引用“才者，德之资也；德者，才之帅也”来阐释如何辨识人才的标准[③]；2015年1月12日，习近平总书记和中央党校县委书记研修班学员座谈时引用“宰相起于州部，猛将发于卒伍”来阐释怎样培养人才[④]；2014年6月9日习近平总书记在两院院士大会上引用“盖有非常之功，必待非常之人”来阐释如何使用人才[⑤]。必须总结和提炼中国古代的治国理政的历史经验和思想传统，加以批判性地继承（扬弃）和创新性发展，以此丰富中国特色公共管理学的本土知识和理论体系。

二、新中国国家治理的实践经验

中华人民共和国成立以来，根据不同时期的政治、经济、社会和文化发展的基本国情，不断改革创新，以适应经济社会发展的需要。特别是改革开放以来，中国启动了全方位的改革，创造了大量的关于国家治理及政府管理的实践经验。此处着重对党和国家机构改革、政府职能转变、政府效能提升这三个方面的实践探索加以论述。

---

① 习近平．在省部级主要领导干部学习贯彻党的十八届五中全会精神专题研讨班上的讲话．北京：人民出版社，2016：24.

② 习近平．在纪念红军长征胜利80周年大会上的讲话．北京：人民出版社，2016：15.

③ 习近平．在北京大学师生座谈会上的讲话．北京：人民出版社，2018：7.

④ 习近平．做焦裕禄式的县委书记．北京：中央文献出版社，2015：2.

⑤ 习近平．在中国科学院第十七次院士大会、中国工程院第十二次院士大会上的讲话．北京：人民出版社，2014：17.

（一）党和国家机构改革

中华人民共和国成立后，党和国家机构大致经历了十三次改革，包括改革开放前的四次以及改革开放后的九次大规模改革，机构及其职能结构发生了重大变化。

改革开放前的四次改革，分别在 1952 年、1954 年、1956 年和 1970 年。在新中国成立之初，政务院下设政治法律、财政经济、文化教育、人民监察等四个综合性委员会及其所属部、委、署、行、厅共 35 个。1952 年中央人民政府撤销了大区一级地方政府，增设国家计划委员会。1954 年改革主要是建立行政体制结构，组成第一届国务院机构，设立了 20 个国务院直属机构。1956 年改革主要是通过精简国务院所属工作部门，促使中央权力下放，扩大地方自主权。1970 年改革重点在于精简机构，优化人员配置，最显著的变化是国务院部门从 79 个减少至 32 个。

改革开放后的九次机构改革，可查看本书第二篇中《党和国家机构改革与国家治理现代化：机构改革的演化、动因与效果》相关内容，此处不再赘述。

新中国成立以来的历次机构改革，从确立基本框架、精简机构、优化人员配置到机构再精简、提高行政效率、转变政府职能，再到建设服务型政府、构建高效的党和国家机构职能体系，国家治理体系与现代政府治理体系框架基本成型。改革呈现出自上而下、紧密围绕政府职能转变、改革层层推进、服从和有利于经济体制与其他领域的改革、依法推进等特点。[①] 党和国家机构改革，是应对信息化和全球化的必然要求。

---

① 许耀桐．行政体制的演进与当代中国的改革发展．上海行政学院学报，2020，21（3）：4－11.

（二）政府职能转变

改革开放开启了政府职能转变的历程。建设服务型政府是各级政府在深化行政体制改革、转变政府职能中提出的一个目标选择。党的十六大以来，以构建服务型政府为目标的政府改革思路逐渐明晰。党的十六届六中全会通过的《中共中央关于构建社会主义和谐社会的若干重大问题的决定》正式提出："建设服务型政府，强化社会管理和公共服务职能。"近十几年来，围绕"服务型政府"建设目标，各级政府围绕公共服务质量改进、"放管服"改革等方面不断实践探索。

一是实施公共服务标准化。公共服务标准化是改进公共服务质量的重要技术和方法，是近年来我国地方政府公共服务领域改革中广度最大、力度最深的一项实践。[①] 2007 年杭州市上城区政府率先推动"政府管理与公共服务标准化"。2009 年以来，各级政府通过标准化的技术与手段推动公共服务质量改进及服务型政府建设。如漳州市自 2011 年开始进行较为系统的公共服务标准化实践探索。2012 年 10 月，国家标准化管理委员会等 27 个部门印发《社会管理和公共服务标准化工作"十二五"行动纲要》，明确在公共教育、劳动就业服务、社会保险等 14 个方面实施标准化。

二是引入公共服务购买机制。政府购买公共服务使公共服务的提供与生产分开，实现管办分离，政府职能重在监管。2008 年，广东省在全国率先出台《关于开展政府购买社会组织服务试点工作的意见》。2013 年 9 月，国务院公布《关于政府向社会力量购买服务的指导意见》，政府购买公共服务从试点走向全面推广。2013 年 11 月，《中共中央关于全面深化

---

① 陈振明，耿旭．中国公共服务质量改进的理论与实践进展．厦门大学学报（哲学社会科学版），2016（1）：58－68.

改革若干重大问题的决定》明确将政府购买公共服务作为深化改革的重要任务之一。此后，各地继续积极探索，陆续出台地方指导性文件，形成多样化的政府购买服务模式。

三是推进简政放权。深化行政审批制度改革是简政放权的主要方式。深化行政审批改革，线下推进行政服务中心建设、设置行政审批局，线上推进“互联网＋审批”。广州市于1988年在全国成立第一家专业性协调部门间审批的政府机构，即广州市外商投资管理服务中心；1997年，深圳市在全国率先实行行政审批制度改革试点；1999年，金华市设立全国首家集中办事大厅。至今，政务大厅、行政服务中心、行政审批管理办公室、“一门式”服务中心在全国扩散。天津市于2004年4月在全国率先成立了省（市）级行政审批管理办公室和行政许可服务中心；2008年成都市武侯区行政审批局挂牌。线上通过搭建网上审批平台、在线办理审批业务，实行行政审批信息全面公开，如浙江省建立全省统一政务服务网，江苏省建立“不见面审批”业务清单。

四是强化政府监管。即政府部门要创新和加强监管职能，将事前事中事后监管作为政府履职的重心。“互联网＋监管”是政府加强监管职能的重要技术手段。在地方监管实践中，自2015年以来，青岛、北京、东莞、广州等地政府相关监管部门提出建设“互联网＋监管”[①]，与传统电子政务建设衔接。2019年国务院政府工作报告提到“互联网＋监管”，聚焦现代技术与政府监管职能的结合。2019年2月，江苏省、安徽省率先开始“互联网＋监管”系统建设。

五是优化政府服务。即政府要以企业和群众为中心，提供良好的服务。“电子政务”“互联网＋政务服务”是政府优化服务的重要技术手段。

---

① 黄璜，成照根．“互联网＋监管”：政策演变与模式划分．电子政务，2019（7）：68-78.

早期的实践主要是推行服务电子化和智能化，推进一体化政府建设。如各地区设立的 12345 政务服务便民热线。在近几年，“互联网＋政务服务”的数字政府建设，通过数据融合、业务融合、技术融合以及组织协同，推进政务服务“最多跑一次”“一次不用跑”服务改革，“数据跑腿”代替“群众跑腿”，切实提高政府服务效率和服务质量。各地在实践探索中形成独特的地方样本，如广东省“数字政府建设”、上海市“一网通办”、浙江省“最多跑一次”、江苏省“不见面审批”等。

（三）政府效能提升

政府效能是政府目标达成的效率、效果、效益的系统体现。20 世纪 90 年代以来，随着改革的全面深化，政府在效能建设、目标考核、效能监察、绩效评估等方面做了许多提高政府效能的实践探索。

一是效能建设。福建省是全国较早开展效能建设的地方。漳州市 1995 年开始在机关抓行政效能监察；1997 年，泉州市率先做出了关于加强机关勤政效能建设、提高办事效率的决定；1998 年，漳州市长泰县（现为漳州市长泰区）实施勤政建设工程；2000 年，福建省出台《中共福建省委福建省人民政府关于开展机关效能建设工作的决定》，在全省范围内广泛开展机关效能建设。此后，重庆市、广东省、山东省、江苏省等也相继开展了机关效能建设活动。温州市于 2003 年 8 月出台了《中共温州市委 温州市人民政府关于在市直机关开展“效能革命”进一步加强机关作风建设的意见》《市直机关效能监察若干意见（试行）》《市直机关领导干部管理监督若干意见》《公务员能力建设和绩效考核若干意见》等文件，开启温州的“效能革命”。

二是目标考核。随着行政管理体制改革向纵深推进，各级政府重视提高行政效率及服务质量，各级地方政府强化目标考核以推进政府决策执行。1993年河北省委组织探索建立和实行干部实绩考核制度；1996年辽宁省直属机关开始组织对省直机关的目标考核工作；1999年青岛市确立督察工作与目标绩效评估相结合、考绩与评人相结合的新的督察模式；青海省分别于2007年、2011年出台《青海海行政机关和公务员行政不作为问责暂行办法》和《青海省实施〈关于党政领导干部问责的暂行规定〉细则》，严格责任追究。

三是效能监察。1989年12月第二次全国监察工作会议报告正式提出"效能监察"这一概念。1990年效能监察工作开始涉及政府的行政效能领域。泉州市1997年便开始运用效能监察手段来确保机关效能建设的效果，如设立勤政效能投诉中心，实施新闻舆论监督。杭州市1999年设立了市长公开电话；2000年开始开展市级机关满意不满意单位评选活动；2002年开始设立"96666"机关作风和效能投诉电话，并成立评判监督委员会。此外，在政府评议方面，一些地方政府也做了有益探索，如1999年珠海市的"万人评议政府"和2001年南京市的"万人评议政府"等。

四是绩效评估。绩效评估进入中国是在改革开放时期，当时主要实践为效能监察。20世纪90年代主要采用目标责任制与绩效评估。进入21世纪后，我国政府施政理念发生了明显变化，要求政府治理模式转型，着力构建体现科学发展观的评价体系，如"绿色GDP""小康社会"等。[①] 如2010年长沙市确立了"分类考核、绿色发展、社会评价、人事同考"的科级领导班子考核体系。2011年6月，国家监察部印发《关于开展政府绩效管理试点工作的意见》，选择北京市、吉林省和国家发展改革委、财政部等14个地区和部门开展地方政府绩效管理试点。各地探索形成了

① 周志忍．公共组织绩效评估：中国实践的回顾与反思．兰州大学学报（社会科学版），2007(1)：26-33.

差异化的地方政府绩效评估模式，如福建省综合性效能建设模式、杭州市公民导向模式、甘肃省第三方评估模式等。党的十九大报告明确“全面实施绩效管理”，建设无差异、高效能、全功能的机关运行保障体系机制成为各级政府绩效管理的重要内容。

总之，新中国成立以来，中国共产党人积累了丰富的治国理政的实践经验。特别是党的十八大以来，以习近平同志为核心的党中央进行了一系列的重大政策与治理实践创新，创造了大量新的经验，形成鲜明的治国理政的执政品格与政策风格，必须对这种创新实践经验及执政品格与政策风格加以系统的研究总结提炼，并作为中国特色公共管理的指导思想和理论基础。

党的百年治理经验与公共管理的理论构建

迈步新征程，奋进新时代。党的十九届六中全会是在“两个一百年”交汇的历史时刻召开的一次重要会议。全会通过的《中共中央关于党的百年奋斗重大成就和历史经验的决议》（以下简称《决议》），总结了中国共产党百年奋斗所取得的重大成就和历史经验，重点总结了新时代党和国家事业取得的历史性成就、发生的历史性变革和积累的新鲜经验，明确了第二个百年党和国家的奋斗目标和发展方向。这为中国特色公共管理学的发展提供了新场景，注入了新活力。“以古为镜，可以知兴替”，建构具有中国特色的公共管理学，需要分析研究古今中外国家治理的实践及其经验，特别是党的百年治理经验以及我国治国理政的历史传统。必须认真学习领会《决议》的精神，立足新时代新征程国家治理的新实践，以党的百年奋斗历史经验与理论创新成果为指南和依据，推进公共管理的理论创新，夯实公共管理的思想基础，构建中国特色公共管理学的话语、理论、学术及教材体系。

公共管理属于治国理政或国家治理之学。党的十八大以来，习近平总书记对关系新时代党和国家事业发展以及治国理政的一系列重大理论和实践问题进行了深邃思考和科学判断，深刻总结并充分运用建党百年的历史经验，围绕坚持和完善中国特色社会主义制度，推进国家治理体系和治理能力现代化以及依法治国，进行了顶层设计，提出了一系列治国理政的新理念新思想新战略，积累了丰富的公共管理实践新经验并形成了鲜明的执政品格与政策实践风格，创立了习近平新时代中国特色社会主义思想以及国家治理理论或治国理政学说。①

中国公共管理学创新发展的目标和任务在于构建具有中国特色、中国风格、中国气派的公共管理话语、理论和学术体系。习近平总书记指出："时代是思想之母，实践是理论之源。实践发展永无止境，我们认识真理、进行理论创新就永无止境。"② 理论来自实践并在实践中应用、检验和发展；而历史经验则是实践的结晶、思想的依据及创新的源泉。《决议》总结了中国共产党百年奋斗的重大成就和历史经验，特别是从 13 个方面总结了党的十八大以来治国理政或国家治理的重大成就和创新经验以及其中的原创性的理念和思想，涉及国家治理的各个基本领域，包括坚持党的全面领导、全面从严治党、经济建设、全面深化改革开放、政治建设、全面依法治国、文化建设、社会建设、生态文明建设、国防和军队建设、维护国家安全、坚持"一国两制"和推进祖国统一、外交工作。这是新时代以习近平同志为核心的党中央治国理政所采取的重大方略、重大工作和重大举措，凸显了这一时期国家治理的思想创新和实践创新及其突破性进展与原创性成果。《决议》还从人民命运、道路选择、理论创新、世界影响、自我革命五个方面概括了中国共产党百年奋斗的历史意义。

"我们党的历史，就是一部不断推进马克思主义中国化的历史，就是

---

① 陈振明．中国政府改革与治理的目标指向和实践进展．东南学术，2020 (2)：36－43.

② 习近平．在庆祝中国共产党成立 95 周年大会上的讲话．北京：人民出版社，2016：9.

一部不断推进理论创新、进行理论创造的历史。”①《决议》指出，党不断推动全面深化改革向广度和深度进军，中国特色社会主义制度更加成熟更加定型，国家治理体系和治理能力现代化水平不断提高，党和国家事业焕发出新的生机活力。

《决议》为中国特色公共管理学的理论创新和理论体系构建指明了方向和路径，是一个丰富的思想、理论和方法宝库，提供了一系列重要启示。基本内容涉及国家治理体系和治理能力的方方面面——从指导思想、理论基础、价值引领、目标指向、制度基础到治理的主体、范围、体制、机制、职能、过程和方式等。下面着重谈谈《决议》在基础理论构建方面带给我们的深刻启示。

需要首先指出的是，社会科学的理论构建离不开世界观、方法论和价值观的思考与选择。中国特色公共管理的理论构建要有正确的立场、观点和方法，解决建立什么样的公共管理学以及它与西方公共行政学的区别问题。这要求我们在哲学与方法论层面上认真思考、把握和处理好学科发展中的学术与政治、科学和意识形态、主观与客观、事实与价值、传统与现代、本土化与国际化以及地方性与全球化等方面关系问题。

(1) 指导思想和理论基础。习近平新时代中国特色社会主义思想对马克思主义哲学、政治经济学、科学社会主义、公共管理学等哲学社会科学各学科都提出了许多原创性、标志性、引领性的新观点。《决议》指出：习近平新时代中国特色社会主义思想是当代中国马克思主义、二十一世纪马克思主义，是中华文化和中国精神的时代精华，实现了马克思主义中国化新的飞跃。必须始终坚持马克思主义的指导地位，以习近平新时代中国特色社会主义思想这一马克思主义中国化新飞跃的成果为指引，进一步明

① 习近平．在党史学习教育动员大会上的讲话．北京：人民出版社，2021：12.

确中国特色公共管理学的世界观方法论、指导思想和理论基础、理论架构、核心观点。

（2）制度基础与治理效能。这是公共管理学的一个重要研究途径与研究主题。国家制度和国家治理之间的关系集中体现为：国家制度是国家治理的前提、基础和依据；国家治理是国家制度及其执行能力的集中体现与实现方式。《决议》强调坚持和完善中国特色社会主义制度、推进国家治理体系和治理能力现代化，切实把制度优势转化为治理效能。习近平总书记提出了“高效能治理”的命题，彰显了在推进国家治理现代化进程中以高效能治理推动高质量发展的重要性。在新时代新征程及新发展阶段，必须高度关注如何夯实公共治理的制度基础以及如何将国家制度优势转化为国家治理效能这一重大课题。在实践上，要进一步夯实公共治理的制度基础，坚持党的全面领导制度，切实把制度优势转化为治理效能，强化制度执行力。

（3）党的领导与管党治党。中国共产党是中国特色社会主义事业的领导核心，处在总揽全局、协调各方的地位，党的领导是做好国家治理各项工作的根本保证。习近平总书记指出：“中国共产党领导是中国特色社会主义最本质的特征，是中国特色社会主义制度的最大优势，是党和国家的根本所在、命脉所在，是全国各族人民的利益所系、命运所系。”[①] 我国的国家治理突出党的全面领导作用及其作为国家治理核心的主体地位，这与西方公共治理理论与实践尤其是所谓的“多中心治理”有着本质的区别。《决议》提出办好中国的事情，关键在党，关键在党要管党、全面从严治党，强调以党的政治建设为统领，深入推进反腐败斗争，落实管党治党政治责任，以伟大自我革命引领伟大社会革命。中国特色公共管理学及

---

① 习近平．在庆祝中国共产党成立100周年大会上的讲话．北京：人民出版社，2021：11.

其理论构建必须高度重视党的领导与管党治党以及腐败治理方面主题的研究。

（4）人民至上与美好生活。“江山就是人民，人民就是江山。”人民至上或以人民为中心，不断增强人民的获得感、幸福感、安全感，不断推进全体人民共同富裕，让人民过上美好生活，这既是中国共产党的始终不渝的价值追求，也是贯穿我们党百年奋斗史的一条红线。《决议》指出，必须永远保持同人民群众的血肉联系，践行以人民为中心的发展思想，不断实现好、维护好、发展好最广大人民根本利益，团结带领全国各族人民不断为美好生活而奋斗。人民至上、美好生活、共同富裕以及全面实现现代化与中华民族伟大复兴是中国公共治理的价值追求、目标指向和最终归宿，是中国特色公共管理学及其理论构建的题中之义。

（5）民主治理与公共价值。民主是全人类的共同价值，是中国共产党和中国人民始终不渝坚持的重要理念。“民主不是哪个国家的专利，而是各国人民的权利。”[①] 习近平总书记多次强调要大力弘扬和平、发展、公平、正义、民主、自由的全人类共同价值。他提出了全过程人民民主的重大理念——是实现了过程民主和成果民主、程序民主和实质民主、直接民主和间接民主、人民民主和国家意志相统一，是全链条、全方位、全覆盖的民主，是最广泛、最真实、最管用的社会主义民主。这也就是中国式的民主治理，重大行政决策程序——决策启动、公众参与、专家论证、风险评估、合法性审查和集体讨论决定就是这种民主治理模式在政策制定过程中的具体体现。

（6）中国经验与全球治理。全球治理是公共治理的重要维度，中国特色公共管理学既要突出中国特色，坚持中国立场，发出中国声音，解决中

---

① 新华社．习近平在第七十六届联合国大会一般性辩论上的讲话（全文）．（2021－09－22）［2024－12－01］．中国政府网．

国问题；又要树立世界视野，跟踪全球公共治理的理论与实践发展前沿，积极探索全球治理的重大问题，提高中国特色公共管理学的国际化程度和世界影响力。根据《决议》的精神，中国走的是现代化新道路，是人类文明新形态。全球治理的中国方案，如构建人类命运共同体与新型国际关系以及“一带一路”倡议，对世界和平发展与人类文明进步产生重大而深远的影响，对世界各国政党的建设会有重要启迪和借鉴意义，对后发追求现代化的国家有重要参考价值。要注意提炼既能体现中国特色，又易于为国际社会所理解和接受的新概念、新范畴、新表述，丰富中国特色公共管理的理论内容。

总之，中国公共管理学者需要担负起新时代新征程的使命，直面公共治理的现实实践，扎根中国大地，放眼全球，紧扣新时代我国社会主要矛盾的新变化，主动回应新时代和新征程的新需求，研究和解决公共治理的重大而复杂问题，服务于国家治理体系和治理能力现代化。同时，注重挖掘传统、总结经验，把握当代公共治理理论与实践的发展趋势，发现、寻找、概括和提炼中国公共管理的本土化话语表达，提出关于公共管理的新概念、新范畴、新命题、新理论、新方法及新技术，丰富公共管理理论内涵，推动中国特色公共管理的理论构建与实践创新。

开拓公共治理研究新疆域

公共治理研究，应以习近平新时代中国特色社会主义思想为指引，以开启全面建设社会主义现代化国家新征程以及进入新时代和新发展阶段为背景，跟踪公共治理理论与实践发展的新趋势，探讨其中的若干重大新议题，开拓学术研究的新疆域、新境界，揭示学科发展的新方向，展现学科知识的新图景。

一、丰富公共治理研究的理论内涵

回望百年路，前瞻新征程。党的十九届六中全会通过的《中共中央关于党的百年奋斗重大成就和历史经验的决议》（以下简称《决议》）指出，党的十八大以来，中国特色社会主义进入新时代，中华民族迎来了从站起来、富起来到强起来的伟大飞跃。《决议》系统全面地总结了中国共产党百年奋斗所取得的重大成就和历史经验，特别是总结了党的十八大以来推动党和国家事业取得的历史性成就、发生的历史性变革，涉及国家治理的各个基础领域——坚持党的全面领导、全面从严治党、经济建设、全面深化改革开放、政治建设、全面依法治国、文化建设、社会建设、生态文明建设、国防和军队建设、维护国家安全、坚持“一国两制”和推进祖国统一、外交工作。《决议》对习近平新时代中国特色社会主义思想作出了新的概括——从党的十九大报告中的“八个明确”到《决议》中的“十个明确”，从人民命运、道路选择、理论创新、世界影响、自我革命五个方面概括了党百年奋斗的历史意义及历史性贡献，并指明了第二个百年党和国家发展的目标和方向，是党带领中国人民实现第二个百年奋斗目标的行动指南。可以说，《决议》为我国的公共治理研究提供了最新的思想指引和丰富的理论内涵。

国内学界相继举办了“学习党的十九届六中全会精神”研讨会、对话会，围绕“党的百年奋斗：治理成就和历史经验”等主题进行研讨，笔者在某次会议上就“党的百年治理经验与公共管理的理论建构”话题谈了一点粗浅体会，认为《决议》是一个丰富的思想、理论和方法宝库，为中国特色哲学社会科学的发展指明了方向和路径，提供了一系列指导思想和理论基础及重要启示，对包括公共管理和政治学在内的各个学科发展将产生重大而深远的影响。

学界对于“学习党的十九届六中全会精神”的心得体会可以概括为如下几个关键词：新征程、共同富裕、制度执行力、高效能治理、高质量发展、高品质生活、民族复兴。习近平总书记在庆祝中国共产党成立100周年大会上的讲话中指出，一百年来，中国共产党团结带领中国人民进行的一切奋斗、一切牺牲、一切创造，归结起来就是一个主题：实现中华民族伟大复兴。[①]《中华人民共和国国民经济和社会发展第十四个五年规划和

---

① 习近平．在庆祝中国共产党成立100周年大会上的讲话．北京：人民出版社，2021：3.

2035年远景目标纲要》提及“加快构建以国内大循环为主体、国内国际双循环相互促进的新发展格局”，“以推动高质量发展为主题”，“民生福祉达到新水平”，“国家治理效能得到新提升”，“基本实现国家治理体系和治理能力现代化”，“全体人民共同富裕取得更为明显的实质性进展”。2020年，习近平总书记在参加内蒙古代表团审议时提出了“高效能治理”的命题，彰显了在推进国家治理现代化进程中以高效能治理推动高质量发展的重要性。

《决议》中有一系列新提法新表述，比如“以中国式现代化推进中华民族伟大复兴”，“推动高质量发展，统筹发展和安全”，“发展全过程人民民主”，并强调或重申了许多重要原则和观点，比如“坚持和完善中国特色社会主义制度、推进国家治理体系和治理能力现代化”，“全体人民共同富裕取得更为明显的实质性进展”等，这些重要论述将成为今后一个时期公共治理研究研讨的重点。

二、扩展公共治理研究新议题

“新时代”“新征程”“新发展阶段”“世界百年未有之大变局”构成了公共治理学科及其理论发展的一个新场景。如何理解“现代化国家新征程”“中国式现代化”“制度执行力”“高效能治理”“高质量发展”“高品质生活”“共同富裕”这些基本概念的内涵及相互关系？从中央到地方的实践进展及趋势如何？已取得哪些成就和可推广、可复制、可借鉴的经验？面临何种机遇和挑战以及存在哪些问题、短板和弱项？如何把制度优势更好地转化为国家治理效能，实现高效能治理？高效能治理应该如何衡量？如何以高效能治理引领高质量发展、以公共服务高质量发展支撑高品质生活？如何基于中国公共治理的实践、经验和传统，形成关于“中国式现代化”“共同富裕”“制度执行力”“高效能治理”“高质量发展”“高品质生活”等方面的基本理论？这些问题都将成为今后一个时期公共治理研究研讨的重点。

针对上述问题，笔者和研究团队大致列出了八个核心议题，它们是“高质量公共服务体系建设”“高品质生活指数构建及其应用”“高效能治理引领高质量发展的路径”“地方现代化的着力点与突破口”“强化制度执行力与提升国家治理效能”“制度优势转化为治理效能的机制设计”“促进共同富裕的制度基础与评价体系”“高效能治理的中国样本与中国经验”。这些议题引起学界深入研究和探讨，进而拓展公共治理研究的视野，丰富中国公共治理的理论内容，助推中国特色公共治理的学科体系、学术体系和话语体系建构，助力国家治理现代化及全面实现社会主义现代化。

上述议题看起来似乎有些“高大上”，其实很具体、很实际，是公共治理学科下一步发展必须关注与拓展的一些重要主题。这些议题也并非都是全新问题，有些是老问题的新提法或拓展。学界在这些相关领域已有不少的学术研究和知识积累，我们对这些议题的重提也是希望再次引起学界的关注。

三、公共管理学科转型迫在眉睫

目前的种种迹象表明，公共管理学科的转型迫在眉睫。转型的压力来自以下方面。第一，本学科内部的认知及忧患意识——突出表现为多年来关于学科的认同危机、知识过时与范式转移的讨论。第二，当前新的科学研究范式（如“第四范式”“融合科学”“开放科学”“计算社会科学”等）的兴起以及学科交叉和知识融合的深化所引发的变化。第三，全球与中国的公共治理实践及社会需求的变化。第四，我国学科结构及学科专业目录的调整与完善，包括新学科门类的设置，一级学科的增设与调整，新工科、新医科、新农科和新文科的建设，学术学位与专业学位的相对分离等。

当下，回顾与反思学界关于公共行政或公共管理学科的属性及范围的长期争论，也许对推进公共管理学的转型会有一些启发。关于学科属性的争论，用简-埃里克·莱恩（Jan-Erik Lane）的话来概括，那就是公共行政学是科学、艺术，还是专业（职业）？这也是他 1996 年所写的一本书的书名。要了解这场争论的新进展，麦克尔·巴泽雷的《公共管理：以设计为导向的专业学科》值得一读。他在书中借用赫伯特·西蒙在《人工科学》一书中首创的“人工科学”理念，将“以设计为导向的专业学科”的公共管理学与“跨学科研究领域”或作为一门社会科学学科的公共行政学做出区分，并论证“以设计为导向的专业学科”何以成立。关于这个主题的研究也可参阅《美国公共管理评论》关于“以设计为导向的公共管理学科如何可能”的一组专题研讨，尤其是其中的麦克尔·巴泽雷的《拨弦与君听：〈公共管理：以设计为导向的专业学科〉自评兼与伯特·乔治教授商榷》一文。

可以说，关于公共治理的研究将会随着中国特色社会主义新时代不断深入进行下去，新的问题和新的议题也会不断涌现。但中国的公共治理研究需要始终坚定习近平总书记在哲学社会科学工作座谈会上的讲话中所强调的，充分体现中国特色、中国风格、中国气派。

构建中国特色政策科学的话语体系

政策科学（或政策分析）是二战后首先在西方兴起的一个跨学科、交叉学科、综合性和应用性的研究领域，是当代社会科学、管理科学或软科学的一个新学科分支。如何立足于我国的政策实践与传统，凸显政策科学的中国话语指向，建立起具有中国本土化的政策科学的话语体系，推进我国决策的科学化和民主化，这是中国政策科学下一步发展的关键所在。

政策科学以政策领域或政策实践为对象，研究政策系统及其运行或政策的性质、原因和效果。改革开放之初，西方政策科学传入我国。经过学界与政界多年共同努力，中国的政策科学逐步发展，在学科建设、人才培养、知识积累与应用等方面都取得了长足的进步，本土化的政策科学理论与话语体系的构建也开始起步。政策科学在解决当代复杂政策问题，促进经济社会发展方面的巨大作用，它作为决策科学化民主化重要支撑学科的地位，已被人们所认识。但是，目前我国政策科学发展不成熟，还没有真正摆脱对西方政策科学的模仿以及对其话语体系的套用，本土化政策科学的理论与话语体系建设任重道远。

当前我国全面深化改革以及决策科学化民主化的推进，对政策科学研究提出更高的要求。《中共中央关于全面深化改革若干重大问题的决定》（以下简称《决定》）对我国在新的历史起点上全面深化改革做出了战略部署，提出了“完善和发展中国特色社会主义制度，推进国家治理体系和治理能力现代化”的改革总目标。党的十八大提出“坚持科学决策、民主决策、依法决策，健全决策机制和程序，发挥思想库作用，建立健全决策问责和纠错制度”。十八届三中全会提出要“加强中国特色新型智库建设，建立健全决策咨询制度”。2013 年 4 月，习近平总书记就中国特色新型智库建设做出了重要批示，将智库建设提高到国家战略高度，并提出了中国特色新型智库的建设目标、要求和任务。全面深化改革，国家治理现代化，法治国家、法治政府和服务型政府建设，决策的科学化民主化以及中国特色新型智库建设，政治、经济、社会、文化和生态等各个领域的改革与发展战略与政策的制定与执行，都迫切需要政策科学理论的指导以及政策相关知识更广泛的应用。这为中国政策科学的发展提供了前所未有的发展机遇，改革与发展中的大量政策问题需要系统研究，政策实践及其经验需要及时总结。新形势要求我们迅速改变政策科学发展滞后于政策实践的局面，推动中国政策科学的理论创新与话语体系建设，以适应迅速变化着的中国公共政策与公共管理实践发展的需要。打造中国政策科学的话语体系，需要从指导思想（价值维度）、实践维度、传统维度和世界视野等层面来推进。

一、中国政策科学话语体系建设的指导思想

世界观和价值观是话语体系形成的基础。中国政策科学话语体系建设必须以马克思主义、毛泽东思想和中国特色社会主义理论体系及其政策和

策略理论为指导。首先，作为我国的根本指导思想，马克思主义、毛泽东思想和中国特色社会主义理论体系为中国政策科学话语体系建设提供世界观、方法论和价值准则；其次，政策和策略理论是马克思主义、毛泽东思想和中国特色社会主义理论体系的一个重要组成部分，是中国政策科学的理论基础。深入学习、研究和掌握马克思主义、毛泽东思想和中国特色社会主义理论体系及其政策和策略理论就成为政策科学的话语体系构建的首要任务。

党的十八大以来，以习近平同志为核心的党中央形成了治国理政的新理念、新观点、新论断、新思路与新风格。习近平总书记系列重要讲话包含着丰富的战略、政策和策略创新思想。例如，关于战略和政策制定和执行的指导思想、原则和方法方面，习近平强调实践发展永无止境，解放思想永无止境，改革开放也永无止境；强调全面深化改革要有强烈的问题意识，以重大问题为导向，抓住关键问题，着力推动解决我国发展面临的一系列突出矛盾和问题；指出要善于从纷繁复杂的事物表象中把准改革脉搏，把握全面深化改革的内在规律；把握全面深化改革的重大关系，处理好解放思想和实事求是的关系、整体推进和重点突破的关系、顶层设计和摸着石头过河的关系、胆子要大和步子要稳的关系、改革发展稳定的关系。需要对此认真学习领会，并将其融入政策科学的理论与话语体系之中。

二、中国政策科学话语体系建设的实践维度

当代中国的政策实践是政策科学话语体系建设的活水源头。必须立足于实践，在研究和解决现实政策问题中推进政策科学话语构建与理论创新，善于用中国政策话语讲述中国的政策故事，用新的话语和理论成果引

领新的政策实践。首先，切实研究当代中国政策系统及其运行，揭示中国政策系统运行的规律以及决策体制模式的特点与优势，形成中国本土化的话语表达与理论概括。其次，强化问题意识或问题导向，研究改革开放和现代化建设尤其是当前全面深化改革中的政策问题，凸显中国政策科学的问题导向以及应用性、现实性和生命力。最后，把握当代公共政策发展趋势，分析总结中国共产党人的政策的实践经验特别是改革开放以来的鲜活经验，寻找、发现、概括和提炼中国政策科学的新概念、新命题、新理论、新方法及其本土化的话语表达。

新一届的中央领导集体在治国理政的实践中，创造出大量鲜活的政策实践经验。例如，国务院开展政策督查工作，全面检查政策落实情况，力求打通政策措施贯彻落实的“最后一公里”，力破“中梗阻”，确保政令畅通、令行禁止，推动政策措施尽快落到实处、取得实效，并在政策督察中引入了第三方评估和社会评价。这是政策执行与评估以及政府管理方式的一个创新举措。政策落实督察是一个具有中国特色的政策过程环节，“政策督察”则是中国政策科学独有的话语。

三、中国政策科学话语体系建设的传统维度

中国政策科学的话语构建要有历史分析的视角，必须按照习近平总书记提出的“坚持古为今用、推陈出新，有鉴别地加以对待，有扬弃地予以继承”[①] 的原则，对中国公共政策的历史传统及思想遗产加以审视，促进其创造性转化和创新性发展。中华民族为全人类留下了极为丰富的政策研究思想遗产，并形成了独特的政策文化传统。中国古代典籍不仅记载了历

① 新华社．习近平在中共中央政治局第十三次集体学习时强调 培育和弘扬社会主义核心价值观作为凝魂聚气强基固本的基础工程．人民日报，2014－02－26（1）．

代统治者的治国方略或政策，记载了各种实际运用的谋略和谋术，也记载了政治家、圣哲贤人、谋士军师们对政策经验的总结及关于政策研究的思想和方法。例如，诸子百家的著作中有大量治国安邦的至理名言，《史记》《三国志》《资治通鉴》等不朽名著记载了许多政策研究的真知灼见。中国古代的谋略谋术可以说是现代政策研究的先导，而谋士是古代的政策研究者。《战国策》专门记述了这些谋士的言论和行动，可以说是我国历史上第一部较为完整的政策研究及咨询的著作。必须发掘、整理、研究和提炼祖先留下的这些政策文化遗产以及话语，取其精华，去其糟粕，并赋予其时代内涵，实现中国政策研究学术传统的现代转换。

四、中国政策科学话语体系建设的世界视野

在中国政策科学话语体系建设中，既要突出本土化及其传统，采取中国立场，解决中国问题，发出中国声音，又要树立全球视野，面向世界，开放包容，兼容并蓄，海纳百川；既要研究中国的政策实践和政策问题，又要研究全球性或世界性的政策实践和政策问题，并将两者联系起来，从全球的视野审视本国的实践；对政策遗产及政策传统批判、继承和发扬，既要凸显本土的，也要关切全球的；既要继续紧密跟踪国外政策科学发展动态与学术前沿，大胆学习、借鉴和吸收国外政策科学的理论和方法的成果，吸收其理论与话语中的合理因素，丰富中国政策科学的理论与话语体系，又要防止盲目地照搬照抄西方政策科学的概念、理论原理、分析框架和话语体系。

总之，中国政策科学的话语体系建设是一个复杂的系统工程。要以探索的勇气与创新的精神，大力推进中国政策科学的话语体系建设。必须立足于当代中国公共政策的实践，植根于中华民族的优秀传统文化，具备全

球视野或世界眼光，凸显中国政策科学的话语指向，形成中国政策科学的术语、词汇（或语汇）、命题、原理、定理、推导、媒介和话语规则等，逐步建立起具有中国特色、中国风格和中国气派的政策科学的话语体系，提升中国政策科学在世界学术界上的话语权，并助力于我国决策的科学化民主化的推进。

加强中国特色公共管理学教材建设

习近平总书记2022年4月在中国人民大学考察时，强调“加快构建中国特色哲学社会科学，归根结底是建构中国自主的知识体系”。[①] 在2023年6月的文化传承发展座谈会上，他提出了“建设中华民族现代文明”的重大时代课题，强调“在五千多年中华文明深厚基础上开辟和发展中国特色社会主义，把马克思主义基本原理同中国具体实际、同中华优秀传统文化相结合是必由之路”。[②]“第二个结合”明确了中国式现代化新征程的新文化使命，为建设中华民族现代文明与中国自主的知识体系指明了方向。

中国式现代化以及国家治理现代化的推进，对公共管理研究与教学提出了更高的要求。现代化国家建设迫切需要公共管理的理论指导、知识应用和人才支撑。这为中国特色公共管理的学术研究与人才培养发展带来了

---

① 新华社．习近平在中国人民大学考察时强调：坚持党的领导传承红色基因扎根中国大地 走出一条建设中国特色世界一流大学新路．(2022-04-25)［2024-12-01］．中国政府网．

② 习近平．在文化传承发展座谈会上的讲话．求是，2023 (17)：4-11.

新机遇，也提出了新挑战。实践中的大量治理与政策问题需要系统研究，治理创新经验需要认真总结，历史传统也需要创造性转化，知识体系及教学理论体系需要及时更新。

构建中国公共管理自主知识体系以及教学理论体系，是当前中国公共管理学科发展的当务之急。必须回应时代精神呼唤与国家和地方的重大战略需求，关注公共管理理论与实践的深刻变化，跟踪科学技术发展的新趋势尤其是科学方法论新进展与研究范式的转移，夯实公共管理的科学基础并凸显中国特色，构建中国公共管理自主知识体系以及教学理论体系，以新文科建设为契机，加强教材建设，推进学科专业转型升级，提高人才自主培养的质量。

一、科学范围与知识构成

(1) 学科演化。作为一门治国理政或国家治理之学，公共治（管）理学是一门实践性应用性指向的学科，与时代变迁和国家需求紧密相关。它随时代变迁而不断演进，学科的研究范围、研究主题、研究焦点和知识形态因实践需求的变化而改变，专业设置与人才培养模式（培养目标、专业方向、课程体系、教学内容和教学方式）也随之不断调整。换言之，学科及专业是在时代精神的呼唤之下被不断建构的。

(2) 学科自主性。公共治（管）理学科具有自身发展的内在逻辑，继传统公共行政和（新）公共管理之后，（新）公共治理范式出现，中国特色公共管（治）理的话语、学术、学科和教材体系建设全面推进。可以说，从公共行政到公共管理再到公共治理是百余年来本学科范式变化的一条基本轨迹。

(3) 学科框架。笔者将本学科在长期的发展过程中形成的基本框架与主题，概括为公共治理学科的“一二三四五”：一个对象，即公共组织或公共部门；两大关系，即政治与行政、私人组织与公共组织的关系，以及政府与市场、政府与社会的关系；三大模块，即公共组织理论、公共政策分析和公共服务治理；四个层次，即全球治理、国家治理、地方治理和基层及社区治理；五个层面，即政治、经济、社会、文化和生态的治理，或国家（政府）的五大职能——宏观调控、市场调节、社会管理、公共服务和环境保护。

（4）学科构成（二级学科）。二级学科从“5”“5＋1”发展到“11”(2＋9)，包括行政管理、公共政策、卫生政策与管理、教育政策与管理、社会保障、土地资源管理、应急管理、社会组织管理、数字公共治理、城乡公共治理、全球治理。笔者曾将公共管理学科划分为 20 个分支学科或主题领域。

（5）作为理论、实践与技艺的公共治理。关于本学科的性质长期存在争论：是科学（理论）、专业（实践）还是艺术（技艺）？公共管理学或公共行政学与主流社会科学有所区别：后者被认为是一个为知识而知识的领域（纯科学和经验科学）；前者被认为是一门实践性和应用性的学科，与法律、教育、管理、规划、建筑等基本属于同一类型的学科。实践性、经验性和地方性知识及实践推理是公共治理知识的重要部分与显著特征。

（6）所谓的“大小写公共行政”。在沃尔多看来，公共行政不同于社会学和政治学，它既是一种研究，也是一种实践。作为学说和学科的公共行政可以称为“大写的公共行政”（Public Administration），作为政府管理实践活动的公共行政可以称为“小写的公共行政”（public administration）。理论与实践之间的关联使大写的公共行政与其他社会科学分离开来，并意味着需要一套专门的研究问题和适合于解决问题的研究设计。

（7）公共治理学科中的科学与专业的分野。麦克尔·巴泽雷在《公共管理：以设计为导向的专业学科》一书中基于赫伯特·西蒙的“设计科学”思想，将“以设计为导向的专业学科”的公共管理学与“跨学科研究领域”或作为一门社会科学学科的公共行政学做出区分，并论证“以设计为导向的专业学科”何以成立。我国研究生专业目录已将“公共管理学”与“公共管理”分设。

二、学科发展与教材建设

中国具有悠久的国家治理或治国理政思想传统，而作为近现代科学意义上的公共行政学在中国的出现也几乎与西方同步。早在19世纪末20世纪初西方行政学诞生之初，该学科就传入中国，一些学者翻译出版了《行海要术》《行政学总论》《行政法撮要》等西方的行政学及行政法著作。

作为一门独立学科的行政学到20世纪30年代中期才真正在中国落地，其象征性的标志是张金鉴的《行政学的理论与实践》和江康黎的《行政学原理》等教科书的出版。值得一提的是，中国共产党人在延安时期建立了行政学院，开设过行政学课程。

20世纪50年代初到70年代末，该学科作为完整学科专业一度中断。响应20世纪80年代初邓小平关于政治学、法学、社会学以及世界政治研究“需要赶快补课”的号召，我国开始恢复中断几十年的行政学或行政管理学的教学与研究工作。

张友渔、周世逑、夏书章、邱晓等老一辈政治学与行政学家纷纷发文发声，为行政学的恢复奔走呼号。代表性文章有夏书章先生在《人民日报》发表的《把行政学的研究提上日程是时候了》，周世逑先生在《百科知识》发表的《一门被忽视了的学科——行政管理学》，经济学家马洪先生在《政治学研究》发表的《行政管理科学是大有发展前途的》。

改革开放以来，中国公共管理学科的发展演变走过一条从本土研究与引进吸收（本土化与国际化）双轨并行到两者逐步融合并不断凸显中国特色的轨迹。从一开始，中国行政学（公共管理）的“补课”是由改革开放所推动的，并以解决中国公共管理及政策实践问题（特别是行政体制以及党和国家的领导制度改革问题）为导向。

改革开放是中国公共管理学科发展的动力和源泉，是学科发展的主旋律、红线和主线。而立足于国情，以问题为导向，凸显中国特色则是中国公共管理学科建构的目标指向。行政学的恢复与重建的推动者们从一开始就提出建立“具有中国特色的社会主义行政管理学”“中国特色行政管理学”“社会主义行政管理学”。

我国学界在国外公共管理理论和方法成果的引进、消化和吸收，中国公共管理系统、体制、机制、过程与行为，中国公共管理实践经验的总结以及中国治国理政的优秀思想传统的继承与发扬，当代中国及世界现实的管理与政策问题以及中国公共管理的基本概念、理论和方法的研究，公共管理的知识应用与人才培养等方面取得了长足的进步，建立起了中国公共管理的基本学科框架与理论、教材以及人才培养体系。

目前中国公共管理学科的发展尚不成熟，存在着学科边界模糊、科学基础不牢、方法创新滞后、回应实践需求能力有限、自主知识体系不完善、中国特色欠鲜明等问题。需下大力推进中国公共管理学科自主知识体系构建与人才自主培养以及教材建设。

我们可以世纪之交为界，大致将我国公共管理学科发展与教材建设40年划分为前后各大约20年的两个阶段，这也在一定程度上反映了该学科领域的范围变化，即从行政管理或行政学（二级学科）到公共管理（一级学科）的转变。也许目前我们正在步入第三个阶段，即作为交叉学科的公共治理的兴起。

第一阶段：行政学或行政管理二级学科及教材建设。1984 年 10 月，人民出版社出版了我国改革开放后的首部行政学教科书《行政管理》（周世逑著）。此后，行政学或行政管理学的教科书陆续问世。表 3 是恢复或初创阶段国内有影响的一些行政管理（学）或行政学教科书。

表 3　教科书举例

编号	作者	书名	出版社及出版年份
1	周世逑	《行政管理》	人民出版社，1984
2	唐代望	《现代行政管理学教程》	湖南科学技术出版社，1985
3	夏书章 刘怡昌	《行政管理学》	山西人民出版社，1985
4	黄达强 刘怡昌	《行政学》	中国人民大学出版社，1988
5	张国庆	《行政管理学概论》	北京大学出版社，1990

黄达强、刘怡昌主编的《行政学》是 20 世纪八九十年代很有影响的教科书，涉及的行政学主题有行政功能、行政环境、行政体制、行政组织、行政领导、行政决策、行政信息、行政执行、行政监督、行政法规、人事行政、财务行政、机关管理、行政方法、行政效率、行政改革等，可以视为行政学（二级学科）的学科框架及教学理论体系的一个样本。

第二个阶段：公共管理一级学科及教材建设。笔者所主编的 2005 年成为全国研究生教学用书的《公共管理学》（中国人民大学出版社，2005 年第一版，2017 年第二版）可视为一个样本。该教材涉及公共组织、政府改革与治理、政府间关系、政府作用、政府工具、公共政策、公共部门人力资源、公共预算与财政、第三部门管理、公共部门战略管理、公共部门绩效管理、公共管理伦理等 12 个主题。

三、范式变化与专业升级

当今科学研究新范式突出地表现为“第四范式”（eScience）、“数据驱动的知识增长”、“第五范式”（AI for Science）、“人工智能驱动的科学研究”、“融合科学”（convergence science）、“开放科学”（open science）、复杂性科学（complexity science）、社会计算（social computing）或数据驱动的社会科学等。数智化催生“深度学习＋大数据＋大模型”尤其是 AI for Science，其兴起为包括公共治理及公共政策在内的复杂性社会系统及复杂性问题的解决提供了新思路、新方法和新技术。

AI for Science 对社会科学研究将产生深远的影响。以经管学科为例，世界经济论坛网题为“ChatGPT 将带来经济学的方法论革命”的文章认为，机器学习收集、构造和表示数据的能力，正在为各领域的研究人员创造机会。从希望了解和预测蛋白质行为的计算生物学家，到希望了解和预测经济演变的经济和国际发展专家，均是如此。经济学家可以通过解构大型语言模型的方式来向它们学习。经济学家应该欢迎这种新的方法论革命，并将其视为创新和实验的全新前沿。

在公共治理领域，继“后公共管理时代”的新公共治理、公共价值管理、网络治理和合作治理等范式之后，出现了一系列以处理不确定性、复杂性、高风险为导向的新范式，比如韧性治理（resilience governance）、敏捷治理（agile governance）、稳健治理（robust governance）、复杂性治理（complexity governance）和适应性治理（adaptive governance）等。稳健治理是作为一种应对动荡世界的新治理范式被提出的，被认为兼具稳定和灵活两种特性，与官僚制和网络治理不同，比韧性治理和敏捷治理更具特色。

从治理技术或治理方式的角度看，数字治理（数智化治理）代表着公共治理范式变革的基本方向，治理的数智化转型是公共治理研究的另一个重中之重。

公共治理专业是典型的跨学科、交叉学科、综合性和应用性的专业领域，在“新文科”建设的大背景下，迫切需要对作为新兴交叉学科的公共治理（或公共政策）专业进行方案设计与实践探索。要着重紧跟新科技革命和经济社会高质量发展趋势，与人工智能、大数据、认知科学、脑科学等前沿学科交叉融合，探索作为一个新兴交叉的公共治理（或公共政策）专业建设的新路子。

为什么文科和理工科（STEM）深入融合是必要的？一篇题为“STEM与人文学科的整合”的文章在分析为何当下文科在理工（科技）大学蓬勃发展的缘由时指出，在一个日益科技化的世界里，以人为本的范式和创造力不应该停留在满足19世纪晚期知识经济的界限之上，它们也不应该被人为地维持在两次世界大战之后发展起来的普通教育要求的表面水平上。相反，文科应该陪伴和塑造新的教育技术，与理工科合作，形成一种新的整体教育体验。

需要厘清作为新文科跨学科领域的“公共治理”（或公共政策）专业的基本内容及其与相近专业之间的关系，对设置该专业的必要性和可行性进行分析，打造以国家战略需求为导向，文理渗透、文工结合的交叉学科知识框架，建设以新兴技术支撑的公共治理（或公共政策）新文科专业，运用新科技革命的成果及技术手段推进传统公共管理类本科专业的转型升级或更新换代。

2018年教育部印发了《高等学校人工智能创新行动计划》，提出推进人工智能专业和学科建设，重视人工智能与计算机等学科专业教育的交叉融合，形成“人工智能＋X”复合专业培养新模式。2023年4月，教育部、国家发展改革委、工业和信息化部、财政部、人力资源社会保障部五部门印发《普通高等教育学科专业设置调整优化改革方案》，提出到 2025 年，优化调整高校 20％左右学科专业布点。重点发展数据科学、未来机器人、数字人文、生物材料类的专业。这对于公共管理类专业究竟意味着什么？如何在新文科专业建设中更好顺应这一新背景与新要求？

四、教材建设的基本方向

推进中国公共管理自主知识体系构建，打造中国公共管理的教学理论和教材体系，需要思考、把握和处理好公共管理中的学术与政治、科学和意识形态、事实与价值、传统与现代、本土化（地方性）与全球化（普遍性）等方面的关系，并从指导思想、现实实践、历史传统和世界视野四个方向入手。

坚持以马克思主义为指导。世界观、方法论和价值观是话语和体系形成的基础。习近平指出：“坚持以马克思主义为指导，是当代中国哲学社会科学区别于其他哲学社会科学的根本标志，必须旗帜鲜明加以坚持。”[①] 构建中国特色公共管理学自主知识体系及教学理论体系，要始终坚持马克思主义的指导地位，以习近平新时代中国特色社会主义思想这一马克思主义中国化最新成果为指引，进一步明确中国特色公共管理学的世界观、方法论和理论基础、理论架构、核心观点。

坚持立足实践，以问题为导向。构建中国特色公共管理学自主知识体系及教学理论体系，要做好对改革开放四十余年来特别是党的十八大以来党中央治国理政实践取得的创新经验的研究、总结和提炼工作，丰富中国

① 习近平．在哲学社会科学工作座谈会上的讲话．北京：人民出版社，2016：8.

特色公共管理学的理论内涵。立足中国实践，坚持问题导向，在研究和解决重大现实问题中推进学科话语、理论体系构建与理论创新，用中国话语讲述中国故事，用基于实践的理论创新成果指导新的公共管理实践及人才培养。

坚持古为今用、推陈出新。中国自主公共管理知识体系及教学理论体系建构要有历史分析的视角。习近平指出："优秀传统文化是一个国家、一个民族传承和发展的根本，如果丢掉了，就割断了精神命脉。我们要善于把弘扬优秀传统文化和发展现实文化有机统一起来，紧密结合起来，在继承中发展，在发展中继承。"[①] 中华民族为全人类留下了极为丰富的治国理政的思想遗产，并形成了悠久而独特的政治与行政文化传统。要按照古为今用、推陈出新的原则，对中国历代治国理政的历史传统及思想遗产加以审视和取舍，推动其创造性转化和创新性发展，使其成为构建中国特色公共管理学自主知识体系及教学理论体系的思想资源。

秉持中国特色、世界视野。构建中国特色公共管理学自主知识体系及教学理论体系，既要凸显本土的，也要关切全球的。我们需要积极借鉴国外公共管理研究的有益成果。同时应认识到，坚持中国特色是构建中国特色公共管理学的本质要求和生命力所在。因此，既要突出中国特色，坚持中国立场，发出中国声音，解决中国问题；又要树立全球视野，面向世界，开放包容，兼容并蓄，海纳百川，密切关注国际公共管理教学与研究的前沿，积极探索重大国际问题，提高中国特色公共管理学的国际化程度和国际影响力。

总之，中国公共管理自主知识体系构建以及教材体系建设是一个复杂的系统工程。必须"以中国为观照、以时代为观照，立足中国实际，解决

---

① 习近平．在纪念孔子诞辰2565周年国际学术研讨会暨国际学联合会第五届会员大会开幕会上的讲话．北京：人民出版社，2014：11.

中国问题，不断推动中华优秀传统文化创造性转化、创新性发展，不断推进知识创新、理论创新、方法创新”，立足当代中国公共治理的实践，植根中华民族的优秀传统文化，秉持全球视野，突显中国特色话语指向，形成中国公共管理的术语、词汇（或语汇）、命题、原理、定理、推导、媒介和话语规则等，逐步建立起具有中国特色、中国风格和中国气派的公共管理的话语、学术、学科和教材体系，助力国家治理体系和治理能力现代化。简言之，推进中国公共管理自主知识体系和教材体系建设，加速人才自主培养，提升人才培养质量，为中国式现代化提供强有力的人才支撑，这是时代赋予公共管理学科的历史使命。

图书在版编目（CIP）数据

建构中国特色公共管理学：实践基础与学术前沿 / 陈振明著 . -- 北京：中国人民大学出版社，2025. 8.
（建构中国政治学与公共管理自主知识体系丛书）.
ISBN 978-7-300-33999-3

Ⅰ. D63

中国国家版本馆 CIP 数据核字第 2025BX4996 号

国家出版基金项目

建构中国政治学与公共管理自主知识体系丛书

建构中国特色公共管理学：实践基础与学术前沿

陈振明　著

Jiangou Zhongguo Tese Gonggong Guanlixue：Shijian Jichu yu Xueshu Qianyan

---

出版发行	中国人民大学出版社		
社　　址	北京中关村大街 31 号	**邮政编码**	100080
电　　话	010－62511242（总编室）		010－62511770（质管部）
	010－82501766（邮购部）		010－62514148（门市部）
	010－62511173（发行公司）		010－62515275（盗版举报）
网　　址	http://www. crup. com. cn		
经　　销	新华书店		
印　　刷	中煤（北京）印务有限公司		
开　　本	720 mm×1000 mm　1/16	**版　　次**	2025 年 8 月第 1 版
印　　张	22. 75 插页 2	**印　　次**	2025 年 8 月第 1 次印刷
字　　数	286 000	**定　　价**	98. 00 元
